Kohlhammer

Die Autorinnen

Kathrin Müller ist Professorin für Pädagogik im Förderschwerpunkt Lernen einschließlich inklusiver Pädagogik an der Universität Regensburg. Ihre Arbeitsschwerpunkte liegen in den Bereichen Bildungsgerechtigkeit und Teilhabe an Bildung im Förderschwerpunkt Lernen. Sie verbindet ihre langjährige Schulpraxiserfahrung mit wissenschaftlicher Forschung, Lehrkräftebildung und Beratung von Bildungseinrichtungen.

Agnes Pfrang ist Professorin für Grundschulpädagogik an der Universität Erfurt. Ihre Arbeitsschwerpunkte fokussieren Fragen der Diversität, Teilhabe und Bildungsgerechtigkeit im Kontext inklusiver Unterrichtsforschung, pädagogischer Kindheitsforschung und der Forschung zur Lehrer:innenbildung.

Kathrin Müller/Agnes Pfrang

Inklusive Grundschuldidaktik

Bildung durch Teilhabe

Verlag W. Kohlhammer

1. Auflage 2026

Gesamtherstellung: W. Kohlhammer GmbH, Heßbrühlstr. 69, 70565 Stuttgart
produktsicherheit@kohlhammer.de

Print:
ISBN 978-3-17-042155-4

E-Book-Formate:
pdf: ISBN 978-3-17-042156-1
epub: ISBN 978-3-17-042157-8

Inhaltsverzeichnis

Aktuelle Herausforderungen der Grundschule

Die Grundschule hat eine besondere Bedeutung: Sie ist die erste öffentliche Institution innerhalb des Bildungssystems, in der alle Kinder in einer formal geregelten Umgebung und im Rahmen eines einheitlichen Lehrplans gemeinsam lernen – unabhängig von ihrem sozialen, kulturellen oder individuellen Hintergrund. Ihre Aufgabe beschränkt sich dabei nicht auf die Vermittlung grundlegender fachlicher Kompetenzen wie Lesen, Schreiben und Rechnen. Vielmehr erfüllt sie auch eine gesellschaftliche Funktion: Sie fördert soziale Teilhabe, unterstützt das Einüben gemeinschaftlicher Praktiken und vermittelt grundlegende Werte des demokratischen Zusammenlebens. Ziel ist es, Teilhabe durch Bildung so zu ermöglichen, dass Kinder nicht nur im Hier und Jetzt, sondern auch langfristig aktiv am gesellschaftlichen Leben mitwirken können. In diesem Zusammenhang versteht dieses Buch Teilhabe ausdrücklich nicht als quantitativ messbare Größe, sondern als pädagogisch-ethische Orientierung. Bildung und Teilhabe werden als Beziehungs- und Erfahrungsprozesse gefasst, die sich der Logik empirischer Evidenz nur begrenzt erschließen. Wie Müller & Pfrang (2021c) betonen, lässt sich pädagogische Qualität nicht allein über messbare Wirksamkeit bestimmen, sondern bezieht zudem kulturelle, normative und relationale Dimensionen ein.

Die Vorstellung, gesellschaftliche Teilhabe lasse sich allein durch schulische Bildung verwirklichen, ist jedoch ins Wanken geraten, denn institutionelle Bildungsprozesse verlaufen nicht für alle Kinder gleich. Teilhabe entsteht nicht von selbst. So erschweren bspw. strukturelle Ungleichheiten, systembedingte Barrieren sowie defizitorientierte Sichtweisen einen chancengerechten Zugang zu Bildung. Angesichts des raschen gesellschaftlichen Wandels und der zunehmenden Vielfalt in den Klassenzimmern steht die Grundschule damit vor besonderen Herausforderungen, wenn sie ihrem Anspruch gerecht werden will, gesellschaftliche Teilhabe für alle Kinder zu ermöglichen. Bildung und Erziehung sind darauf ausgerichtet, den Anforderungen an Teilhabe in einer modernen, vielfältigen Gesellschaft zu entsprechen. Die damit verbundenen Herausforderungen zeigen sich in wachsender Diversität, dynamischen gesellschaftlichen Veränderungen und der Notwendigkeit, eine gemeinsame Wertebasis auszuhandeln. Gerade diese Aushandlung verlangt nach einer Grundschuldidaktik, die nicht primär Evidenz erzeugt, sondern pädagogische Sinn- und Begründungszusammenhänge reflektiert. Das vorliegende Buch folgt daher einem verstehend-hermeneutischen Zugang.

Gesellschaftliche Vielfalt

Die gesellschaftliche Realität in Deutschland ist von zunehmender Vielfalt geprägt. In den Grundschulen zeigt sich dies in einer stetig wachsenden Heterogenität der

Schülerschaft: Kinder mit unterschiedlichen kulturellen Hintergründen, Sprachen, sozialen Herkünften und damit individuell geprägten Lernvoraussetzungen lernen gemeinsam. El-Mafaalani spricht deshalb auch von Superdiversität (El-Mafaalani, 2023). Diese Vielfalt stellt die Grundschuldidaktik vor die Herausforderung, Bildungsprozesse so zu gestalten, dass alle Kinder – unabhängig von ihren Lernausgangslagen – gleichberechtigt teilhaben und gefördert werden. Teilhabe bedeutet dabei mehr als das Erreichen nachweisbarer Lernziele: Sie meint auch das Erleben von Zugehörigkeit und Anerkennung im schulischen Alltag. Darin zeigt sich ein Verständnis von pädagogischer Qualität, das auf Verantwortung und Gerechtigkeit zielt, nicht auf empirische Nachweisbarkeit.

Globalisierung und Migration führen dazu, dass Menschen mit unterschiedlichen Kulturen, Religionen und Lebensweisen enger zusammenleben. Grundschulkinder erleben diese kulturelle Vielfalt unmittelbar in ihrem Alltag. Um sie darauf vorzubereiten, in einer global vernetzten Gesellschaft zu leben und teilzuhaben, sind interkulturelle Kompetenzen zentral. Bildung vermittelt dabei das notwendige Wissen über kulturelle Unterschiede und globale Zusammenhänge. Erziehung unterstützt Kinder darin, Toleranz, Offenheit und die Bereitschaft zur Zusammenarbeit über kulturelle Grenzen hinweg zu entwickeln. Die enge Verbindung von Erziehung und Bildung ist daher entscheidend, um interkulturelle Teilhabe und ein respektvolles Miteinander zu fördern. Aus gesellschaftlicher Vielfalt ergeben sich jedoch auch veränderte Familienstrukturen und soziale Dynamiken, die Lehrpersonen vor neue erzieherische Anforderungen stellen. Viele der in der Vergangenheit in der Grundschule vorausgesetzten sozialen Kompetenzen, Konfliktlösungsstrategien oder gemeinsamen Normvorstellungen sind heute nicht mehr selbstverständlich gegeben.

Grundschullehrkräften kommt deshalb zunehmend die Aufgabe zu, Kindern soziale Orientierungswerte wie bspw. Respekt, Verantwortung und Empathie zu vermitteln. Dies unterstreicht die Bedeutung des Zusammenspiels von Bildung und Erziehung für die pädagogische Arbeit in der Grundschule – und damit auch für die Grundschuldidaktik. Ziel ist es, Grundschulkinder darin zu unterstützen, eine Kultur des Miteinanders, der Anerkennung und des gegenseitigen Respekts zu entwickeln, um so in Schule und Gesellschaft gleiche Teilhabechancen für alle zu ermöglichen. Der Anspruch, Bildung und Erziehung zu integrieren, macht deutlich, dass es in der Grundschule nicht um reine Wissensvermittlung gehen kann. Vielmehr sind auch erzieherische Elemente in den Blick zu nehmen, die Kindern ermöglichen, zu selbstständigen, verantwortungsvollen und kritischen Persönlichkeiten heranzuwachsen. Dies kann durch das Leben von und die Auseinandersetzung mit grundlegenden Werten unterstützt werden, um so den Erwerb sozialer Kompetenzen zu fördern. Im Zeitalter des Anthropozäns gewinnt eine Rückbesinnung auf gemeinsame Werte und kollektive Verantwortungsübernahme im Rahmen grundlegender Bildung in der Grundschule besonders an Bedeutung.

Gesellschaftlicher Wandel

In der Grundschule werden grundlegende Einstellungen zum Lernen und zur eigenen Bildungslaufbahn geprägt. Insbesondere den Selbstwirksamkeitsüberzeugungen kommt dabei eine hohe Bedeutung für das Lernen von Grundschulkindern zu (Hoya, 2023). Als die wichtigste Determinante der Selbstwirksamkeit sieht Bandura (1997) die eigenen Erfahrungen an. Die normativen Anforderungen der Grundschule bilden einen Rahmen, in dem Kinder erfahren, ob sie sich als kompetent und selbstwirksam erleben. Der Anspruch an den Grundschulunterricht besteht folglich darin, alle Kinder dabei zu unterstützen, positive Lernerfahrungen zu machen. Es lässt sich davon ausgehen, dass die Verbindung von Bildung und Teilhabe dazu beitragen kann, Kindern den Wert von Bildung zu vermitteln und sie zu lebenslangem Lernen zu motivieren.

Technologischer Fortschritt, gesellschaftliche Dynamiken und wirtschaftlicher Wandel prägen die Lebenswirklichkeit von Kindern in hohem Maße. Mattes (2022) beschreibt diese Konstellation als VUCA-Welt – geprägt von Volatilität, Unsicherheit, Komplexität und Ambiguität. Digitalisierung, Klimawandel, Globalisierung und kulturelle Diversität sind Themen, mit denen Kinder spätestens im Grundschulalter konfrontiert werden. Diese Veränderungen erfordern auch von der Grundschuldidaktik eine kontinuierliche Weiterentwicklung, um Kinder auf ein Leben in einer komplexen, dynamischen Welt vorzubereiten. Ein vorwiegend traditioneller Fokus auf Wissensvermittlung greift hier zu kurz. Es geht nicht mehr nur darum, Fähigkeiten und Fertigkeiten zu vermitteln, um an der Gesellschaft teilzuhaben, sondern auch Kompetenzen zu fördern, um Teil der Gesellschaft zu bleiben. Dies schließt die Fähigkeit ein, Ambiguitäten auszuhalten und Lernprozesse als offen, nicht standardisierbar und kontextabhängig zu verstehen – ein Verständnis, das sich von linearen Wirksamkeitslogiken evidenzbasierter Steuerung unterscheidet (Müller & Pfrang, 2021c).

Technologische Innovationen, bspw. cyberphysische Technologie (soziale Medien, künstliche Intelligenz, 3D-Druck, Robotik und viele weitere), eröffnen neue Möglichkeiten, werfen aber zugleich ethische und moralische Fragen auf. Kompetenzen wie kritisches Denken, Problemlösung, Anpassungsfähigkeit und sozialemotionale Intelligenz – häufig unter dem Begriff »21st Century Skills« (OECD, 2020) zusammengefasst – gewinnen an Bedeutung. Bildung vermittelt das Wissen und die methodischen Fähigkeiten, um komplexe Zusammenhänge zu verstehen und kritisch zu hinterfragen. Erziehung ergänzt dies durch die Förderung von Werten wie Respekt, Empathie und Verantwortungsbewusstsein – Voraussetzungen für ein friedliches Miteinander in einer global vernetzten Gesellschaft.

Auch die Steuerung und Bewertung des Bildungssystems verändern sich angesichts des gesellschaftlichen Wandels. Im Zentrum steht nicht mehr allein die Einhaltung von Standards oder Rechenschaftspflicht, sondern ein lernendes System, das sich durch Feedback auf allen Ebenen weiterentwickelt. So wird auch im OECD-Lernkompass 2030 (2020) festgehalten, dass sich die Rolle der Schülerinnen und Schüler im Bildungssystem verändert:

> »Sie werden von Teilnehmerinnen und Teilnehmern, die nach den Vorgaben von Lehrkräften im Unterricht lernen, mit zunehmender Selbstständigkeit zu aktiv Partizipierenden und tragen zur Gestaltung des Unterrichts bei. Das heißt, Schülerinnen und Schüler übernehmen mit eigenständiger Handlungs- und Gestaltungskompetenz (Student Agency) und Unterstützung durch ihre Umgebung (Co-Agency) – insbesondere durch ihre Lehrkräfte (Teacher Agency) – zunehmend Verantwortung für ihr Lernen« (ebd., S. 17).

Dieser rasante Wandel geht jedoch auch mit Gefühlen von Unsicherheit einher. Vor diesem Hintergrund wird zunehmend auch von einer BANI-Welt gesprochen – brittle (brüchig), anxious (ängstlich), non-linear (nicht-linear), incomprehensible (unverständlich). Pommer (2022) betont hier die Bedeutung der sogenannten »Wo-bist-du-Frage«: »Erst wenn wir die ›Wo-bist-du-Frage‹ auf unsere Lebensbedürfnisse erfüllt wissen, ist das Kind in uns satt« (Pommer, 2022, S. 121). Themen wie Klimawandel, Umweltschutz und nachhaltige Entwicklung können nicht nur bei Kindern Ängste auslösen, da Ursachen und Wirkungen häufig in keinem direkt linearen Zusammenhang stehen und viele Entwicklungen und Veränderungen nur schwer zu überblicken sind.

Die rasante Veränderung der Gesellschaft verstärkt so auch bestehende Ungleichheiten und schafft neue Herausforderungen in Bezug auf soziale Gerechtigkeit. Fähigkeiten wie Ambiguitätstoleranz, flexible Denkweisen und die Bereitschaft, mit Unsicherheiten umzugehen, werden zu zentralen Zukunftskompetenzen. Die Grundschuldidaktik ist daher aufgefordert, Lernumgebungen so zu gestalten, dass allen Kindern Selbstwirksamkeitserfahrungen ermöglicht werden. Veränderungen und Fehler werden so als Teil eines jeden Lernprozesses anerkannt. Erziehung spielt hier eine entscheidende Rolle, indem sie Kinder ermutigt, offen für Neues zu sein, aus Fehlern zu lernen und Konflikte konstruktiv zu bewältigen. Dies stärkt das Vertrauen der Kinder in ihre eigenen Fähigkeiten und den Schutz der Gemeinschaft. So wird ihre Resilienz gefördert – eine zentrale Voraussetzung für ein Leben in einer sich stetig wandelnden Welt. Werte des sozialen Miteinanders tragen dazu bei, das einzelne Kind zu stärken und Gemeinschaft erfahrbar zu machen.

Gemeinsame Werte

Die Grundschule hat die Aufgabe, Kindern – unabhängig von ihrem sozialen, kulturellen oder wirtschaftlichen Hintergrund – gleiche Chancen auf Teilhabe und damit auf Bildung zu ermöglichen. Dies erfordert eine Grundschuldidaktik, die sowohl erzieherisch fundiert als auch bildungsorientiert konzipiert ist. Erziehung legt den Grundstein für Werte wie Verantwortung, Solidarität, Fairness und Empathie, während Bildung die Kompetenzen vermittelt, die notwendig sind, um diese Werte im gesellschaftlichen Leben umzusetzen. Ziel ist es, bei Kindern ein Verständnis für moralisches Handeln zu fördern und sie zu befähigen, diese Werte als orientierendes Handlungswissen in ihrem Alltag zu nutzen und im sozialen Miteinander anzuwenden. Die Verbindung von Bildung und Erziehung ist daher für die Grundschulpädagogik und -didaktik zentral, um Teilhabe und Chancengerechtigkeit gleichermaßen zu fördern. Eine Didaktik, die »Bildung durch Teilhabe« in den Mittelpunkt stellt, begreift Wertebildung nicht als überprüfbares Output-Kriterium, sondern als Teil einer reflexiven pädagogischen Praxis, die auf Verständigung, Dialog und gemeinsame Verantwortung zielt.

Die drei Herausforderungen – gesellschaftliche Vielfalt, gesellschaftlicher Wandel und gemeinsame Werte – verweisen auf den grundlegenden Auftrag der Grundschule und der Grundschuldidaktik: Teilhabe an Bildung und am gesellschaftlichen Leben jetzt und zukünftig für alle Kinder zu ermöglichen. Doch auch wenn es zu den oben genannten Schlüsselproblemen der Grundschule vielfältige

Bearbeitungsansätze zu demokratischer, inklusiver und sozialer Bildung in der Grundschuldidaktik gibt, fällt auf, dass diese Überlegungen bislang nicht grundlegend an Überlegungen für eine allgemeine Grundschuldidaktik rückgebunden und kaum in konkretes Handlungswissen überführt wurden.

Für uns stellt sich deshalb die Frage: Wenn sich die Grundschuldidaktik als eine Disziplin versteht, die sich der Grundbildung aller Kinder im Sinne der Kinder- (UN-KRK, 1989) und der Behindertenrechtskonvention (UN-BRK, 2008) verpflichtet fühlt, wäre es dann nicht ihre primäre Aufgabe, zu klären, wie Bildung so gestaltet werden kann, dass sie tatsächlich allen Kindern Teilhabe ermöglicht? Mit dieser Fragestellung verbindet sich auch ein grundsätzlicher Perspektivwechsel in grundschuldidaktischen Überlegungen: die bisherige Perspektive »Teilhabe durch Bildung« greift zu kurz, weil sie Teilhabe als Ergebnis gelingender Bildungsprozesse versteht – und damit implizit voraussetzt, dass Bildung zuerst vorhanden sein müsse, um Teilhabe zu ermöglichen. Angesichts gesellschaftlicher Vielfalt und ungleicher Ausgangsbedingungen wird jedoch deutlich, dass Bildung auch im Prozess der Teilhabe entsteht. Durch die Erweiterung um den Aspekt der »Bildung durch Teilhabe« wird deutlich: Bildung vollzieht sich nicht nur in der Aneignung von Wissen, sondern in der gemeinsamen Auseinandersetzung, im Mitgestalten und im Erfahren von Anerkennung. Teilhabe wird so nicht zum Ziel von Bildung, sondern zu ihrer Grundlage. Diese Erweiterung der Perspektive birgt ein erhebliches Innovationspotenzial. Bildung wird hier nicht als Vorbedingung, sondern auch als Ergebnis aktiver Mitgestaltung, Mitbestimmung und realer Einbindung in soziale Kontexte verstanden. Lernen wird als sozialer Prozess aufgefasst, der stärker soziokulturelle und partizipatorische Dimensionen betont. Diese Perspektive knüpft an konstruktivistische und inklusionspädagogische Ansätze an, die davon ausgehen, dass Lernprozesse in bedeutsamen sozialen Zusammenhängen entstehen. Zugleich eröffnet sie den Weg zu einer diversitätssensiblen Didaktik, in der unterschiedliche Erfahrungen und Lebenslagen nicht als Defizit, sondern als wertvolle Bildungsressourcen anerkannt werden. Damit positioniert sich das Buch in einem Diskurs, der pädagogische Praxis nicht nur auf Evidenz, sondern auf Sinn, Beziehung und Anerkennung gründet (vgl. Müller & Pfrang, 2021c). Bildung durch Teilhabe zielt auf Verständigung – nicht auf reine Messbarkeit.

Das Innovationspotenzial dieser Perspektive liegt auch darin, dass sie die Verantwortung für gelingende Bildungsprozesse nicht allein bei den Lernenden, sondern auch beim Bildungssystem selbst verortet: Erst durch Teilhabe kann Bildung entstehen. Daraus folgt die Notwendigkeit, inklusive Settings zu schaffen, in denen alle Kinder ihre Perspektiven einbringen und Anerkennung erfahren. Auf diese Weise wird zugleich einengenden Leistungslogiken entgegengewirkt, die bislang vielfach zur Reproduktion von Bildungsungleichheiten beigetragen haben. Wenn Kinder von Anfang an aktiv in soziale, kulturelle und kooperative Lernprozesse eingebunden sind, erfahren sie sich als wirksam und zugehörig. »Bildung durch Teilhabe« betont somit das gemeinsame Tun und das Erleben eines Miteinanders als Fundament für individuelles Lernen und gesellschaftliche Entwicklung. Bildung rekurriert auf gemeinsame Erfahrungen. Die Orchestrierung von Teilhabe kann so zu einem zentralen Konzept einer inklusiven Grundschuldidaktik werden und schafft die Grundlage, um Erziehung und Bildung so zu vereinen, dass eine demokratische, inklusive und soziale Bildung möglich wird.

Mit diesem Band verfolgen wir das Ziel, auf der Grundlage theoretischer Zugänge zu Teilhabe eine inklusive Grundschuldidaktik, die auf Bildung durch Teilhabe ausgerichtet ist, zu reflektieren. Damit greifen wir die Forderung Dunckers (2007) nach einer systematischen Theoriebildung in der Grundschuldidaktik auf: Einerseits setzen wir uns auf der Metaebene mit grundlegenden Orientierungen für die Arbeit im Unterricht auseinander (Duncker, 2007, S. 140), andererseits regen wir konkrete methodische Ansätze für eine Bildung durch Teilhabe im Unterricht an. Unser Anliegen ist es, Teilhabe stärker ins Zentrum grundschulpädagogischer Überlegungen zu rücken und sie als zentrale pädagogisch-didaktische Aufgabe der Grundschule zu verstehen. Die Relevanz des Themas »Inklusive Grundschuldidaktik – Bildung durch Teilhabe« ergibt sich aus den aktuellen und absehbaren Herausforderungen an eine Bildung und Erziehung, die alle Kinder während der Grundschulzeit einschließt.

Gleichzeitig ist zu betonen, was dieser Band nicht leistet: Ziel ist keine Rekonstruktion oder vergleichende Reflexion bestehender Konzeptionen und Modelle der Grundschuldidaktik im Hinblick auf Inklusion. Der Band versteht sich auch nicht als Versuch, inklusive Didaktik, allgemeine Didaktik und Grundschuldidaktik systematisch voneinander abzugrenzen oder wechselseitig zu integrieren. Vielmehr geht es um eine konsequente Weiterentwicklung der Grundschuldidaktik im Sinne der Forderungen der UN-Behindertenrechtskonvention (UN-BRK, 2008) und der UN-Kinderrechtskonvention (UN-KRK, 1989), also um die Frage, wie eine Didaktik gestaltet werden kann, die von vornherein alle Kinder einschließt und auf Barrierefreiheit im umfassenden Sinn zielt. In diesem Verständnis wird »inklusiv« nicht als eigenständige didaktische Strömung verstanden, sondern als grundlegendes Prinzip, das die Gestaltung von Unterricht, Schule und Bildungsprozessen in der Grundschule bestimmt. Der Titel des Bandes könnte insofern leicht missverständlich wirken, da »inklusive Grundschuldidaktik« hier nicht auf bestehende Modelle verweist, sondern auf die Notwendigkeit der theoriebasierten Weiterentwicklung einer Grundschuldidaktik, die sich am Menschenrecht auf Bildung orientiert. Bedeutsam ist der Fokus insbesondere deshalb, weil Bildung durch Teilhabe im Unterricht die Entwicklung von Kindern in besonderem Maße fördern kann – etwa, indem er sie dazu befähigt, Verantwortung in der Gemeinschaft zu übernehmen und selbstbewusst sowie kompetent an gesellschaftlichen Wandlungsprozessen teilzuhaben. Dies erfordert eine inklusive Grundschuldidaktik, die sowohl die individuellen Bedürfnisse der Kinder als auch gesellschaftliche Anforderungen nicht als Gegensätze, sondern als wechselseitig bedingte Dimensionen begreift – ein Anspruch, der die Grundschuldidaktik seit ihren Anfängen begleitet.

Teilhabe ist ein zentrales Konzept der Bildungswissenschaften und nimmt in der Grundschuldidaktik eine Schlüsselrolle ein. Die Frage, wie Teilhabe im schulischen Kontext verstanden, gefördert und reflektiert werden kann, ist dabei nicht nur eine didaktische, sondern auch eine grundlegende gesellschaftliche Herausforderung. Dieses Buch widmet sich daher der Frage, wie eine inklusive Grundschuldidaktik, die auf Bildung durch Teilhabe ausgerichtet ist, gestaltet werden kann, die allen

Kindern gerecht wird und Bildung als gemeinschaftlichen Prozess versteht. Um die Komplexität dieses Themas systematisch zu erschließen, verbindet der Aufbau des Bandes theoretische Grundlagen mit didaktischer Praxis.

Im ersten Kapitel wird Teilhabe aus verschiedenen wissenschaftstheoretischen Perspektiven beleuchtet. Teilhabe wird als Leitkonzept einer inklusiven Grundschuldidaktik eingeführt (▶ Kap. 1), bevor historische (▶ Kap. 1.1), ethische (▶ Kap. 1.2) sowie gerechtigkeitstheoretische (▶ Kap. 1.3) Zugänge die vielschichtigen Dimensionen von Teilhabe verdeutlichen. Ergänzt wird diese Auseinandersetzung durch machttheoretische (▶ Kap. 1.4), kulturanthropologische (▶ Kap. 1.5) sowie psychologische und neurobiologische (▶ Kap. 1.6) Betrachtungen. Den Abschluss bildet ein Modell (▶ Kap. 1.7), das die Komplexität von Teilhabe strukturiert und analytisch erfassbar macht. Diese theoretische Grundlage ermöglicht eine fundierte Reflexion über die Rolle von Teilhabe in der Grundschuldidaktik.

Das zweite Kapitel überträgt diese Impulse auf die Frage, wie Bildung durch Teilhabe als Kern einer inklusiven Grundschuldidaktik verstanden werden kann. Es skizziert zentrale Herausforderungen und Perspektiven (▶ Kap. 2.1) und arbeitet die grundschuldidaktische Bedeutung von Teilhabe heraus (▶ Kap. 2.2). Die abschließenden Abschnitte befassen sich mit der Umsetzung von Teilhabe Lernen (▶ Kap. 2.3) und Teilhabe Lehren (▶ Kap. 2.4).

Im dritten Kapitel richtet sich der Fokus stärker auf die didaktische Gestaltung von Teilhabe. Zunächst wird Teilhabe als pädagogisch-didaktischer Prozess (▶ Kap. 3.1) analysiert, gefolgt von einer Reflexion über didaktische Herausforderungen und Chancen (▶ Kap. 3.2). Die Auseinandersetzung mit verschiedenen didaktischen Orientierungen (▶ Kap. 3.3) sowie die Betrachtung der Dialektik von Erfahrung und Perspektivität (▶ Kap. 3.4) verdeutlichen, dass Teilhabe kein statischer Zustand, sondern ein dynamischer, kontextbezogener Prozess ist.

Das vierte Kapitel führt diese Überlegungen weiter, indem es didaktische Reflexionen eines teilhabeorientierten Lehrens und Lernens thematisiert. Zentrale Themen sind die Anerkennung des Anderen (▶ Kap. 4.1), Wertebildung (▶ Kap. 4.2) und Werteerleben (▶ Kap. 4.3) im Grundschulunterricht. Darauf aufbauend werden didaktische Prinzipien einer wertorientierten Unterrichtskultur entwickelt (▶ Kap. 4.4), die das theoretische Fundament einer inklusiven Grundschuldidaktik, die auf Bildung durch Teilhabe ausgerichtet ist, bilden.

Im fünften Kapitel wird der Praxisbezug konkretisiert: Vorgestellt werden verschiedene methodische Zugänge, die Teilhabe im Unterricht fördern können: Didaktische Kindernetze als Antizipationsprozess (▶ Kap. 5.1), moralische Dilemmata-Geschichten als Aushandlungsprozess (▶ Kap. 5.2), teilhabeorientierte Lernaufgaben als Integrations- und Aushandlungsprozess (▶ Kap. 5.3), Service Learning als partizipatives Lernen (▶ Kap. 5.4) sowie Philosophieren mit Kindern als Reflexionsprozess (▶ Kap. 5.5). Diese Einblicke veranschaulichen die Umsetzung einer inklusiven Didaktik, die auf Bildung durch Teilhabe ausgerichtet ist, in der schulischen Praxis.

Das abschließende sechste Kapitel (▶ Kap. 6) zieht eine Bilanz der bisherigen Überlegungen und skizziert Perspektiven für eine weiterführende Auseinandersetzung mit Teilhabe in der Grundschuldidaktik. Dabei wird deutlich, dass Teilhabe nicht nur eine didaktische Herausforderung, sondern auch eine gesellschaftliche Verantwortung ist. Das Buch lädt dazu ein, Teilhabe als dynamischen, reflexiven und gemeinschaftlichen Prozess zu verstehen – und als solchen aktiv weiterzuentwickeln.

1 Teilhabe als Leitkonzept einer inklusiven Grundschuldidaktik im wissenschaftstheoretischen Diskurs

In den letzten Jahrzehnten hat sich das Konzept der Teilhabe in der öffentlich politischen Debatte zu einem zentralen Leitmotiv entwickelt. Dabei wird Teilhabe in verschiedene Dimensionen unterteilt, etwa kulturelle, soziale, ökonomische und politische Teilhabe (Maedler, 2008). Diese differenzierte Betrachtung vermittelt den Eindruck, dass die umfassende Anerkennung von Teilhabe als grundlegendes gesellschaftliches und politisches Ziel ein vergleichsweise neues Phänomen ist (Fuchs, 2016). Sowohl in der Allgemeinen Erklärung der Menschenrechte als auch in zahlreichen völkerrechtlich verbindlichen Konventionen wird Teilhabe als zentrales Prinzip benannt. Dabei wird diskutiert, unter welchen Bedingungen Teilhabe umfassend und diskriminierungsfrei für alle Menschen realisiert werden kann. Diese Diskurslinien haben auch Implikationen für die inklusive Grundschuldidaktik und deren Forschung.

Über disziplinäre Grenzen hinweg zeigt sich jedoch, dass dem Begriff Teilhabe bzw. dem häufig synonym verwendeten Begriff »Partizipation« keine einheitliche Definition zugrunde liegt. Die Verwendung bleibt oftmals kontextabhängig und vage. Daher sollen im Folgenden zentrale Diskurslinien aufgezeigt werden, um das Konzept der Teilhabe systematisch für die grundschuldidaktische Auseinandersetzung anschlussfähig zu machen. Ziel ist es, ein vertieftes Begriffsverständnis zu entwickeln, das die unterschiedlichen Dimensionen erfasst und spezifische Herausforderungen sowie Potenziale für die Grundschulpädagogik identifizierbar macht. Teilhabe stellt ein zentrales Leitkonzept der inklusiven Grundschuldidaktik dar. Sie beschreibt den Anspruch, allen Kindern – unabhängig von ihren individuellen Voraussetzungen, sozialen Hintergründen oder kulturellen Erfahrungen – den gleichberechtigten Zugang zu Bildung zu ermöglichen. Teilhabe umfasst dabei mehr als bloße Partizipation: Sie bedeutet, dass Kinder in allen Dimensionen des schulischen Lebens aktiv einbezogen, anerkannt und als Teil der Gemeinschaft erfahren werden. Während Partizipation häufig auf Mitbestimmung in Entscheidungsprozessen verweist, schließt Teilhabe die Erfahrung der Zugehörigkeit und der gemeinsamen Verantwortung ein.

Im Kontext der Grundschule erhält dieser Begriff besondere Relevanz, weil hier die Grundlagen für Bildungsbiografien und soziale Integration gelegt werden. Die inklusive Grundschuldidaktik steht damit in der Verantwortung, Lernprozesse so zu gestalten, dass sie Kindern ermöglichen, ihre Fähigkeiten zu entfalten und sich als selbstwirksam und bedeutsam zu erleben. Teilhabe ist somit nicht nur Ziel, sondern Bedingung und Medium von Bildung: Kinder lernen durch Teilhabe, indem sie in gemeinschaftlichen, anerkennenden und dialogischen Situationen Erfahrungen von Bedeutung und Wirksamkeit sammeln. Teilhabe wird im Folgenden nicht als empirische Variable, sondern als pädagogisch-normatives Orientierungskonzept verstanden. Sie gründet in einem Verständnis von Bildung, das auf Beziehung, Anerkennung und gemeinsame Verantwortung zielt. Damit unterscheidet sich der hier vertretene Ansatz von evidenzorientierten Lesarten, die pädagogisches Handeln auf nachweisbare Effekte verengen (vgl. Müller & Pfrang, 2021c).

1.1 Historische Zugänge zu Teilhabe

Bereits in der antiken Philosophie lassen sich erste Vorstellungen politischer Teilhabe finden. In der griechischen Polis wurde darüber debattiert, wer als »polites« – als Bürger – anerkannt war und damit an politischen Entscheidungsprozessen teilnehmen durfte. Aristoteles (1989) etwa reflektierte in seinen Staatsformen über politische Teilhabe und das Gemeinwohl als zentralen Bezugspunkt menschlichen Zusammenlebens. Während der Aufklärung entwickelten Philosophen wie John Locke, Jean-Jacques Rousseau und Thomas Hobbes kontrastierende Gesellschaftsvertragstheorien, die grundlegende Prinzipien moderner politischer Teilhabe vorwegnahmen. Locke betonte individuelle Rechte und Freiheiten, Hobbes hingegen die ordnungsstiftende Funktion des Staates als Schutz vor dem Naturzustand. Rousseau stellte die Idee einer auf allgemeinem Willen beruhenden Volkssouveränität in den Mittelpunkt (König, 2017). Diese Denktraditionen wirken bis heute fort.

Im weiteren historischen Verlauf prägten demokratische Bewegungen – etwa im Kontext der Amerikanischen und Französischen Revolutionen – das Verständnis von Teilhabe. Im 19. und 20. Jahrhundert erweiterten soziale Strömungen wie die Frauen-, Bürgerrechts- und Behindertenrechtsbewegung das Spektrum politisch relevanter Akteursgruppen. Gleichzeitig formulierten sozialistische Theorien, bspw. bei Karl Marx (2020), Forderungen nach wirtschaftlicher Teilhabe und kritisierten die Entfremdung von Produktionsmitteln. Kommunitaristische Ansätze (z.B. Taylor, 1993; Etzioni, 1999) betonen soziale Kohäsion und geteilte Werte als Voraussetzung gelingender Teilhabe. In jüngster Zeit haben Diskussionen über globale Gerechtigkeit im Kontext von Teilhabe an Bedeutung gewonnen. Angesichts der zunehmenden Globalisierung und Interdependenz der Staaten wird die Frage nach der Teilhabe von Menschen aus weniger privilegierten Ländern an globalen politischen und wirtschaftlichen Entscheidungen immer dringlicher.

Im Kontext von Inklusion hat insbesondere die Behindertenrechtsbewegung das Verständnis von Teilhabe weiterentwickelt. Ziel der Behindertenrechtsbewegung ist es, Barrieren zu beseitigen, die Menschen mit Behinderungen daran hindern, gleichberechtigt in allen Bereichen des Lebens teilzuhaben. Die Bewegung setzt sich für die Anerkennung der Würde, der Autonomie und der Selbstbestimmung von Menschen mit Behinderungen ein und kämpft gegen Diskriminierung und Ausgrenzung (Moser & Sasse, 2008). Die Behindertenrechtsbewegung hat ihre

Wurzeln in den späten 1960er und 1970er Jahren und ist seither weltweit aktiv. Ein bedeutendes Ereignis war die Verabschiedung des Übereinkommens über die Rechte von Menschen mit Behinderungen, die UN-Behindertenrechtskonvention (UN-BRK, 2008). Dieses Übereinkommen stellt einen Meilenstein in der Anerkennung der Rechte von Menschen mit Behinderungen dar und betont die Notwendigkeit, Barrieren abzubauen, um Teilhabe und Inklusion zu fördern. Neben Fragestellungen zu barrierefreien Zugangsmöglichkeiten zu öffentlichen Einrichtungen, Verkehrsmitteln, Bildungseinrichtungen und digitalen Medien sowie einer angemessenen Gesundheitsversorgung setzt sich die Bewegung auch für Chancengleichheit im Kontext von Bildung und auf dem Arbeitsmarkt ein wie auch für das Recht auf Selbstbestimmung. Die Behindertenrechtsbewegung arbeitet eng mit staatlichen Institutionen, Nichtregierungsorganisationen und anderen Akteuren zusammen, um ihre Ziele zu erreichen. Sie hat maßgeblich dazu beigetragen, das Bewusstsein für die Rechte von Menschen mit Behinderungen zu stärken und politische Veränderungen in vielen Ländern voranzutreiben. Dennoch bleiben viele Herausforderungen bestehen, und die Bewegung setzt sich weiterhin dafür ein, dass die Rechte von Menschen mit Behinderungen weltweit umfassend geschützt und verwirklicht werden.

Neben den Menschenrechten für Menschen mit Behinderungen ist für Grundschulen die UN-Kinderrechtskonvention zentral, die am 20. November 1989 einstimmig verabschiedet wurden. Sie legt einen weiteren Grundstein für mehr Teilhabe im Sinne einer pädagogischen Kultur der Anerkennung, Partizipation und Gleichberechtigung. Sie verpflichtet Schulen, die individuellen Bedürfnisse, Meinungen und Entwicklungswege der Kinder zu respektieren, ihnen Mitspracherechte einzuräumen und sie in ihrer Persönlichkeitsentwicklung zu stärken, um ein gemeinschaftliches, demokratisches Miteinander zu fördern (Prengel & Winklhofer, 2014). Historisch betrachtet sind damit die Kinderrechte das Ergebnis signifikanter Veränderungen in unserer Sichtweise auf Kindheit (und Jugend). Bis zum Ende des Mittelalters wurde Kindheit kaum als eigenständige Lebensphase anerkannt. Kinder galten als »kleine Erwachsene« und wurden früh in die Erwachsenenwelt integriert. Ariès beschreibt in seinem Werk »Geschichte der Kindheit«, wie das Konzept der Kindheit erst in der frühen Neuzeit begann, sich herauszubilden (Ariès & Hentig, 1975). Er argumentiert, dass Kinder im 17. Jahrhundert zunehmend als schutzbedürftig angesehen wurden, was zur Entwicklung eines spezifischen Raumes für Kinder – der Familie und der Schule – führte, der wiederrum auch Teilhabemöglichkeiten einschränkte. Mit der Aufklärung kam eine bedeutende Wende: Jean-Jacques Rousseau prägte in seinem Werk »Émile oder über die Erziehung« das Bild des Kindes als unschuldiges, von Natur aus gutes Wesen, das in einer Umgebung des Schutzes und der Freiheit aufwächst (Rousseau, 1963). Dieses romantische Bild der Kindheit betonte die Eigenart und Entwicklungsbedürfnisse des Kindes.

Im 20. Jahrhundert veränderten sich die Perspektiven weiter: Sigmund Freud (1969) und später Erik Erikson (1965) stellten die psychologische Entwicklung des Kindes in den Vordergrund, wobei Freud die Bedeutung der frühen Kindheit für die Persönlichkeitsbildung betonte, während Erikson die psychosozialen Entwicklungsstufen beschrieb. Heute gilt Kindheit als eigenständige, wertvolle Lebensphase, in der Kinder als aktive, kompetente Akteure ihres Lebens und Lernprozesses betrachtet werden. Jens Qvortrup (2005) argumentiert, dass Kinder nicht nur zukünftige Erwachsene, sondern gegenwärtige Subjekte mit Rechten und eigenen Interessen sind. Maria Montessori (1922) und Jean Piaget (1986) tragen zur Sichtweise bei, dass Kinder individuelle Entwicklungsprozesse durchlaufen, die Respekt und Unterstützung erfordern. Gleichwohl zeigen empirische Befunde (Bartz et al., 2023), dass trotz normativer Fortschritte partizipative Praxen im Alltag oft unzureichend umgesetzt sind. Dies verweist auf die Notwendigkeit, Teilhabe nicht nur juristisch zu verankern, sondern als strukturelle Aufgabe pädagogischer Institutionen und Praxen zu verstehen. Diese historische Rückschau verdeutlicht, dass unser heutiges Verständnis von Teilhabe keineswegs selbstverständlich ist. Vielmehr ist dieses eng mit Fragestellungen des gesellschaftlichen Miteinanders verknüpft. Und so basiert das heutige Verständnis von Teilhabe in der westlichen Welt vor allem auf dem Einsatz großer Teile der Bevölkerung für mehr Mitbestimmung und demokratische Entwicklungen. Als grundlegend sind hier die in der Aufklärung entstandenen Prinzipien der Gleichwertigkeit und Gleichwürdigkeit aller Menschen sowie deren individuelle Freiheit zur Selbstentfaltung zu benennen.

Diese Aspekte werden auch in der Grundschuldidaktik insofern aufgegriffen, als dass didaktischen Überlegungen pädagogische Theorien zugrunde gelegt werden, die auf die Entwicklung einer demokratischen Grundschule abzielen. Die Grundschule wird zu einem kindzentrierten Ort, an dem Kinder aktiv an Entscheidungsprozessen beteiligt sind. Demokratische Grundschulen basieren auf den Prinzipien von Gleichberechtigung, Mitbestimmung und individueller Verantwortung. Die Demokratische Erziehung wurde stark unter anderem von John Dewey (2011) beeinflusst, der argumentierte, dass Bildung eine zentrale Rolle für die Demokratie spiele. Dewey betonte die Bedeutung der aktiven Teilnahme von Schülerinnen und Schülern am Lernprozess und die Förderung von kritischem Denken. Bereits Kinder sind nicht nur als passive Empfänger von Wissen anzusehen, sondern als selbstbestimmt und eigenverantwortlich Handelnde. Ein weiteres Beispiel für diesen Prozess ist Alexander Neill (1971) mit seiner Summerhill-School, einer der bekanntesten demokratischen Schulen. Neill legte großen Wert auf die Freiheit der Kinder, ihre eigenen Entscheidungen zu treffen, was zu einer Lernumgebung führte, die auf Freiwilligkeit und Selbstregulierung basierte. Laut dem Bundesverband der Freien Alternativschulen e. V. (BFAS, o. J.) existieren in Deutschland aktuell über 150 Freie Alternativschulen und Gründungsinitiativen, die selbstbestimmtes Lernen, demokratische Mitbestimmung und gegenseitigen Respekt als Basis haben, wie z. B. die Freie Schule für lebendiges Lernen, Schulwerkstatt e. V. in Altenriet, Baden-Württemberg, die Freie Schule für selbstbestimmtes Lernen e. V. in Brake, Niedersachsen, die Demokratische Schule X in Berlin, die Demokratische Schule Düsseldorf in Nordrhein-Westfalen oder Freiwärts – in Freiheit lernen in Wohltorf bei Hamburg, Schleswig-Holstein. Diese Schulen setzen auf Konzepte, bei denen Schülerinnen und Schüler aktiv an Entscheidungsprozessen beteiligt sind und ihre Lerninhalte sowie -methoden weitgehend selbst bestimmen können.

Bis heute ist jedoch die Frage ungeklärt, wie eine Balance zwischen der notwendigen Vermittlung von Wissen und der Förderung demokratischer Prinzipien in Schulen gefunden werden kann, wenn sie sich an den Prinzipien der Freiheit und Gleichheit in der Gestaltung des Miteinanders orientieren will. Sowohl in der Schule wie auch gesamtgesellschaftlich stehen in der Gestaltung des Miteinanders die Prinzipien der Gleichheit und Freiheit in einem unauflösbaren Spannungsverhältnis zueinander. Diese Erkenntnis unterstreicht die der Teilhabe innewohnende Bedeutung als konflikthaften, spannungsreichen, teilweise sogar antagonistischen und dilemmatischen Aushandlungsprozess über ein soziales Miteinander anhand der Prinzipien Freiheit und Gleichheit für alle Menschen. Um Teilhabe dementsprechend angemessen beschreiben und reflektieren zu können, werden im sozialwissenschaftlichen Diskurs vor allem die Aspekte der Gleichheit und Ungleichheit bzw. Freiheit und Gemeinschaft aufeinander bezogen.

Diese Zugangsweise könnte auch ein Gewinn für die inklusive Grundschuldidaktik sein. Grundlegend gilt: Menschen sind alle gleich und ungleich zugleich. Wie ist soziales Miteinander entsprechend adäquat zu gestalten? In der inklusiven Grundschuldidaktik ist die Gestaltung des sozialen Miteinanders besonders wichtig, da die Grundschule die erste Institution ist, in der Kinder systematisch mit der Vielfalt der Gesellschaft in Kontakt treten. Im Diskurs um Teilhabe im Unterricht ist deshalb auch die Frage nach dem Verhältnis von Gleichheit und Ungleichheit sowie individueller Freiheit und Gemeinschaft zu stellen. Wie können alle Kinder unabhängig von ihren individuellen Voraussetzungen und sozialen Hintergründen am Unterricht teilhaben? Um hier ein angemessenes Miteinander zu gestalten, bedarf es normativer Setzungen, wie bspw. klarer Regeln für einen respektvollen Umgang, der Förderung von Empathie und der Schaffung von Mitbestimmungsmöglichkeiten für die Kinder. Diese normativen Setzungen ermöglichen es, den Aushandlungsprozess um Teilhabe transparent und gerecht zu gestalten, indem sie sowohl die individuellen Freiheiten der Kinder respektieren als auch ihre Einbindung in die Gemeinschaft fördern. Im Folgenden werden entsprechend normative Zugangsweisen zu Teilhabe benannt.

1.2 Ethisch-normative Zugänge zu Teilhabe

Aus dem historischen Rückblick wird deutlich, dass unser heutiges Verständnis von Teilhabe auf ethischen Grundsätzen beruht, die das Fundament für die Gestaltung des Miteinanders in westlichen Demokratien bilden. Die Prinzipien von Freiheit, Gleichheit und Solidarität (bzw. historisch: Freiheit, Gleichheit, Brüderlichkeit) stellen dabei zentrale normative Leitlinien dar. Diese Werte bilden die Basis für politische Diskurse, gesetzliche Regelungen und soziale Maßnahmen. Ein zentrales Ziel demokratischer Gesellschaften ist es, die Teilhabe aller Mitglieder zu ermöglichen und zu fördern. Diese Prinzipien sind Grundlage für das Engagement von Aktivistinnen und Aktivisten wie auch von Wissenschaftlerinnen und Wissenschaftlern, die sich für eine gerechte und inklusive Gesellschaft einsetzen. Auch für Bildungsprozesse sind diese normativen Grundlagen von Bedeutung. Sie können als Orientierungsrahmen dienen, um Unterrichtskonzepte weiterzuentwickeln (Booth & Ainscow, 2017). Die Integration dieser Werte in den Bildungskontext eröffnet Perspektiven für eine inklusive und gerechte Bildungspraxis. Dies hat weitreichende Konsequenzen für die inklusive Grundschuldidaktik – insbesondere hinsichtlich einer wertorientierten, demokratischen und inklusiven Bildung. Dazu gehört etwa eine stärkere Wertorientierung im Unterricht, die Förderung von Mitbestimmung und Teilhabe, Differenzierung sowie eine Bildung im Sinne von Demokratie und Gerechtigkeit. Ziel ist es, den Unterricht so zu gestalten, dass alle Kinder Kompetenzen erwerben können, die ihnen gesellschaftliche Teilhabe ermöglichen. Dies erfordert eine kritische Reflexion bestehender Strukturen sowie eine Bereitschaft zur curricularen und methodischen Weiterentwicklung.

Das Prinzip der Gleichheit ist dabei eine zentrale normative Grundlage. Es besagt, dass alle Menschen – unabhängig von Herkunft, Geschlecht, Religion, Hautfarbe oder Behinderung – gleichbehandelt werden und die gleichen Teilhabechancen erhalten sollen. Gleichheit wird dabei eng mit Gleichwertigkeit, Gleichberechtigung und Gleichwürdigkeit verknüpft. Für ein gelingendes Miteinander sind unterschiedliche Fähigkeiten als gleichwertig anzuerkennen. Jede Person hat das Recht auf individuelle Entfaltung in Freiheit und Gleichberechtigung. Daraus ergibt sich auch die Bedeutung der Selbstbestimmung: Menschen sollen über ihr eigenes Leben und Handeln frei entscheiden können. Selbstbestimmung ist somit ein konstitutiver Bestandteil von Teilhabe, der individuelle Autonomie fördert und fordert (Schweiker, 2017). Dies hat Konsequenzen für die inklusive Grundschuldidaktik, insbesondere hinsichtlich der Förderung von Gleichheit, Selbstbestimmung und Teilhabe. Im Fokus stehen hier z. B. die Förderung von Gleichheit und Chancengerechtigkeit, die Anerkennung von Vielfalt und individuellen Fähigkeiten, die Einbindung der Werte Freiheit und Selbstbestimmung in didaktische Überlegungen, Demokratische Bildung und Teilhabe oder kulturelle und soziale Sensibilisierung. Die Werte Gleichheit, Selbstbestimmung und Teilhabe bieten eine normative Grundlage, um die Grundschuldidaktik zukunftsweisend zu gestalten. Ein Unterricht, der diese Prinzipien verankert, trägt dazu bei, nicht nur Chancengleichheit zu fördern, sondern auch Kinder auf ein Leben in einer demokratischen, pluralistischen Gesellschaft vorzubereiten.

Um Freiheit und Gleichheit in ein ausgewogenes Verhältnis zu bringen, ist Solidarität erforderlich. Dieses Prinzip betont die wechselseitige Verantwortung der Mitglieder einer Gesellschaft füreinander. Es fordert dazu auf, insbesondere jenen beizustehen, die aufgrund struktureller Benachteiligung oder individueller Voraussetzungen erschwerte Teilhabe erfahren. In der inklusiven Grundschuldidaktik spiegelt sich das Prinzip der Gleichheit in der Verpflichtung wider, allen Kindern – unabhängig von ihren individuellen Voraussetzungen – gleiche Bildungszugänge und Teilhabechancen zu bieten. Dieser Anspruch erfordert eine didaktische Gestaltung, die Heterogenität als Normalfall anerkennt und gezielt auf die unterschiedlichen Bedürfnisse der Schülerinnen und Schüler eingeht (Löser & Werning, 2015). Die Werte der Gleichwertigkeit, Gleichberechtigung und Gleichwürdigkeit, die eng mit dem Gleichheitsprinzip verknüpft sind, finden in der

Grundschule praktische Umsetzung, indem die individuellen Stärken und Fähigkeiten der Kinder anerkannt und gefördert werden. Unterschiedliche Lernvoraussetzungen werden nicht als Defizite betrachtet, sondern als Bereicherung, die zur Förderung eines kooperativen und inklusiven Lernklimas beiträgt (Jugel & Milker, 2022). Ein zentrales Anliegen der inklusiven Grundschuldidaktik ist dabei die individuelle Förderung im gemeinsamen Lernen. Durch den Einsatz von offenen Unterrichtsformen, flexiblen Aufgabenstellungen und unterstützenden Maßnahmen können Schülerinnen und Schüler auf ihrem individuellen Leistungsniveau gefördert werden, ohne dass eine Hierarchisierung ihrer Fähigkeiten erfolgt (Hellmich & Kiper, 2006).

Für ein gelingendes Zusammenleben in einer Gemeinschaft sind vielfältige Fähigkeiten und Fertigkeiten nötig, die entsprechend gleichwertig wertzuschätzen sind. In der inklusiven Grundschuldidaktik ist dabei die Förderung der Selbstbestimmung (Deci & Ryan, 2000) ein zentrales Ziel. Dies zeigt sich in der Bereitstellung von Lernumgebungen, die Kindern die Möglichkeit geben, Entscheidungen über ihren Lernprozess zu treffen, etwa durch Wahlmöglichkeiten in der Aufgabenstellung oder die Mitgestaltung von Projekten. Die Förderung der Selbstbestimmung wird zudem als Grundlage gesehen, damit sich Kinder zu verantwortungsbewussten und reflektierten Mitgliedern der Gesellschaft entwickeln können (Peyerl et al., 2021). Solidarität wird in der Schule durch soziales Lernen und inklusive Pädagogik erfahrbar. Kinder erleben, wie gegenseitige Unterstützung und Empathie im Alltag wirken, etwa durch Peer-Tutoring oder Patensysteme. Gerechtigkeitsfragen und die Stärkung des Gemeinschaftsgefühls im Klassenverband tragen zusätzlich zur Wertebildung bei (Decety et al., 2015). Freiheit, Gleichheit und Solidarität sind eng mit der Idee der Menschenrechte verknüpft. Die Anerkennung der Menschenrechte bildet damit eine fundamentale normative Grundlage für Teilhabe. Die Allgemeine Erklärung der Menschenrechte (1948) formuliert das Recht aller Menschen auf Teilhabe an politischen, sozialen, wirtschaftlichen und kulturellen Prozessen. Die UN-Behindertenrechtskonvention (2008) und die UN-Kinderrechtskonvention (1989) betonen, dass diese Rechte für alle gelten und strukturell zu ermöglichen sind.

Erklärtes Ziel dieser Konvention sind Bildungsstrukturen, die allen Kindern eine gleichberechtigte Teilhabe ermöglichen – ungeachtet sozialer, körperlicher oder kultureller Unterschiede (Hopf & Edelstein, 2018). Der normative Anspruch liegt dabei nicht nur darin, Benachteiligte nicht zurückzulassen und für faire Startbedingungen zu sorgen, sondern die Einzigartigkeit und Würde jedes Kindes anzuerkennen, was auch mit der normativen Verpflichtung einhergeht, auf individuelle Bedürfnisse einzugehen, anstatt alle Lernenden mit den gleichen Erwartungen zu behandeln. Ein tiefgreifendes Verständnis von Freiheit, Autonomie und Mündigkeit ist hierfür unabdingbar. Dieser Zugang zu Teilhabe basiert auf einer Vorstellung von Freiheit, in der alle Menschen – auch Kinder – das Recht haben, aktiv und gleichberechtigt an Entscheidungen, die sie betreffen, teilzuhaben. Das erfordert ein verantwortungsbewusstes Miteinander. Kinder sind daher aktiv an der Gestaltung ihrer Bildungsprozesse zu beteiligen (BMFSFJ, 2020).

Eine Didaktik der Grundschule bedarf entsprechend auch einer ethisch-normativen Fundierung: Bildung kann und darf nicht nur als reine Wissensaneignung begriffen werden: Ziel von Bildungsprozessen ist es, zum reflektierten und solidarischen Miteinander zu befähigen. Im Zentrum steht dabei das Wohlergehen des Individuums und das Gemeinwohl, indem die Werte Freiheit, Gleichheit und Solidarität ausgewogen Berücksichtigung finden. Im Zentrum einer normativen Bildungsarbeit steht die Frage, wie Bildung zu einem gerechteren, inklusiveren und respektvolleren Umgang mit sich selbst und der Umgebungen beitragen kann. Sie fördert ein soziales Verantwortungsbewusstsein sowie kritisches Denken und Urteilsfähigkeit (Gaubitz, 2022). Für die inklusive Grundschuldidaktik geht es darum, eine pädagogische Haltung und Praxis zu entwickeln, die darauf abzielt, ein Lernumfeld zu schaffen, in dem alle Beteiligten – Schülerinnen und Schüler, Lehrkräfte und weitere Schulakteure – respektvoll und rücksichtsvoll miteinander umgehen und ihre Verantwortung für das Wohl der (Schul-)Gemeinschaft ernst nehmen. Für die inklusive Grundschuldidaktik bedeutet dies insbesondere, Lernumgebungen didaktisch so zu planen und durchzuführen, dass

- Kinder lernen, ihre Mitschülerinnen bzw. Mitschüler und Lehrkräfte respektvoll zu behandeln und deren Perspektiven und Gefühle zu verstehen. Empathie und Rücksichtnahme werden gefördert, indem die Schülerinnen und Schüler dabei unterstützt werden, Konflikte friedlich zu lösen und auf die Bedürfnisse anderer zu achten.
- Teamarbeit gefördert wird, damit Kinder lernen, gemeinsam Aufgaben zu lösen, Ideen zu teilen und Verantwortung in der Gruppe zu übernehmen. Kooperation stärkt das Gemeinschaftsgefühl und ermöglicht es den Kindern, ihre sozialen Fähigkeiten zu entwickeln.
- Schülerinnen und Schüler ermutigt werden, Verantwortung für ihr eigenes Handeln und Lernen zu übernehmen. Dies bedeutet, dass sie lernen, die Konsequenzen ihrer Handlungen zu verstehen und zu akzeptieren. Verantwortungsübernahme umfasst auch das Einhalten von Regeln und Vereinbarungen, die dem Wohl der Gemeinschaft dienen.
- Kinder aktiv in Entscheidungsprozesse eingebunden werden, um ihre Meinungen und Wünsche zu äußern. Dies fördert das Verständnis dafür, dass Verantwortung nicht nur für das eigene Wohl, sondern auch für das Wohl der Gemeinschaft zu übernehmen ist.
- Kinder lernen, solidarisch zu handeln und einander zu helfen. Dies fördert nicht nur das soziale Miteinander, sondern stärkt auch das Gefühl von Zusammenhalt und Gemeinschaft. Kinder können sich so als Teil einer Gruppe verstehen, in der alle Verantwortung füreinander übernehmen.
- Kinder lernen, Konflikte konstruktiv und friedlich zu lösen. Sie werden dazu angeregt, in Konfliktsituationen Verantwortung zu übernehmen, anstatt andere zu beschuldigen.

Ein verantwortungsbewusstes Miteinander als Grundlage grundschuldidaktischen Denkens fördert eine Kultur des Respekts, der Empathie und der Kooperation, in der die Kinder nicht nur für ihr eigenes Verhalten, sondern auch für das Wohl der Gemeinschaft Verantwortung übernehmen lernen. Es geht darum, den Kindern nicht nur Werte zu benennen, sondern auch die Fertigkeiten und Fähigkeiten zu vermitteln, die sie benötigen, um in einer pluralistischen und demokratischen Gesellschaft anhand dieser Werte zu agieren. Diese pädagogische Haltung stärkt das soziale Lernen (Müller & Pfrang, 2021a) und trägt zur Entwicklung von sozialen Kompetenzen und einem positiven Schulklima bei. Zugleich sind diese Werte mit dem Prinzip der Gerechtigkeit verbunden. Eine gerechte Gesellschaft strebt danach, ungleiche Voraussetzungen auszugleichen und allen Mitgliedern vergleichbare Zugänge zu ermöglichen, um deren individuelle Potenziale entfalten zu können – unter Bedingungen von Selbstbestimmung und Freiheit. Dieser Anspruch stellt eine kontinuierliche Herausforderung für Bildung und Gesellschaft dar.

1.3 Gerechtigkeitstheoretische Zugänge zu Teilhabe

Die Frage nach der Definition von Gerechtigkeit ist eine der zentralen und zugleich komplexesten in den Diskursen der Ethik, Philosophie, Sozialwissenschaften sowie Erziehungs- und Bildungswissenschaften. Verschiedene Theorien versuchen, das Konzept der Gerechtigkeit zu fassen und im Hinblick auf gesellschaftliche Teilhabe zu operationalisieren. Für die inklusive Grundschuldidaktik ist die Relevanz dieser Gerechtigkeitstheorien besonders hoch, denn verschiedene gerechtigkeitstheoretische Ansätze finden im schulischen Kontext direkte Anwendung. Sie haben somit mittelbare wie auch unmittelbare Auswirkungen auf Unterrichtsgestaltung und Schulkultur – insbesondere im Kontext heterogener Schülerinnen- und Schülergruppen. Somit kann die inklusive Grundschuldidaktik als ein zentraler Ort angesehen werden, an dem die theoretischen Überlegungen zu Gerechtigkeit mit konkreten Umsetzungsmöglichkeiten in der Praxis verknüpft werden. Obgleich sich die verschiedenen Gerechtigkeitskonzepte mitunter widersprechen, bieten sie wertvolle Orientierungen, um den Unterricht gerecht und inklusiv zu gestalten. Die Herausforderung besteht darin, die Spannungsfelder zwischen Gleichheit und Ungleichheit sowie individuellen und gemeinschaftlichen Ansprüchen auszutarieren – ohne dabei das Ziel einer chancengerechten Bildung aus den Augen zu verlieren. Gerechtigkeit erweist sich dabei als dynamisches Konzept, das kontinuierlich neu ausgehandelt wird.

Im Folgenden werden zentrale Strömungen gerechtigkeitstheoretischer Ansätze skizziert, die sich mit sozialem Miteinander im Rahmen gesellschaftlicher Teilhabe befassen. Eine leitende Annahme vieler Theorien ist die Gleichwertigkeit aller Menschen – etwa wie sie in der UN-Behindertenrechtskonvention (UN-BRK, 2008) normativ verankert ist. Daraus ergibt sich die Frage, wie mit gesellschaftlich bedingter Ungleichheit umzugehen ist. Die jeweiligen Antworten hängen maßgeblich von den Vorstellungen ab, was Menschen benötigen, um ein gelingendes und selbstbestimmtes Leben in Freiheit und Würde zu führen. Zentral ist deshalb die Frage, was genau Gerechtigkeit bedeutet und welche Normen und Prinzipien bei der Entstehung und Aufrechterhaltung von Gerechtigkeit eine Rolle spielen. Es werden entsprechend Korrelativkonstrukte benötigt, um Gerechtigkeit angemessen definieren zu können. Dabei lassen sich in der pädagogischen Diskussion um Teilhabe drei gerechtigkeitstheoretische Hauptströmungen identifizieren:

1. *Gleichheitsbasierte Gerechtigkeitstheorien* (z. B. Rawls, 2021):
   Theorien der gleichheitsorientierten Gerechtigkeit – prominent vertreten durch John Rawls – betonen die faire Verteilung gesellschaftlicher Grundgüter. Rawls (2021) versteht Gerechtigkeit als Fairness: Soziale und ökonomische Ungleichheiten seien nur dann gerechtfertigt, wenn sie den am wenigsten Begünstigten zugutekommen (Differenzprinzip). Daraus ergibt sich ein normatives Anliegen gleicher Verwirklichungschancen auch bei ungleichen Ausgangsbedingungen. In pädagogischen Kontexten wird dieses Prinzip häufig erweitert durch Modelle demokratischer Teilhabe, wie der »Ladder of Participation« (Arnstein, 1969; Hart, 1992), in denen Mitbestimmung ein zentrales Element von Teilhabe darstellt. Im schulischen Alltag bedeutet dies, dass alle Kinder – unabhängig von Herkunft oder Voraussetzungen – aktiv in Entscheidungsprozesse eingebunden werden sollen (Gerhartz-Reiter & Reisenauer, 2020; Shier, 2019).
2. *An der Menschenwürde orientierte Theorien* (z. B. Nussbaum, 2010; Sen, 2010; 2020):
   Der Capability-Approach von Martha Nussbaum und Amartya Sen versteht Gerechtigkeit als Sicherung menschenwürdiger Lebensbedingungen. Im Zentrum steht nicht nur formale Gleichheit, sondern die tatsächliche Möglichkeit, ein selbstbestimmtes und sinnvolles Leben zu führen. Ungleichheiten werden dabei nicht grundsätzlich ausgeschlossen, solange sie die Entfaltung grundlegender Fähigkeiten (capabilities) nicht behindern. Im schulischen Kontext bedeutet dies, jedem Kind ein Mindestmaß an Bildung, Teilhabe und Entwicklungsmöglichkeiten zu garantieren. Dabei werden auch die sozialen und kulturellen Voraussetzungen von Bildung explizit berücksichtigt (Neuhoff, 2015).
3. *Anerkennungsbasierte Gerechtigkeitstheorien* (z. B. Honneth, 2010; Stojanov, 2006; 2013):
   Theorien der Anerkennung verstehen Gerechtigkeit primär als gelingende soziale Beziehungen. Axel Honneth (2010) unterscheidet dabei drei Formen der Anerkennung: Liebe (emotionale Zuwendung), Recht (gesellschaftliche Achtung) und Solidarität (soziale Wertschätzung). Stojanov überträgt diese Gedanken auf den Kontext von Bildung. Bildung gilt in diesem Rahmen nicht nur als Wissenserwerb, sondern als sozial eingebetteter Prozess, in dem Identität, Selbstachtung und Zugehörigkeit entstehen. Für die Schule bedeutet dies, eine Kultur der Empathie, des Respekts und der Inklusion zu fördern – insbesondere durch wertschätzende Beziehungen und gemeinschaftsorientierte Praktiken (Müller & Pfrang, 2021b).

Allen drei Theorietraditionen ist gemeinsam, dass sie normativ auf soziale Gerechtigkeit zielen, jedoch unterschiedlichen Bezugspunkten folgen. Diese Differenzen bergen ein konkurrierendes, teils antagonistisches Spannungsverhältnis (Müller, 2018), eröffnen aber auch pädagogische Handlungsspielräume. Für

Lehrkräfte stellt sich die Aufgabe, das Spannungsverhältnis zwischen Gleichbehandlung und individueller Förderung produktiv zu gestalten. Bei grundschuldidaktischen Überlegungen streben beispielsweise Lehrerinnen und Lehrer nach einer gerechten Behandlung ihrer Schülerinnen und Schüler. Um Gleichheit herzustellen, sind sie mit dem Paradoxon konfrontiert, Kinder und Jugendliche angemessen gleich und ungleich zu behandeln. Heid weist auf drei Ebenen von Gleichheit und Ungleichheit hin, die für schulisches Lernen relevant sind (Heid, 1988, wiedergegeben nach Dederich, 2011, S. 47):

- *intrapersonale Ebene:* Diese Ebene betrifft vor allem individuelle Lernvoraussetzungen, also die Unterschiede zwischen den Schülerinnen und Schülern hinsichtlich ihrer Fähigkeiten, Bedürfnisse und Voraussetzungen.
- *Systemebene:* Hier geht es um Gleichheit und Ungleichheit in Bezug auf Lerngelegenheiten, wie z. B. den Unterricht, die angewandten Methoden, Didaktik oder Interventionen. Auch unterschiedliche Schulformen mit ihren jeweiligen Rahmenbedingungen und Bildungsabschlüssen spielen eine Rolle.
- *Ebene der Lernerfolge:* Auf dieser Ebene werden sowohl tatsächliche Lerneffekte als auch intendierte Lehr- und Lernziele betrachtet, um Gleichheit und Ungleichheit zu bewerten.

Die zentrale didaktische Aufgabe liegt darin, diese Ebenen differenziert zu berücksichtigen und gleichzeitig ein gerechtes Bildungsangebot für alle Kinder so zu gestalten, dass die individuellen Bedürfnisse und Voraussetzungen der Schülerinnen und Schüler angemessen berücksichtigt werden und die Klasse als Lerngemeinschaft agiert. Inklusiver Unterricht wird damit zu einer Frage von Gerechtigkeit (Trautmann, 2022), bei der auch Machtverhältnisse und Ressourcenzugang eine Rolle spielen.

Die Praxis inklusiver Bildung macht deutlich, dass Gerechtigkeit im Unterricht nicht nur eine Frage der Güterverteilung ist, sondern auch soziale Anerkennung, emotionale Sicherheit und Verantwortung umfasst. Lehrkräfte sind gefordert, die Balance zwischen individuellen Bedürfnissen und gemeinschaftlichen Anforderungen herzustellen. In der inklusiven Grundschuldidaktik spiegelt sich dies in der Entwicklung eines Unterrichts wider, der soziale Anerkennung, Empathie und gerechte Teilhabe fördert. Trotz der unterschiedlichen theoretischen Grundlagen bieten Gerechtigkeitskonzepte zentrale Orientierungen für die Ausgestaltung inklusiver, chancengerechter Bildung. Entscheidend ist, dass Lehr- und Lernprozesse nicht nur kognitiv, sondern auch sozial-emotional und normativ reflektiert werden – mit dem Ziel, allen Kindern gesellschaftliche Teilhabe zu ermöglichen.

1.4 Machttheoretische Zugänge zu Teilhabe

Da Fragen der Gerechtigkeit immer über Macht verhandelt werden, können die zuvor dargestellten Überlegungen unmittelbar auf die Grundschuldidaktik bezogen werden. Grundschulen stellen den ersten verpflichtenden, systematisch organisierten Lernort dar, den Kinder besuchen, und sind zentrale Orte, an denen sich soziale Gerechtigkeit und Machtverhältnisse in der Praxis manifestieren. Die Grundschuldidaktik als wissenschaftliche Disziplin steht vor der Herausforderung, Lehr-Lern-Prozesse inklusiv zu gestalten, sodass soziale Ungleichheiten ausgeglichen und Bildungsteilhabe für alle Kinder gesichert werden können. Ziel ist es, gleiche Lernchancen für alle Schülerinnen und Schüler zu schaffen, auch und gerade unter Berücksichtigung unterschiedlicher Ausgangsvoraussetzungen, etwa der sozioökonomischen Herkunft. Differenzierte Förderkonzepte und adaptive Lernumgebungen sind hierbei zentrale Mittel. An der Menschenwürde orientierte Ansätze betonen in diesem Kontext die Bedeutung der individuellen Bedürfnisse und die Bereitstellung eines Mindestmaßes an Bildung für alle Kinder. Grundschullehrkräfte müssen es somit als ihre Aufgabe verstehen, jedem Kind eine an seine persönlichen Fähigkeiten und Bedürfnissen angepasste Förderung zu bieten, um ein Leben in Würde zu ermöglichen. Ergänzt um anerkennungsbasierte Debatten impliziert dies für die Grundschuldidaktik die Aufgabe, Wege zu finden, die die Identitäten und kulturellen Hintergründe der Kinder in der Schule anerkennen und respektieren. Dies bedeutet für die Grundschuldidaktik, von einer inklusiven und diversitätssensiblen Pädagogik auszugehen, die allen Kindern Erfahrungen ermöglicht, sich gesehen, geschätzt und zugehörig zu fühlen.

Die geschilderten Gerechtigkeitsvorstellungen gehen weitgehend davon aus, dass Menschen sich auf Augenhöhe begegnen können, wie Dziabel (2017) unter Verweis auf Friedrich Nietzsche verdeutlicht. Nietzsche wies darauf hin, dass der ursprüngliche Charakter der Gerechtigkeit in der griechischen Antike auf einem Austausch basiert, der unter der Voraussetzung einer ungefähr gleichen Machtstellung stattfindet (Nietzsche, 1982, zit. nach Dziabel, 2017, S. 75). Jedoch werden diese Vorstellungen von Gleichheit durch die Realitäten des Schulsystems widerlegt, wie bspw. (Schäfer, 2018) ausführt. Er betont, dass metaphysische Bezugspunkte wie die Idee einer grundlegenden Gleichheit unter modernen Vorzeichen nicht mehr als feste Grundlage sozialer Wirklichkeiten dienen. Stattdessen eröffnen sie einen Raum für Konflikte, in dem Fragen der Möglichkeit und Unmöglichkeit, der Idee und Wirklichkeit sowie der Legitimation und Illegitimität verhandelt werden können (Schäfer, 2018, S. 20). In Anbetracht dieser Erkenntnisse ist anzunehmen, dass die Vorstellung einer gleichen Machtstellung zwischen Schülerinnen und Schülern, Lehrpersonen und/oder der Institution Schule lediglich eine fiktive Annahme sein kann. Empirische Vergleichsstudien belegen, dass in schulischen Strukturen und Beziehungen Macht- und Ressourcenunterschiede existieren, die sich auf Teilhabemöglichkeiten an Bildung von Schülerinnen und Schülern auswirken. Als Beleg hierfür können bspw. die regelmäßig stattfindenden PISA- oder IGLU-Studien aufgeführt werden. Diese Machtasymmetrien lassen sich theoretisch durch verschiedene soziologische Perspektiven fassen: Aus Bourdieus

Sicht reproduziert das Bildungssystem soziale Ungleichheiten, indem es kulturelles Kapital der Mittelschicht privilegiert und symbolische Macht ausübt, die als neutrale Leistungsbewertung erscheint. Foucault (1977) beschreibt Schule als Disziplinarinstitution, in der Macht über Normierung, Kontrolle und Selbststeuerung wirkt. Marxistische Ansätze, insbesondere bei Althusser, verstehen Bildung als ideologischen Staatsapparat, der bestehende Klassenverhältnisse stabilisiert (Wolf, 2010). Weber (1980) verweist auf die bürokratisch-rationale Herrschaftsform des Bildungssystems, in der Macht durch institutionalisierte Legitimität gesichert wird. Habermas (1995) hebt den Konflikt zwischen kommunikativer Vernunft und systemischer Steuerung hervor – ein Spannungsfeld, das sich in schulischen Bewertungs- und Selektionsprozessen zeigt. Schließlich betont Luhmann (2002), dass Macht im Bildungssystem als kommunikative Strukturform auftritt, die Entscheidungen über Zugang und Ausschluss reguliert.

Die Auseinandersetzung mit diesen theoretischen Perspektiven verdeutlicht, dass im Bildungsbereich Fragen zu Gerechtigkeit eng mit Fragen zur Macht verwoben sind. Macht beschreibt die Möglichkeit, Einfluss auszuüben; Gerechtigkeit betrifft die faire Verteilung von Chancen und Ressourcen. Macht kann im Schulsystem zur Stabilisierung oder Verschärfung von Ungleichheiten beitragen. Daher rücken soziologische Perspektiven die Frage in den Mittelpunkt, inwieweit Bildungseinrichtungen soziale Gerechtigkeit fördern oder behindern. So kritisieren Bourdieu und Passeron (1971), dass die Schule eher der Reproduktion sozialer Machtverhältnisse als der Förderung individueller Bildung dient. Viel zitiert ist ihre Aussage, das Bildungssystem gleicht einem Spiel, das unter dem Vorwand der Allgemeinbildung auf die Privilegierten zugeschnitten ist (ebd., S. 39). El-Mafaalani (2023) unterscheidet sich in dieser Bewertung des Bildungssystems von Bourdieu und Passeron. Er führt aus, dass die Schule in ihrer aktuellen Form sowohl zur Reproduktion sozialer Ungleichheit beiträgt als auch eine gewisse Chancengerechtigkeit bietet. Aus seiner Sicht hat sich das Bildungssystem in modernen Gesellschaften dahingehend entwickelt, dass es zumindest allen Kindern Zugang zu Bildung ermöglicht und dadurch mehr Teilhabechancen schafft. Dennoch weist El-Mafaalani darauf hin, dass die Schule allein nicht ausreicht, um die tief verankerten gesellschaftlichen Ungleichheiten vollständig abzubauen. Im Vergleich zu Bourdieu ist er also weniger pessimistisch: Er sieht die Möglichkeit, durch Reformen und gesellschaftliche Veränderungen das Bildungssystem gerechter zu gestalten (El-Mafaalani, 2023). Für die Weiterentwicklung von Schule im Hinblick auf Teilhabe an Bildung für alle ist die Position El-Mafaalanis als pragmatischer und zukunftsorientierter zu bewerten. Diese erkennt Chancen und Möglichkeiten für Veränderung, die auf gesellschaftlicher Ebene auch über die UN-Behindertenrechtskonvention wie auch die UN-Kinderrechtskonvention gefordert und gefördert werden. Im Kontext machttheoretischer Zugangsweisen zu Gerechtigkeit wird in der UN-Behindertenrechtskonvention die Förderung von Inklusion als ein zentraler Bestandteil eines gerechten Gesellschaftsmodells hervorgehoben. Anstatt ein individuelles, personenorientiertes Verständnis von Behinderung und Benachteiligung zu perpetuieren, fordert die Konvention ein systemisches Umdenken, das die strukturellen Bedingungen der Marginalisierung und Ausgrenzung berücksichtigt. Aus einer machttheoretischen Perspektive wird der Zugang zum gesellschaftlichen Leben als ein Recht auf Gleichbehandlung verstanden, das nicht nur die individuellen Rechte von Menschen mit Behinderungen in den Blick nimmt, sondern auch die strukturellen und institutionellen Machtverhältnisse, die ihre Teilhabe verhindern. Artikel 24 der UN-Behindertenrechtskonvention, der sich speziell auf das Recht auf Bildung bezieht, fordert daher nicht nur den Abbau von Barrieren im Bildungssystem, sondern auch eine grundlegende Umgestaltung der institutionellen Strukturen, die Exklusion und Ungleichbehandlung fördern. Ein machtkritischer Ansatz verlangt, dass die bestehenden Machtverhältnisse innerhalb des Bildungssystems hinterfragt und zugunsten einer inklusiven Gesellschaft verändert werden.

Auch die UN-Kinderrechtskonvention betont das Recht auf Bildung, Partizipation und Nichtdiskriminierung. Schulen sind deshalb gefordert ihre Machtstrukturen neu zu denken und gerechter zu gestalten, indem sie die Rechte auf Partizipation und Nichtdiskriminierung umsetzen. Sie stellt einen normativen Rahmen bereit, der eine inklusivere, gerechtere Schule fördert, in der Kinder ernst genommen und in Entscheidungsprozesse einbezogen werden. Die Umsetzung erfordert einen tiefgreifenden Wandel in den Schulstrukturen und -kulturen, wie auch in der Didaktik. Für eine inklusive Grundschuldidaktik ergeben sich daraus drei zentrale Handlungsfelder:

- *inklusive Unterrichtsstrategien:* Lehrkräfte stehen vor der Herausforderung, Unterricht so zu gestalten, dass alle Kinder – unabhängig von individuellen Voraussetzungen oder Beeinträchtigungen – aktiv einbezogen werden können. Dies erfordert eine differenzierte Unterrichtsplanung sowie den Einsatz methodischer Vielfalt, die der Heterogenität der Lerngruppe Rechnung trägt.
- *Partizipation von Kindern:* Die aktive Einbindung von Kindern in schulische Entscheidungsprozesse kann dazu beitragen, Erfahrungen von Selbstwirksamkeit und Mitbestimmung zu ermöglichen. Partizipationsformen wie Klassenräte, Kinderparlamente oder demokratische Abstimmungen bieten bereits in der Grundschule konkrete Gelegenheiten, Teilhabe zu erproben und zu reflektieren.
- *Reflexion von Machtstrukturen:* Eine inklusive Schulkultur setzt die kontinuierliche Auseinandersetzung mit bestehenden Machtverhältnissen voraus. Sowohl Lehrkräfte als auch schulische Organisationen sind gefordert, ihre eigenen Positionen kritisch zu reflektieren und strukturelle Bedingungen so weiterzuentwickeln, dass alle Kinder als gleichwertige und handlungsfähige Subjekte anerkannt werden.

Für die inklusive Grundschuldidaktik bestehen in diesem Zusammenhang folgende spezifische Herausforderungen: Machtstrukturen und ihre Auswirkungen auf Teilhabe an Bildung zu reflektieren und alternative didaktische Zugänge zu entwickeln, die soziale Ungleichheiten und Ausschlussmechanismen überwinden:

- *Ungleicher Zugang zu Ressourcen und ›Kapitalien‹:* Bourdieus Theorie der Kapitalien (ökonomisches, kulturelles und soziales Kapital) zeigt auf, dass Kinder bereits beim Schuleintritt über ungleiche Startvoraussetzungen verfügen. Sie bringen unterschiedliche Ressourcen (ökonomisches, kulturelles und soziales

Kapital) mit, die ihren Bildungserfolg beeinflussen. Grundschulkinder aus benachteiligten Familien haben oft weniger Zugang zu »Bildungskapitalien«, etwa zur Unterstützung durch bildungsnahe Eltern, zu kulturellen Erfahrungen oder zu außerschulischen Fördermöglichkeiten. Eine inklusive Grundschuldidaktik, die auf Bildung durch Teilhabe ausgerichtet ist, bietet gezielte Unterstützungsmaßnahmen für Kinder aus benachteiligten Familien, beispielsweise durch Lesepatenschaften, kostenlose Lernmaterialien oder Sprachförderprogramme.

- *Reproduktion sozialer Ungleichheit:* Laut Bourdieu tendieren Bildungssysteme dazu, soziale Ungleichheiten zu reproduzieren, indem sie den »kulturellen Habitus« privilegierter Schülerinnen und Schüler als Norm setzen. Diese Reproduktion von Ungleichheit stellt eine Herausforderung für die inklusive Grundschuldidaktik dar, da Lehrkräfte oft unbewusst Verhaltensweisen und Sprachcodes bevorzugen, die dem Mittel- und Oberschichtmilieu entsprechen.
- *›Hidden Curriculum‹ und versteckte Machtstrukturen:* Das Konzept des »Hidden Curriculum« – also die impliziten, oft unbewussten Werte, Normen und Verhaltensweisen, die im Schulalltag vermittelt werden – kann ebenfalls hinderlich für die gleichberechtigte Teilhabe an Bildung sein. Oft wird hierbei ein bestimmtes kulturelles oder soziales Wissen als selbstverständlich vorausgesetzt, das nicht allen Kindern gleichermaßen zugänglich ist. Diese impliziten Normen und Erwartungen im Schulalltag können exkludierend wirken. Lehrerinnen und Lehrer sind gefordert, sich dieser versteckten Normen und Erwartungen bewusst zu werden, die sie im Unterricht vermitteln, und darauf zu achten, dass diese keine Ausschlussmechanismen erzeugen.
- *Selektionsmechanismen und Labels:* Aus Foucaults (2003) Perspektive auf Macht als »Normierungsinstrument« entstehen in der Grundschule häufig Labels wie »leistungsstark« oder »leistungsschwach«, die Kinder frühzeitig kategorisieren und möglicherweise stigmatisieren. Diese Labels sind allgegenwärtig und dienen auch der »Disziplinierung«. Sie können aber auch die Erwartungen der Lehrkräfte beeinflussen und den Kindern selbst ein Bild ihrer Fähigkeiten und ihres Potenzials vermitteln, das langfristige Auswirkungen haben kann. Diese Machtverhältnisse können besonders für Kinder aus marginalisierten Gruppen einschüchternd oder abschreckend wirken. In der Grundschule werden Bildungsstandards formuliert, die als verbindliche Zielvorgaben gelten und auf deren Erreichung alle Schülerinnen und Schüler hin gefördert werden. Diese Standards basieren jedoch auf normorientierten Annahmen und Erwartungen, die für manche Kinder schwieriger zu erfüllen sind (z. B. sprachliche Standards für Kinder mit Deutsch als Zweitsprache). Das Erfüllen dieser Standards ist oft Voraussetzung für die Teilhabe an weiterführender Bildung. Standards, die nicht diversitätssensibel sind, können Schülerinnen und Schüler benachteiligen, die anderen sprachlichen oder kulturellen Hintergründen entstammen oder anderweitig von der Norm abweichen. Entsprechend ist die inklusive Grundschuldidaktik gefordert, Wege zu finden, um Kinder nicht zu früh und irreversibel zu kategorisieren oder zu stigmatisieren, da dies ihre Chancen auf Teilhabe langfristig einschränken und ihre Selbstwahrnehmung negativ prägen kann. Vielmehr steht die Notwendigkeit im Fokus, ungleiche Ausgangsbedingungen auszugleichen, da ansonsten die Gefahr besteht, dass die Grundschule beste-

hende soziale Ungleichheiten sowie eingeschränkte Teilhabe an Bildung weiter verstärkt. Labels wie »leistungsstark« oder »förderbedürftig« können zu einer frühzeitigen Festschreibung von Potenzialen führen. Eine inklusive Grundschuldidaktik, die auf Bildung durch Teilhabe ausgerichtet ist, verzichtet daher möglichst lange auf eine Einteilung der Kinder in Leistungsgruppen und nutzt stattdessen die Heterogenität der Lerngruppe als Ressource.

Ziel dieser Betrachtungsweisen ist es, dass bei allen grundschuldidaktischen Überlegungen Teilhabe an Bildung zu analysieren und zu fördern ist, um dem Anspruch nachzukommen, allen Kindern Bildung durch Teilhabe zu ermöglichen. Eine inklusive Grundschuldidaktik, die auf Bildung durch Teilhabe ausgerichtet ist, zielt darauf ab, den unterschiedlichen kulturellen Hintergründen von Grundschulkindern gerecht zu werden, ohne dabei die Normen und Erwartungen einer bestimmten sozialen Schicht als allgemeinverbindlich zu setzen. In diesem Zusammenhang kommt der Sensibilität für implizite Botschaften im Unterricht besondere Bedeutung zu. Lehrkräfte sind angehalten, potenziell ausschließende Strukturen und Praktiken im eigenen pädagogischen Handeln zu erkennen und zu hinterfragen. Dies setzt kontinuierliche Selbstreflexion sowie eine professionelle Auseinandersetzung im Rahmen von Aus- und Weiterbildung voraus. Eine inklusive Grundschuldidaktik trägt eine besondere Verantwortung, soziale Gerechtigkeit im Bildungssystem zu fördern. Indem sie Gerechtigkeitskonzepte, Machtstrukturen und Teilhabechancen systematisch reflektiert und in ihre Praxis integriert, kann sie dazu beitragen, soziale Ungleichheiten abzubauen und eine gerechtere Gesellschaft vorzubereiten. Zentrale Handlungsfelder sind hierbei die Anerkennung von Diversität, die Förderung kultureller Sensibilität und die Schaffung eines Lernraums, in dem jedes Kind seine Potenziale entfalten kann.

1.5 Kulturanthropologische Zugänge zu Teilhabe

Neben den intransitiven Aspekten von Teilhabe berücksichtigen kulturanthropologische Zugänge auch die transitiven Aspekte. Dabei werden unterschiedliche Dimensionen untersucht, die beschreiben, wie Menschen in Gesellschaft, Kultur oder sozialen Gruppen interagieren und sich beteiligen. »Anthropologie als Wissenschaft vom Menschen skizziert heute nicht (mehr), was ein Mensch sein sollte, sondern beobachtet Variationen des Menschseins und fragt, wie Grenzen des Möglichen und Unmöglichen gezogen werden« (Tervooren, 2017, S. 19). Tervooren (2017) beschreibt damit einen Wandel in der kulturanthropologischen Betrachtung des Menschen, weg von normativen Festlegungen hin zur Beobachtung und Analyse der Vielfalt menschlicher Existenz und der Grenzen des Möglichen und Unmöglichen. Diese Perspektive lässt sich auch auf die inklusive Grundschuldidaktik übertragen. Sie eröffnet eine Diskussion über den Umgang mit Diversität in Bildungssettings sowie über zugrunde liegende Erwartungen und Normen. So zeigen sich in der Grundschule beispielsweise normorientierte Erwartungen an Leistung und Verhalten, die sich in standardisierten Lehrplänen, Bewertungssystemen und Verhaltenserwartungen manifestieren. Eine kulturanthropologische Perspektive nach Tervooren fordert hingegen Anerkennung und Wertschätzung von Vielfalt. Ihre Überlegungen regen dazu an, zu hinterfragen, ob bestimmte Leistungsstandards und Verhaltensnormen Entwicklungsräume einschränken. Für Lehrkräfte bedeutet dies, nicht nur als Wissensvermittelnde aufzutreten, sondern auch individuelle Entwicklungsprozesse zu begleiten und traditionelle Normen kritisch zu reflektieren. Die kulturanthropologische Sichtweise legt nahe, Grenzen zu hinterfragen und gegebenenfalls zu erweitern, um den Schülerinnen und Schülern mehr Möglichkeiten zu einer eigenständigen und selbstverantworteten Entwicklung zu bieten. Pädagogisch professionelles Handeln würde Fähigkeiten und Fertigkeiten implizieren, traditionelle Normen und Grenzen zu reflektieren und gegebenenfalls neue, flexible Ansätze zu entwickeln, die den unterschiedlichen Bedürfnissen der Kinder und Jugendlichen gerecht werden.

Kulturanthropologische Zugänge betonen zudem die grundlegende Abhängigkeit des Menschen von Gemeinschaft. Teilhabe und Teilsein sind kulturanthropologisch gesehen fundamentale Bedürfnisse. Der Mensch ist auf Kooperation angewiesen und entwickelt sein Sinnverstehen durch Interaktion – dabei entstehen Empathie und Mitgefühl (Dietrich, 2017).

Teilhabe ist somit nicht nur ein Grundbedürfnis, sondern auch eine Voraussetzung für die persönliche und soziale Entwicklung von Kindern und Jugendlichen. In Schulen manifestiert sich die Abhängigkeit des Menschen von der Gemeinschaft auf vielfältige Weise. Schülerinnen und Schüler benötigen ein unterstützendes Umfeld, um sich gut zu entwickeln und Empathie sowie Mitgefühl zu erlernen. Dieses zeigt sich in einer schulischen Kultur, die auf Kooperation, gegenseitige Unterstützung und positive Interaktionen setzt, beispielsweise über kooperative Lernmethoden (Müller & Pfrang, 2024). Dietrich (2017, S. 29) unterscheidet dabei verschiedene Formen und Qualitäten von Teilhabe, die auch konfligieren können. So kann erfolgreiche Teilhabe in einem Bereich – etwa dem Arbeitsmarkt – zu prekären Bedingungen in anderen Bereichen – etwa den sozialen Beziehungen – führen.

> »Durch diese Mehrdimensionalität kann Teilhabe nur als dynamischer Begriff verstanden werden, da sich im Laufe der Zeit Formen und Qualitäten, Widersprüchlichkeiten und Ergänzungen, prekäre und stabile Modalitäten von Teilhabe immer wieder verändern können« (Dietrich, 2017, S. 30).

Der Wille und die Bereitschaft zur Teilhabe entstehen auch in der individuellen syntagmatischen Sinngenese von Teilhabe. Dietrich (2017) hebt hervor, dass individuellen Bedeutungszuschreibungen in sozialen Interaktionen eine zentrale Rolle zukommt (ebd., S. 34):

> »So kann sich in Art und Weise des den Fremden begrüßenden Handschlags sowohl Zurückhaltung, Respekt als auch große Freude oder Ablehnung ausdrücken. Wie jemand begrüßt, angesprochen, bewertet und verabschiedet wird, entscheidet in bedeutsamer Weise mit über die erfahrene Qualität der Teilhabe« (Dietrich, 2017, S. 33).

Diese Einsicht verdeutlicht die Bedeutung von zwischenmenschlichen Interaktionen und der schulischen Kultur für die didaktische Förderung von Teilhabe in der Grundschule. Alltagshandlungen wie Begrüßungen und Ansprachen prägen das Zugehörigkeitsgefühl und die erlebte Teilhabe von Kindern wesentlich. Fehlende Wertschätzung kann Isolation verstärken (Sann & Preiser, 2017; Scherzinger et al., 2021). Judith Butlers Überlegungen zur Verletzlichkeit liefern ergänzend eine zentrale Perspektive für eine inklusive Grundschuldidaktik, die auf Teilhabe ausgerichtet ist. Sie geht, nach Heinze, davon aus, dass

> »[d]ie körperliche Verfasstheit und die soziale Abhängigkeit bzw. das Angewiesen- Sein auf andere […] den Menschen in seiner Verletzlichkeit und seinem ihm unverfügbaren Ausgesetzt-Sein [bestimmen] […]. Als »Vorbedingung für das ›Menschliche‹ gründet sich die Verletzlichkeit zudem in dem Streben nach Anerkennung und der Möglichkeit, diese zu verwehren, und weckt zugleich das Bedürfnis des Menschen nach Achtsamkeit und Zuwendung […]« (Heinze, 2017, S. 49).

Butler betont deshalb, dass die Fähigkeit zur Teilhabe untrennbar mit Verletzlichkeit verbunden ist. Die menschliche Verletzlichkeit, die durch körperliche Verfasstheit und soziale Abhängigkeit bestimmt wird, stellt eine grundlegende Bedingung des Menschseins dar. Verletzlichkeit erzeugt ein Streben nach Anerkennung und das Bedürfnis nach Achtsamkeit und Zuwendung. Insgesamt betont Judith Butler, dass Teilhabe und Verletzlichkeit in einer tiefen Wechselbeziehung stehen, und dass eine Gesellschaft nur dann gerecht sein kann, wenn sie die Verletzlichkeit aller Individuen anerkennt und so ihre volle Teilhabe ermöglicht (vgl. Butler, 2014, S. 15–17). Hier schließt sich der Kreis zu den gerechtigkeitstheoretischen Überlegungen Honneths.

Ein kulturanthropologischer Zugang zu Teilhabe betrachtet den Menschen in seiner ganzen Komplexität und Vielseitigkeit. Dabei wird der Mensch als Kultur- und Sozialwesen, aber auch als Individuum mit einzigartigen Fähigkeiten, Bedürfnissen und Entwicklungsverläufen verstanden. Daraus ergeben sich spezifische Anforderungen für die Pädagogik und Didaktik der Grundschule im Hinblick auf Bildung durch Teilhabe:

- Berücksichtigung der individuellen Entwicklungs- und Lernvoraussetzungen: Ein kulturanthropologischer Zugang betont, dass jedes Kind mit einzigartigen körperlichen, kognitiven und sozialen Voraussetzungen in die Schule kommt. Diese Unterschiede erfordern eine Didaktik, die nicht nur Standards und Normen vorgibt, sondern auch die individuellen Lernwege und -geschwindigkeiten respektiert. Entsprechend gilt es eine Balance zwischen dem Lehrplan und den individuellen Entwicklungsständen zu schaffen, ohne Kinder zu überfordern oder zu unterfordern.
- Berücksichtigung der sozialen und kulturellen Herkunft: Der Mensch ist ein kulturelles Wesen, das durch seine sozialen und kulturellen Erfahrungen geprägt wird. Diese Prägungen beeinflussen das Lernverhalten, die Motivation und die Perspektiven der Kinder auf Bildung. Schülerinnen und Schüler bringen unterschiedliche familiäre und kulturelle Hintergründe mit, die die Dispositionen zu Teilhabe prägen. Didaktisch gilt es, Methoden und Inhalte so aufzuarbeiten, dass die Kinder und Jugendlichen sich in ihrer kulturellen und sozialen Vielfalt

wiederfinden, ohne dass einzelne Gruppen oder Hintergründe unsichtbar bleiben.

- Wahrung körperlicher und emotionaler kindlicher Bedürfnisse: Der Mensch ist nicht nur ein geistiges, sondern auch ein körperliches und emotionales Wesen. In der Grundschule sind viele Kinder in einer Entwicklungsphase, in der Bewegung, Spiel und emotionales Lernen essenziell sind. Pädagogisch und didaktisch ist diesen körperlichen und emotionalen Bedürfnissen Raum zu geben, um das Lernen zu fördern und eine gesunde Entwicklung zu gewährleisten, sodass Teilhabe möglich ist. Dies bedeutet gerade in einem auf akademische Leistungen fokussierten Bildungssystem, die körperlichen und emotionalen Bedürfnisse der Kinder in den Unterricht zu integrieren, um deren Wohlbefinden und Lernmotivation zu fördern.
- Förderung der Selbstwirksamkeit und Autonomie: Der Mensch wird als handelndes und selbstwirksames Wesen gesehen, das die Fähigkeit besitzt, eigene Entscheidungen zu treffen und Verantwortung zu übernehmen. Kinder werden beim Erwerb dieser Fähigkeiten unterstützt, damit sie lernen, ihre eigene Bildungsbiografie aktiv mitzugestalten. Dabei ist die Balance zwischen der Förderung von Autonomie und Anleitung bedeutsam, um die Selbstständigkeit der Kinder zu fördern, ohne sie zu überfordern. Gerade im Grundschulalter benötigen Kinder eine Balance aus Unterstützung und Freiraum.
- Förderung von sozialem Lernen und Gemeinschaftsbildung: Der Mensch ist von Natur aus ein soziales Wesen, was die Bedeutung des sozialen Lernens betont. In der Grundschule werden dafür Lernräume eröffnet, die es den Kindern ermöglichen, soziale Kompetenzen wie Empathie, Zusammenarbeit und Konfliktlösung zu entwickeln, da diese Fähigkeiten für die gesellschaftliche Teilhabe entscheidend sind. Hierfür könnten in der Didaktik der Grundschule Methoden entwickelt und integriert werden, die Bildung und Erziehung als ein Miteinander fokussieren, wie beispielsweise kooperative Lernformen und gemeinschaftsbildende Aktivitäten.
- Umgang mit der Unverfügbarkeit und Offenheit des Bildungsprozesses: Bildung ist ein offener und nicht vollständig planbarer Prozess. Kinder entwickeln sich in ihrem eigenen Tempo und auf individuelle Weise, was bedeutet, dass nicht alle Lernschritte vorhersehbar sind und sich nicht immer den Erwartungen anpassen. Eine inklusive Grundschuldidaktik, die auf Bildung durch Teilhabe ausgerichtet ist, berücksichtigt diese Unverfügbarkeit und gestaltet Lernprozesse, die nicht nur auf sofortige Ergebnisse, sondern auf langfristige Entwicklungen abzielen. Entsprechend sind flexible Antwortmöglichkeiten auf diese Herausforderungen zu finden. Um auf diese Dynamiken im Bildungsprozess angemessen zu reagieren und den Kindern Raum für unvorhersehbare Lernmomente zu geben, zeigt sich eine zu entwickelnde Didaktik flexibel in ihren Lehr- und Lernstrategien.
- Berücksichtigung der existenziellen und ethischen Fragen des Kindes: Bereits im Grundschulalter entwickeln Kinder Fragen zur Welt und zu ihrem Platz darin, die über das reine Faktenlernen hinausgehen und von existenzieller Natur sein können. Diese Fragen sind als Teil der menschlichen Entwicklung anzuerkennen und implizieren, dass Schule Raum für ethische und existenzielle Auseinan-

dersetzungen anbietet. Entsprechend sind in der Grundschule Gelegenheiten zu schaffen, um auf die existenziellen und ethischen Fragen der Kinder eingehen zu können, damit sie die Welt und ihre Rolle darin besser verstehen lernen.

Ein kulturanthropologischer Zugang zur Grundschuldidaktik nimmt den ganzen Menschen in den Blick – mit all seinen individuellen, sozialen, körperlichen und emotionalen Facetten. Eine inklusive Didaktik der Grundschule konzentriert sich deshalb nicht nur auf die kognitive Förderung, sondern bezieht die Vielfalt menschlicher Bedürfnisse und Fähigkeiten mit ein. Ein solch integrativer Ansatz kann dazu beitragen, dass Bildung durch Teilhabe für alle Kinder ermöglicht und gefördert wird. Bezogen auf die inklusive Grundschuldidaktik bedeutet dies, dass diese die Grundbedürfnisse der Schülerinnen und Schüler zu erkennen und zu berücksichtigen hat. Kinder sind in vielerlei Hinsicht verletzlich. Sie sind körperlich noch in der Entwicklung, emotional sensibel und sozial stark abhängig von ihren Lehrerkräften sowie Mitschülerinnen und Mitschülern. Diese Verletzlichkeit erfordert von Lehrerinnen und Lehrern ein hohes Maß an Achtsamkeit und Zuwendung. Anerkennung sowohl von diesen als auch von Mitschülerinnen und Mitschülern spielt eine entscheidende Rolle für das Selbstwertgefühl und die Motivation zur Teilhabe.

1.6 Psychologische und neurobiologische Zugänge zu Teilhabe

Bedürfnis des Menschen nach Zugehörigkeit

Im kulturanthropologischen Diskurs wird die Abhängigkeit des Menschen von der Gemeinschaft beschrieben. Psychologische Zugänge verorten diese Abhängigkeit als ein affektiv-emotionales Bedürfnis vor allem nach Zugehörigkeit. Dieses Bedürfnis wurde von Baumeister und Leary (1995) als ein allgegenwärtiger Antrieb definiert, der darauf abzielt, mindestens eine dauerhafte, positive und bedeutende zwischenmenschliche Beziehung aufrechtzuerhalten. Die psychologische Grundannahme, dass Menschen ein Bedürfnis nach Nähe und Zugehörigkeit haben, ist nicht neu und wurde beispielsweise schon von Maslow (1943) untersucht. Nach der Selbstbestimmungstheorie (Deci & Ryan, 2000) zählen Autonomie, Kompetenzerleben und soziale Eingebundenheit zu den drei grundlegenden psychologischen Bedürfnissen. Ihre Nicht-Befriedigung kann das emotionale Wohlbefinden und die psychische Gesundheit beeinträchtigen (Ryan & Deci, 2001; Vansteenkiste & Ryan, 2013), während ihre Erfüllung die intrinsische Motivation stärkt und sich positiv auf Lernprozesse auswirkt (Deci et al., 1991; Niemiec & Ryan, 2009). Besonders Kinder, die sich als kompetent und zugehörig erleben, zeigen ein höheres Selbstwertgefühl sowie eine gesteigerte Lernmotivation (Furrer & Skinner, 2003; Guay et al., 2008; Kessels et al., 2021). Darüber hinaus wird die Bedeutung der Rolle der sozialen Interaktion im Lernprozess betont. Nach Vygotskij gelingt Lernen vor allem dann, wenn Kinder in gemeinschaftlichen Handlungssituationen von Erwachsenen oder Peers unterstützt werden, um Aufgaben zu bewältigen, die über ihr gegenwärtiges Können hinausgehen (Vygotskij & Cole, 1981). Soziale Teilhabe und kooperative Lernformen fördern damit nicht nur die kognitiven, sondern auch die sozialen Kompetenzen und stärken das Gefühl der Zugehörigkeit, das für das Lernen wesentlich ist (Wentzel et al., 2014).

Empirische Studien in diesem Kontext belegen die Auswirkungen sozialer Ausgrenzung: Eisenberger et al. (2003; 2006) konnten mittels fMRT nachweisen, dass sozialer Ausschluss ähnliche neuronale Aktivierungsmuster wie physischer Schmerz auslöst. Diese Form des »sozialen Schmerzes« (»social pain«) kann das Lernverhalten und die Motivation negativ beeinflussen. Zahlreiche schulbezogene Studien belegen überdies den Zusammenhang zwischen sozialer Partizipation und schulischem Erleben (Danielsen et al., 2010; Martin & Dowson, 2009; Molloy et al., 2011; Ricard & Pelletier, 2016; Wentzel et al., 2014; Zurbriggen & Venetz, 2016; Kröske, 2020). Eine positive soziale Einbindung korreliert mit höherer Schulfreude, besseren Leistungen und reduziertem Risiko eines Schulabbruchs.

Insgesamt lässt sich anhand der Recherche folgern, dass die Befriedigung des Bedürfnisses nach Zugehörigkeit und sozialer Eingebundenheit sowohl für das allgemeine Wohlbefinden als auch für den schulischen Erfolg von großer Bedeutung ist. Es unterstreicht die Relevanz sozialer Beziehungen und unterstützender Umgebungen, um das emotionale und akademische Wohlbefinden von Schülerinnen und Schülern und damit auch Bildung durch Teilhabe zu fördern. In Konsequenz hat die inklusive Grundschuldidaktik die Aufgabe, ein Lernumfeld zu schaffen, das soziale Beziehungen und Zugehörigkeit stärkt, soziale Isolation minimiert und den »sozialen Schmerz« vermeidet, um so Bildung durch Teilhabe zu ermöglichen. Hierfür sind folgende Voraussetzungen leitend:

- *inklusives soziales Klima:* Förderung von Gemeinschaftsgefühl und sozialen Beziehungen, z. B. durch Methoden wie Klassenräte oder kooperative Lernformen
- *emotionale Sicherheit und Stabilität:* Aufbau stabiler Beziehungen und Strukturen zur Prävention sozialer Isolation
- *Förderung der sozialen Kompetenzen und Konfliktlösung:* Entwicklung von Empathie, Respekt und Konfliktfähigkeit
- *Integration der Selbstbestimmungstheorie im Unterricht:* Gestaltung von Lernumgebungen, die Autonomie, Kompetenzerleben und soziale Eingebundenheit gleichermaßen unterstützen.

Eine inklusive Grundschuldidaktik ist gefordert, soziale und emotionale Barrieren zu reduzieren und allen Kindern eine aktive Teilnahme am Bildungsprozess zu ermöglichen (Durlak et al., 2011). Teilhabe ist somit nicht nur sozial-ethisch und gerechtigkeitstheoretisch fundiert, sondern auch neurobiologisch verankert (Gingelmaier, 2018, S. 78).

Neurobiologische und psychologische Grundlagen des Lernens

Neben dem Bedürfnis nach Einbindung sind auf der Grundlage der neurobiologischen Forschung psychologische und kulturanthropologische Theorien zum Verlauf individueller Lernprozesse und deren Auswirkungen auf die Teilhabe am Bildungsprozess vertieft und weiterentwickelt worden. Ziel dieses empirischen Forschungsstrangs zu Teilhabe ist es zu eruieren, wie unterschiedliche neurobiologische und psychologische Voraussetzungen das Lernen und damit Bildungsteilhabe beeinflussen können. Grundlegend ist die Vorstellung, dass Lernen eng mit der neuronalen Plastizität verbunden ist, also der Fähigkeit des Gehirns, sich durch Erfahrungen strukturell und funktional anzupassen. Die Plastizität des Gehirns ermöglicht es, neue Informationen aufzunehmen, zu verarbeiten und in Form von neuronalen Netzwerken im Gehirn zu speichern (Kandel et al., 2013). Die Plastizität ist besonders im Kindesalter stark ausgeprägt, was eine hohe Anpassungsfähigkeit des kindlichen Gehirns an Lernanforderungen und Umweltreize ermöglicht. Mit zunehmendem Alter nimmt die Plastizität zwar ab, bleibt jedoch durch lebenslanges Lernen weiterhin flexibel.

Die neurobiologischen Grundlagen sind jedoch bei Kindern unterschiedlich ausgeprägt und entwickeln sich in variierendem Tempo, was zu erheblichen Lernunterschieden führt. Die Strukturen und Funktionen des Gehirns, insbesondere des Hippocampus und der präfrontalen Kortexregion, beeinflussen, wie Informationen verarbeitet und gespeichert werden (Kandel et al., 2013). Eine zentrale Rolle im Lernprozess spielt der Hippocampus, eine Hirnregion, die maßgeblich an der Bildung und Konsolidierung des Langzeitgedächtnisses beteiligt ist. Der Hippocampus ist dafür verantwortlich, neue Informationen aufzunehmen und sie in das Langzeitgedächtnis zu überführen. Studien zeigen, dass eine regelmäßige Wiederholung und die Kontextualisierung von Wissen den Hippocampus aktivieren und die Speicherung von Informationen unterstützen (Eichenbaum, 2017). Das didaktische Prinzip der Wiederholung wird dadurch neurobiologisch fundiert. Außerdem belegen Studien, dass emotionale Relevanz und die Einbindung von Geschichten oder Beispielen die Aktivität im Hippocampus erhöhen und damit die Gedächtnisleistung steigern (LeDoux, 2002). Der präfrontale Kortex, eine Region im vorderen Bereich des Gehirns, spielt eine entscheidende Rolle für die sogenannten exekutiven Funktionen, also kognitive Fähigkeiten wie Planung, Selbstkontrolle, Problemlösung und Arbeitsgedächtnis. Diese Funktionen sind essenziell für das Lernen und das Lösen komplexer Aufgaben. Der präfrontale Kortex entwickelt sich jedoch langsamer als andere Hirnregionen und erreicht seine volle Funktionalität erst im jungen Erwachsenenalter (Diamond, 2013).

Die neurobiologischen Voraussetzungen des Lernens variieren stark zwischen Individuen, was zu unterschiedlichen Lernfähigkeiten führt. Dies führt auch zu neurodiversen Unterschieden beim Lernen. Ein Beispiel dafür ist Dyslexie, eine spezifische Lese- und Rechtschreibstörung, die durch Unterschiede in der Struktur und Funktion der sprachverarbeitenden Areale im Gehirn verursacht wird. Kinder mit Dyslexie zeigen oft eine verminderte Aktivität in den neuronalen Netzwerken, die für die Erkennung und Verarbeitung von Buchstaben und Wörtern verantwortlich sind (Shaywitz & Shaywitz, 2008). Dies führt dazu, dass sie beim Lesen und Schreiben besondere Herausforderungen haben und spezifische Unterstützung benötigen. Ein weiteres Beispiel ist ADHS (Aufmerksamkeitsdefizit-/Hyperaktivitätsstörung), bei der sich eine geringere Aktivität im präfrontalen Kortex zeigt, was zu Schwierigkeiten bei der Impulskontrolle und Aufrechterhaltung der Aufmerksamkeit führt (Barkley, 2005). Diese Kinder profitieren von Lernumgebungen, die kurze, klare Anweisungen, regelmäßige Pausen und Unterstützung in der Selbstregulation bieten. Stress hat einen nachweislich negativen Einfluss auf das Lernen, da er die neuronale Plastizität und die Gedächtnisbildung beeinträchtigen kann. Der Neurotransmitter Cortisol, der bei Stress freigesetzt wird, wirkt sich hemmend auf den Hippocampus aus und kann so die Gedächtnisleistung reduzieren (Sapolsky, 2004). Dauerhafter Stress, wie er durch Leistungsdruck oder soziale Unsicherheit entstehen kann, führt zudem zu einer Reduktion der neuronalen Plastizität, was die Lern- und Gedächtnisleistung beeinträchtigen kann. Förderlich für Bildungsprozesse sind daher stressarme und emotional unterstützende Umgebungen. Eine positiv erfahrene Lernatmosphäre und wertschätzende Kommunikation (Pfrang, 2019) fördern die Lernbereitschaft, führen zu schulischem Wohlbefinden und senken die Stresslevel, was die neuronale Funktion und Plastizität begünstigt.

Diese Erkenntnisse sind für die inklusive Grundschuldidaktik insofern von Bedeutung, als dass neurobiologische Grundlagen des Lernens zeigen, dass das Gehirn sowohl anpassungsfähig ist als auch strukturelle und funktionelle Unterschiede aufweist, die die Lernfähigkeit individuell beeinflussen. Schulen und Lehrkräfte können diese Erkenntnisse nutzen, um Lernmethoden anzuwenden, die auf neuronale Vielfalt eingehen und den unterschiedlichen Bedürfnissen der Kinder gerecht werden. Daraus ergeben sich spezifische Herausforderungen für eine Didaktik der Grundschule im Hinblick auf eine gerechte und inklusive Teilhabe an Bildung:

- *Berücksichtigung neurodiverser Unterschiede im Lernen:* Kinder bringen verschiedene neurobiologische Voraussetzungen mit, die das Lernen beeinflussen, etwa im Bereich der Aufmerksamkeit, Wahrnehmung und Gedächtnisleistung. Sie unterscheiden sich in ihren sensorischen Bedürfnissen und Wahrnehmungsfähigkeiten. Manche Schülerinnen und Schüler sind besonders empfindlich gegenüber Reizen wie Lärm, Licht oder Berührungen, was als sensorische Überempfindlichkeit bezeichnet wird. Andere haben Schwierigkeiten, Reize zu verarbeiten und zu interpretieren, was ihre Teilhabe am Bildungsprozess beeinträchtigen kann. Diese Unterschiede können dazu führen, dass Kinder Lernprozesse unterschiedlich durchlaufen, verschiedene Lernwege einschlagen oder andere Unterstützung benötigen. Die Grundschule ist pädagogisch und didaktisch gefordert, diese individuellen neurobiologischen Unterschiede zu erkennen und zu berücksichtigen, damit alle Kinder die gleichen Bildungschancen haben.
- *Berücksichtigung unterschiedlicher Gedächtnisleistungen und Verarbeitungsprozesse:* Arbeits- und Langzeitgedächtnis spielen eine zentrale Rolle im Lernprozess.

Neurobiologisch-psychologische Studien zeigen, dass es bei Kindern große Unterschiede in der Gedächtnisleistung und der Geschwindigkeit der Informationsverarbeitung geben kann. Diese Unterschiede beeinflussen das Verständnis, die Speicherung und das Abrufen von Wissen. Eine inklusive Grundschuldidaktik, die auf Bildung durch Teilhabe ausgerichtet ist, entwickelt Lehrmethoden, die Rücksicht auf unterschiedliche Gedächtnis- und Verarbeitungsfähigkeiten nehmen, um Überforderungen und Frustrationen zu vermeiden sowie Lernfreude und -motivation zu erhalten bzw. zu fördern.

- *Emotionsregulation und Förderung der exekutiven Funktionen:* Neurobiologische und psychologische Studien betonen, dass Emotionen einen erheblichen Einfluss auf die Fähigkeit zu lernen haben. Kinder, die Schwierigkeiten in der Emotionsregulation haben, z. B. bei Stress, Angst oder Frustration, können am Unterricht nur eingeschränkt teilnehmen. Negative Emotionen können das Arbeitsgedächtnis beeinträchtigen und die Fähigkeit zur Problemlösung verringern. Eine inklusive Grundschuldidaktik, die auf Bildung durch Teilhabe ausgerichtet ist, findet Wege, die emotionale Verfassung der Kinder zu achten, indem sie ein positives, unterstützendes Lernumfeld schafft, das Emotionen reguliert und Stress reduziert. Exekutive Funktionen – wie Arbeitsgedächtnis, Planung, Flexibilität und Impulskontrolle – sind dabei wichtige neurobiologische Fähigkeiten, die Kinder beim Lernen und bei der Bewältigung des Schulalltags unterstützen. Kinder entwickeln diese Funktionen in unterschiedlichem Tempo, was sich auf ihre Selbstständigkeit, Problemlösungsfähigkeit und Aufmerksamkeit auswirkt. Die inklusive Grundschuldidaktik ist gefordert, Techniken zu integrieren, die exekutive Funktionen bei Kindern gezielt fördern, um ihre Selbstständigkeit und Lernkompetenz zu stärken.
- *Förderung der extrinsischen und intrinsischen Motivation:* Motivation ist ein neurobiologisch-psychologisch fundiertes Konzept, das maßgeblich beeinflusst, wie gut und gerne Kinder lernen. Viele Kinder sind motiviert durch Neugier und Freude am Lernen (intrinsische Motivation), während andere stärker auf äußere Belohnungen angewiesen sind (extrinsische Motivation). Die Aufgabe einer inklusiven Grundschuldidaktik besteht darin, die intrinsische Motivation der Kinder zu fördern und zur aktiven Teilhabe am Lernen anzuregen. Daraus ergibt sich für Lehrpersonen die Aufgabe, Lernumgebungen bereitzustellen, die die natürliche Neugier der Kinder erhalten und eine Lernumgebung schaffen, die Freude am Entdecken und eigenständigen Lernen fördert.

Ein neurobiologisch-psychologischer Zugang zu Teilhabe an Bildung verdeutlicht die Bedeutsamkeit der neuronalen und psychologischen Voraussetzungen der Kinder für Teilhabe an Bildung. Als hilfreich haben sich in diesem Kontext individualisierte und adaptive Unterrichtsmethoden erwiesen, die neurobiologische Unterschiede und psychologische Bedürfnisse berücksichtigen. Ziel könnte es nun sein, Wege zu finden, die Vielfalt der neuropsychologischen Voraussetzungen aller Kinder wertzuschätzen und ihre Teilhabe am Bildungsprozess durch geeignete Unterstützung und Förderung zu stärken.

1.7 Modell zur Erfassung der Komplexität von Teilhabe

Die Auseinandersetzung mit Teilhabe in der Grundschule erfordert eine multidimensionale Betrachtung, wie sie aus unterschiedlichen wissenschaftlichen Zugängen – historischen, normativen, machttheoretischen, kulturanthropologischen und psychologischen – hervorgeht. Diese Perspektiven verdeutlichen die komplexen Anforderungen an eine inklusive Grundschuldidaktik, die Bildung durch Teilhabe ermöglichen will. In diesem Verständnis umfasst Teilhabe an Bildung weit mehr als den bloßen Zugang zu curricularen Inhalten: Sie zielt auf die umfassende Förderung der sozialen, emotionalen und individuellen Entwicklung aller Kinder und rückt damit die Gestaltung inklusiver, anerkennender und gerechtigkeitsorientierter Bildungserfahrungen ins Zentrum. Teilhabe bezeichnet die Möglichkeit und das Recht jedes Menschen, an gesellschaftlichen, kulturellen und bildungsbezogenen Prozessen aktiv mitzuwirken und in ihnen Anerkennung zu erfahren. Der Begriff geht über bloße Partizipation hinaus, weil er nicht nur Mitbestimmung in formalen Prozessen meint, sondern die tatsächliche Einbindung in soziale, kommunikative und symbolische Ordnungen. Teilhabe ist damit sowohl ein Rechts- als auch ein Beziehungsbegriff: Sie gründet auf der menschenrechtlichen Forderung nach Inklusion (UN-BRK, 2008) und zugleich auf der pädagogischen Idee gemeinsamer Welt-Erschließung. Im Kontext von gesellschaftlichem Zusammenleben – und hier schließen wir schulische Lernprozesse ein – bezeichnet Teilhabe den Erfahrungsraum, in dem sich Subjektwerdung vollzieht: Kinder lernen, indem sie an gemeinsamen Sinnbildungs- und Aushandlungsprozessen teilnehmen (Dietrich, 2017). Bildung durch Teilhabe bedeutet daher, dass Lernen nicht als individueller Leistungsakt, sondern als sozial eingebettetes Beziehungsgeschehen verstanden wird. In normativer Perspektive impliziert Teilhabe die Anerkennung der Vielfalt menschlicher Lebensformen (vgl. Honneth, 1994). Sie ist auf Gleichwertigkeit, nicht auf Gleichheit ausgerichtet – und zielt auf Strukturen, die Differenz ermöglichen, ohne Ausgrenzung zu produzieren. Für die inklusive Grundschuldidaktik bedeutet das, Lern- und Lebensräume so zu gestalten, dass Kinder sich als bedeutsam, wirksam und anerkannt erleben können. Teilhabe wird im Folgenden nicht als empirisch messbare Kategorie verstanden, sondern als pädagogisch-normatives Leitkonzept, das professionelle Verantwortung strukturiert. Damit grenzt sich dieser Ansatz von evidenzbasierten oder outputorientierten Lesarten ab, wie sie Müller & Pfrang (2021c) kritisch diskutieren. Teilhabe ist kein Indikator, sondern eine pädagogische Haltung.

Dem sozialwissenschaftlichen Diskurs ist gemeinsam, dass Teilhabe als relationales Konzept verstanden wird, dessen Bedingungen und Realisierungsformen im Spannungsfeld von Gleichheit und Ungleichheit sowie von individueller Freiheit und sozialer Eingebundenheit analysiert werden. Ein zentrales Anliegen besteht darin, die Bedingungen und Möglichkeiten eines gerechten und anerkennenden sozialen Miteinanders zu ergründen und dann entsprechend zu gestalten. Die normative Fokussierung auf die Verbesserung von Teilhabechancen erscheint dabei als ein Leitprinzip. Unabhängig davon, ob es um die Prävention und Bekämpfung von Armut, die Orientierung an Prinzipien der Gerechtigkeit, die Förderung individueller Potenzialentfaltung oder demokratische Mitgestaltung geht: Die Steigerung von Teilhabemöglichkeiten wird als eine zentrale Herausforderung in unterschiedlichen gesellschaftlichen Bereichen beschrieben: »Teilhabe kennzeichnet gegenwärtig wohl wie kaum ein anderer Begriff einen normativen Maßstab im Zuge bildungs-, sozial- oder kulturpolitischer Programmatiken« (Mayer, 2017, S. 65). Um die theoretische Komplexität und Vielschichtigkeit des Teilhabebegriffs im schulischen Kontext didaktisch handhabbar zu machen, wird im Folgenden ein Modell vorgestellt, das unterschiedliche wissenschaftliche Perspektiven integriert. Aufbauend auf Müller und Pfrang (2021a; 2021b; 2022a; 2022b) wird Teilhabe dabei sowohl aus einer transitiven als auch aus einer intransitiven Perspektive betrachtet:

Die transitive Perspektive rückt die aktive Rolle des Individuums in der Teilhabe in den Mittelpunkt. Kulturanthropologische, psychologische und neurowissenschaftliche Zugänge begründen die Annahme, dass der Mensch als soziales Wesen über einen grundlegenden Willen zur Teilhabe verfügt (Dietrich, 2017). Dieser manifestiert sich in der Motivation, sich Kompetenzen und kulturelle Ausdrucksformen anzueignen, um am gemeinschaftlichen Leben teilzuhaben – etwa durch Sprache, Werte, Wissen oder soziale Praktiken. Wenn diese Aneignung gelingt, sprechen wir vom Teilhaben-Können. Zugleich zeigt sich mit zunehmendem Lebensalter eine wachsende Komplexität der Lebensumwelten, sodass eine aktive Teilhabe an all den sich darin darstellbaren Möglichkeiten Entscheidungsprozessen unterliegt – dem Teilhaben-Wollen. Die intransitive Perspektive, wie sie insbesondere in der Soziologie, Philosophie und Rechtswissenschaft entwickelt wurde, lenkt den Blick auf die strukturellen, gesellschaftlichen, rechtlichen und normativen Rahmenbedingungen von Teilhabe. Hier geht es um Fragen des Teilhaben-Dürfens – also der legitimen und anerkannten Teilnahme, auch im Sinne von Mitgliedschaft (Pfahl & Traue, 2024) an Gemeinschaft, Ressourcen oder Institutionen – sowie des Teilhaben-Müssens, das insbesondere durch institutionelle, strukturelle oder rechtliche Zwänge sichtbar wird. So verweist etwa die allgemeine Schulpflicht auf eine Form des Teilhaben-Müssens, die in Spannung zu individuellen Freiheitsrechten stehen kann. Teilhabe wird in diesem Kontext nicht nur ermöglicht, sondern auch eingefordert, was insbesondere in Bezug auf Machtverhältnisse, normative Vorgaben und die Verteilung von Ressourcen kritisch zu reflektieren ist (Pfahl & Traue, 2024).

Die sich aus der transitiven und intransitiven Perspektive ergebenden Aspekte von Teilhabe – Teilhaben-Können, Teilhaben-Wollen, Teilhaben-Dürfen und Teilhaben-Müssen – stehen in einem komplexen Wechselverhältnis. Sie sind nicht isoliert zu betrachten, sondern miteinander verflochten, häufig spannungsreich und mitunter widersprüchlich. Teilhabe ist damit nicht als statischer Zustand, sondern als dynamisches Interaktions- und Aushandlungsfeld zu verstehen, in dem individuelle Dispositionen, soziale Strukturen und gesellschaftliche Normen miteinander in Beziehung treten (Schwab, 2016, S. 128). Diese Interaktion ist geprägt durch normative Leitvorstellungen, kulturelle Deutungsmuster und strukturelle Machtverhältnisse. Teilhabe realisiert sich somit immer im Spannungsfeld zwischen individuellen Handlungsmöglichkeiten und kollektiven Ordnungssystemen – etwa durch schulische Normen, Bildungspläne, Zugangsvoraussetzungen oder sozialisatorische Erwartungen. Sie ist dabei weder rein individuell noch ausschließlich strukturell bedingt, sondern ergibt sich aus der wechselseitigen Vermittlung zwischen Person, Gemeinschaft und gesellschaftlicher Materialität (Müller & Pfrang, 2021b).

Zur abschließenden Verdichtung der Überlegungen wird im Folgenden ein Modell präsentiert, das die verschiedenen Dimensionen und Bedingungen von Teilhabe systematisch erfasst. Es zeigt auf, wie transitive und intransitive Aspekte ineinandergreifen und wie daraus ein differenziertes Verständnis von Teilhabe entsteht, das als konzeptionelle Grundlage für eine inklusive, bildungsgerechte und partizipative Grundschuldidaktik dienen kann. Das nachfolgende Modell dient nicht der empirischen Messung oder Standardisierung von Teilhabe, sondern der theoretischen Strukturierung eines komplexen pädagogischen Phänomens. Es soll Verständigung und Reflexion ermöglichen, nicht Evidenz erzeugen. Der Modellcharakter ist daher heuristisch zu verstehen: Es dient dazu, die komplexen Beziehungsgeflechte sichtbar zu machen, in denen Bildung durch Teilhabe geschieht. Ziel ist nicht, Teilhabe zu operationalisieren, sondern ihre pädagogische Gestaltbarkeit verstehbar zu machen.

Das Modell beruht auf drei miteinander verflochtenen Dimensionen:

1. Die relationale Dimension beschreibt Teilhabe als Prozess der In-Beziehung-Setzung. Sie verweist darauf, dass Bildung immer in sozialen und kommunikativen Interaktionen entsteht – zwischen Lehrenden, Lernenden und der Welt der Gegenstände und Bedeutungen (vgl. Dietrich, 2017).
2. Die normative Dimension betont den Gerechtigkeits- und Anerkennungsanspruch von Teilhabe. Sie gründet im menschenrechtlichen Prinzip der Inklusion (UN-BRK, 2008) und versteht Verschiedenheit als Voraussetzung, nicht als Hindernis von Bildung (vgl. Honneth, 1994).
3. Die machttheoretische Dimension verweist über den Punkt Gesellschaftsordnungen auf die strukturellen Bedingungen, unter denen Teilhabe ermöglicht oder verhindert wird. Sie macht sichtbar, dass pädagogische Beziehungen nie machtfrei sind und dass Teilhabe immer auch eine Aushandlung darüber darstellt, wessen Stimme gehört, wessen Erfahrung anerkannt und wessen Perspektive berücksichtigt wird. In diesem Sinn ist Teilhabe zugleich pädagogische Praxis und gesellschaftskritische Kategorie – sie verlangt nach Bewusstheit gegenüber Machtasymmetrien, Diskriminierungsformen und institutionellen Grenzen von Inklusion (vgl. Foucault, 1977; Butler, 2014)

Das Modell beschreibt also keine empirisch prüfbare Struktur, sondern ein Feld pädagogischer Orientierungen. Es macht sichtbar, dass »Bildung durch Teilhabe« dort entsteht, wo sich normative Ansprüche, relationale Dynamiken und didaktische Gestaltungen gegenseitig bedingen. Seine Funktion ist theoretisch-reflexiv, nicht evaluativ; es ordnet Zusammenhänge, ohne sie zu quantifizieren (vgl. Müller & Pfrang, 2021c).

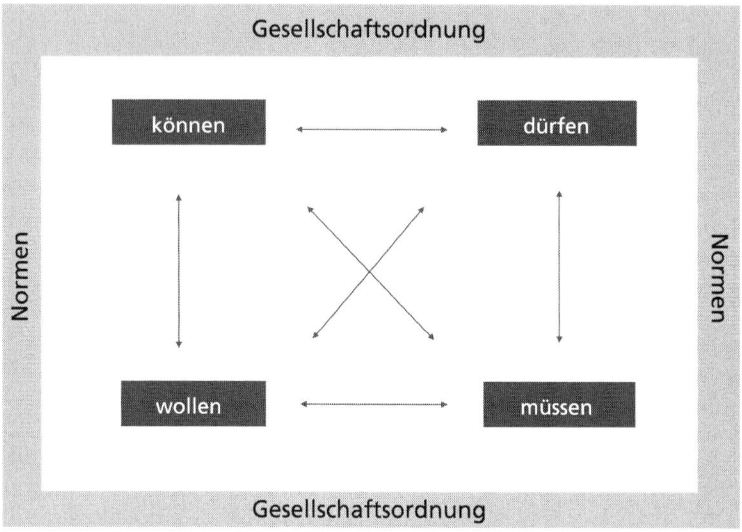

Abb. 1: Dimensionen von Teilhabe – Ein integratives Modell transitiver und intransitiver Aspekte von Teilhabe (Müller, 2022)

Die transitiven Aspekte – Teilhaben-Können und Teilhaben-Wollen – fokussieren auf das Individuum und dessen Fähigkeiten, Ressourcen und Motivation, sich aktiv in Bildungs- und Gemeinschaftsprozesse einzubringen. Sie betonen die Bedeutung subjektiver Voraussetzungen wie Kompetenzerleben, Selbstwirksamkeit und kulturelle Aneignung. Die intransitiven Aspekte – Teilhaben-Dürfen und Teilhaben-Müssen – richten den Blick auf gesellschaftliche, rechtliche und normative Rahmenbedingungen, die Teilhabe regulieren, ermöglichen oder erzwingen. Sie thematisieren Machtverhältnisse, Mitgliedschaftsordnungen und institutionelle Zwänge, etwa in Form schulischer Pflichtstrukturen oder selektiver Zugangskriterien. Daraus lässt sich folgern, dass sowohl transitive als auch intransitive Aspekte von Teilhabe nie neutral sind, sondern stets durch gesellschaftliche Ordnungen, normative Setzungen und kulturelle Deutungsmuster gerahmt. Diese beeinflussen, wie Teilhabe ermöglicht, eingeschränkt oder bewertet wird – und tragen so wesentlich dazu bei, wer, wie und woran teilhaben kann oder muss.

Das Modell verdeutlicht, dass die vier Dimensionen von Teilhabe nicht unabhängig voneinander bestehen, sondern in einem dynamischen Wechselverhältnis zueinanderstehen, das durch Spannungen, Widersprüche und gesellschaftliche Aushandlungen gekennzeichnet ist. Um Bildung durch Teilhabe erfahrbar zu machen, kann das komplexe Zusammenspiel individueller Dispositionen und sozialer Strukturen im Kontext von Teilhabe pädagogisch bewusst gestaltet werden. Vor diesem Hintergrund ist die Entwicklung einer inklusiven Grundschuldidaktik, die auf Bildung durch Teilhabe ausgerichtet ist, als pädagogische Aufgabe zu verstehen, die das Ziel verfolgt, Lern- und Entwicklungsprozesse so zu gestalten, dass Kinder nicht nur am Unterricht teilnehmen, sondern diesen aktiv mitgestalten können. Teilhabe wird dadurch zu einem konstitutiven Prinzip pädagogischen

Handelns – getragen von demokratischen Werten, sozialen Rechten und einer Haltung der Anerkennung.

2 Bildung durch Teilhabe als Kern einer inklusiven Grundschuldidaktik

Die Grundschule ist der erste verbindliche institutionelle Ort, an dem Kinder unterschiedlichster sozialer, kultureller und individueller Hintergründe aufeinandertreffen. Der häuslich-familiären Erziehung und Förderung wird spätestens hier die staatlich-öffentliche hinzugefügt. Die Komplexität von Teilhabe erfährt so in ihrer kollektiven Bedingtheit eine Steigerung. Gerade deshalb zeichnet sich die Grundschule auch dadurch aus, dass es in ihr um mehr geht als nur um die Vermittlung von fachlichen Inhalten: es geht um die Förderung des sozialen Miteinanders, der Selbstwirksamkeit und der Anerkennung von Diversität. Wenn sich die Grundschulpädagogik als eine Wissenschaft versteht, die sich der Grundbildung aller verpflichtet fühlt, wäre es dann nicht ihre primäre Aufgabe, sich der Frage zu widmen, wie »alle« Kinder beschult werden könnten? Teilhabe ist zur Beantwortung dieser Frage ein zentrales Konzept in der Grundschulpädagogik. Es schafft die Grundlage für eine demokratische, inklusive und soziale Bildung. Die inklusive Grundschuldidaktik übernimmt in diesem Kontext die Aufgabe, die Prinzipien der Teilhabe und Inklusion in konkrete Lehr-Lern-Konzepte zu übersetzen. Sie entwickelt methodische und didaktische Ansätze, um sicherzustellen, dass alle Kinder – unabhängig von ihren individuellen Voraussetzungen – Zugang zu einer umfassenden Bildung erhalten und aktiv daran teilhaben können.

In diesem Kapitel wird das in Kapitel 1 entwickelte Schaubild (► Abb. 1) zu Teilhabe als Ausgangspunkt genutzt, um die komplexen Anforderungen näher zu analysieren, die sich für die inklusive Grundschuldidaktik im Hinblick auf die Gestaltung teilhabeorientierter Lernumgebungen ergeben.

2.1 Bildung durch Teilhabe: Herausforderungen und Perspektiven für eine inklusive Grundschuldidaktik

Die im Folgenden diskutierten Herausforderungen werden nicht als Ausdruck pädagogischer Spannungsfelder verstanden. Sie verweisen auf normative und relationale Dimensionen, die professionelles Handeln in der Grundschule prägen. Damit wird deutlich, dass Grundschuldidaktik stets im Spannungsfeld zwischen gesellschaftlichem Anspruch und pädagogischer Verantwortung steht.

1. *Historische Zugangsweisen – Demokratische Teilhabe und Kinderrechte:* Historische Entwicklungen haben das heutige Verständnis von Kindheit und Kinderrechten geprägt. Bis zu Beginn der frühen Neuzeit wurde Kindheit kaum als eigenständige Lebensphase betrachtet. Heute wird Kindheit als wichtiger Lebensabschnitt allgemein anerkannt und Kinder gelten als kompetente Subjekte mit eigenen Rechten und Interessen. Diese Entwicklung legt nahe, dass Grundschulen die aktive Teilnahme der Kinder an ihrem Lernprozess fördern und sie als eigenständige Akteure betrachten. Das Ideal der Demokratie, wie es z. B. in den Theorien von John Dewey vertreten wird, fordert eine Schule, in der Schülerinnen und Schülern selbstbestimmt handeln und an Entscheidungen teilnehmen. Ein Arbeitsfeld für die inklusive Grundschuldidaktik besteht darin, Methoden zu entwickeln, die Kindern die Möglichkeit geben, ihre Meinungen einzubringen und Verantwortung für das Lerngeschehen zu übernehmen. Klassenräte oder Schülerparlamente können z. B. dazu beitragen eine demokratische und partizipative Schulkultur zu etablieren, in der Kinder lernen, ihre Rechte wahrzunehmen und aktiv am schulischen Miteinander teilzunehmen.
2. *Normative Grundlagen – Respekt und Verantwortung:* Eine inklusive Grundschuldidaktik, die auf Bildung durch Teilhabe ausgerichtet ist, zielt darauf ab, ein von Respekt geprägtes Lernumfeld zu schaffen, in dem Kinder lernen, empathisch zu handeln und Verantwortung zu übernehmen. Diese Fähigkeiten sind bedeutsam für soziale Teilhabe und das Zusammenleben in der (Schul-)Gemeinschaft. Sozial-emotionales Lernen bildet damit einen didaktischen Aspekt zur Planung und Gestaltung von inklusivem Unterricht. So kann beispielsweise auf Methoden gesetzt werden, die Teamarbeit und soziale Verantwortung fördern. Gruppenarbeiten, kooperative Lernformen und Konfliktlösungstrainings können dabei helfen, dass Kinder lernen, Rücksicht zu nehmen, Perspektiven anderer zu verstehen und Verantwortung für die Gruppe zu übernehmen.
3. *Gerechtigkeitstheoretische Zugangsweisen – Balance zwischen Gleichheit und Ungleichheit:* Gerechtigkeitstheorien implizieren die Herausforderung, Gleichheit und Ungleichheit im Bildungssystem auf unterschiedlichen Ebenen ins Gleichgewicht zu bringen. Kinder haben unterschiedliche Lernvoraussetzungen und Bedürfnisse, die eine differenzierte pädagogische Herangehensweise erfordern, um Chancengleichheit zu gewährleisten. Lehrpersonen stehen vor der paradoxen Aufgabe, Kinder angemessen gleich und ungleich zu behandeln. In den Zuständigkeitsbereich der inklusiven Grundschuldidaktik fällt es, differenzierte und individualisierte Ansätze zu finden, die Kinder sowohl gemäß ihren Fähigkeiten fördern als auch auf ihre unterschiedlichen sozialen, kulturellen und kognitiven Hintergründe eingehen. Dies könnte durch adaptiven Unterricht, flexible Lernstrukturen und differenzierte oder komplexe Aufgabenstellungen erreicht werden, die individuelle Lernwege unterstützen und die Gleichheit der Lerngelegenheiten fördern.
4. *Machttheoretische Zugangsweisen – Überwindung von Ausschlussmechanismen und des ›Hidden Curriculum‹:* Machtstrukturen und unbewusste Normen können in der Grundschule ungleiche Bildungszugänge und soziale Ausgrenzung verstärken. Die Reproduktion sozialer Ungleichheit zeigt sich durch unterschiedliche kulturelle und soziale Kapitalien, die Kinder mit in die Schule bringen. Auch die

in der Grundschuldidaktik vorhandenen impliziten Normen und Standards sind zu prüfen und offen zu legen, um Ausschlussmechanismen zu minimieren. Hierzu kann auch ein regelmäßiger selbstreflexiver Blick seitens der Lehrkräfte beitragen. Eine Reflexion kann sich beispielsweise auf die eigenen kulturellen Erwartungen an Schülerinnen und Schüler beziehen und darauf, wie diese Erwartungen möglicherweise Kinder mit anderen kulturellen Hintergründen benachteiligen. Eine inklusive Didaktik, die auf Bildung durch Teilhabe ausgerichtet ist, arbeitet mit der Vielfalt der Schülerinnen und Schüler und gestaltet Standards so, dass sie Raum für unterschiedliche Lernwege und Persönlichkeitsentwicklungen bieten.

5. *Kulturanthropologische Zugangsweisen – Umfassende Förderung und Anerkennung individueller Bedürfnisse:* Ein kulturanthropologischer Zugang betont die Komplexität der kindlichen Entwicklung und die Notwendigkeit, Kinder in ihrer individuellen Persönlichkeitsentwicklung zu unterstützen. Die einzigartigen kognitiven, sozialen und emotionalen Voraussetzungen, die Kinder in die Schule mitbringen, werden berücksichtigt, um ein Gefühl von Zugehörigkeit und Teilhabe zu fördern. Von der inklusiven Grundschuldidaktik zu entwickelnde, flexible und anpassungsfähige Lehrmethoden sind ein Weg, um die Individualität der Kinder berücksichtigen zu können. Beispielsweise könnte dies durch die Weiterentwicklung von projektorientierten Ansätzen, die Förderung selbstständigen Lernens und Methoden geschehen, die auch die körperlichen und emotionalen Bedürfnisse der Kinder adressieren. Durch grundschuldidaktische Maßnahmen kann Kindern Gelegenheit gegeben werden, Selbstwirksamkeit zu erleben und Autonomie zu entwickeln, um eine aktive Teilnahme am Lernprozess zu ermöglichen.
6. *Psychologische und neurobiologische Zugangsweisen – Förderung von sozialer Integration und emotionaler Sicherheit:* Psychologische und Neurobiologische Forschung unterstreicht, dass emotionale Sicherheit und soziale Integration für das Lernen essenziell sind. Hierbei helfen Strukturen, den Kindern emotionale Stabilität und ein Zugehörigkeitsgefühl zu vermitteln, um ihr Wohlbefinden und ihre Lernmotivation zu fördern, die für die Grundschule weiterzuentwickeln sind. Um die sozialen, emotionalen und intellektuellen Bedürfnisse von Kindern gleichermaßen zu berücksichtigen, braucht es Methoden zur Förderung von Peer-Beziehungen, sozialer Kompetenztrainings und Ansätze, die emotionale Sicherheit schaffen (z. B. durch eine klare Tagesstruktur und vertrauensvolle Lehrer-Schüler-Beziehungen). Diese tragen zu einem inklusiven Klima bei, können Exklusion verhindern und damit das Lernumfeld verbessern.

Resümierend lässt sich aus den oben angebrachten wissenschaftstheoretischen Diskursen zu Teilhabe festhalten, dass Bildung durch Teilhabe in der Grundschule nach einer Weiterentwicklung der Grundschuldidaktik verlangt, die soziale, kulturelle, emotionale und individuelle Aspekte der kindlichen Entwicklung gleichwertig integriert. Historische und normative Perspektiven auf Teilhabe betonen die Notwendigkeit demokratischer Strukturen und die Förderung sozialer Verantwortung. Gerechtigkeitstheoretische und machttheoretische Zugänge zeigen die Herausforderung, Chancengleichheit herzustellen und versteckte Machtstrukturen zu überwinden. Kulturanthropologische und psychologische Perspektiven verdeutlichen, dass gerade bei Überlegungen zu einer inklusiven Grundschuldidaktik soziale, emotionale und kognitiv intellektuelle Facetten nicht getrennt voneinander zu betrachten sind. Entsprechend besteht ein weites Handlungsfeld für die inklusive Grundschuldidaktik darin, partizipative und inklusive Strukturen zu entwickeln, die den Kindern eine aktive Rolle im Lernprozess geben, Konfliktlösungskompetenzen stärken und ein förderliches, sicheres Lernumfeld schaffen.

Mit der Perspektive »Bildung durch Teilhabe« lassen sich bisher verwendete didaktische Modelle, Organisationsformen und Methoden neu bewerten. Es wird deutlich, dass viele dieser Modelle Anpassungen benötigen, um eine inklusive und partizipative Lernumgebung zu gestalten. In der Grundschuldidaktik finden sich Methoden und Organisationsformen, die auf Wissensaneignung und Strukturierung des Lernstoffs ausgerichtet sind, wie etwa der lehrerzentrierte Frontalunterricht oder das jahrgangsgebundene Klassenmodell. Diese Ansätze fokussieren auf einheitliche Standards und vorab festgelegte Lernziele, wodurch individuelle Lernwege und die aktive Teilhabe der Schülerinnen und Schüler am Lernprozess oft vernachlässigt werden. Einige Methoden, wie der Offene Unterricht und die Freiarbeit, versuchen bereits, mehr Flexibilität und Selbstbestimmung in die Grundschule zu integrieren. Diese Organisationsformen erlauben es den Grundschulkindern, Inhalte und Lernwege teilweise selbst zu wählen, und stärken so ihre Autonomie und Eigenverantwortung. Dennoch bleibt auch hier die Herausforderung bestehen, den Kindern dabei ausreichend Struktur und Orientierung zu bieten, besonders in heterogenen Klassen. Offene Unterrichtsformen können ohne geeignete Rahmenbedingungen leicht zu Überforderung führen, da sie bereits ein hohes Maß an Selbststeuerung, Entscheidungsfähigkeit und Orientierungskompetenz erfordern, worüber wiederrum nicht alle Kinder gleichermaßen verfügen.

Projektarbeit stellt hier eine wichtige didaktische Methode dar, die versucht, die intrinsische Motivation und die soziale Teilhabe der Schülerinnen und Schüler zu fördern. Projekte ermöglichen es Kindern, in Gruppen an realen, lebensnahen Themen zu arbeiten und kooperative Fähigkeiten zu entwickeln. Diese Organisationsform unterstützt sowohl das soziale Lernen als auch die Verknüpfung von Wissen und Praxis. Dennoch bleibt die Implementierung oft herausfordernd, da Projektarbeit eine intensive Planung und flexible Zeitgestaltung erfordert, die im festen Schulalltag nicht immer umsetzbar ist. Auch finden sich an Grundschulen Methoden, um demokratische Verfahrensweisen zu leben und in den Schulalltag zu integrieren, wie sie von John Dewey und Alexander Neill vorgeschlagen wurden. Sie haben zum Ziel, Kinder aktiv in Entscheidungsprozesse einzubeziehen und ihnen die Möglichkeit zu geben, Verantwortung für ihr Lernen und das Klassenzimmer zu übernehmen. Solche Ansätze sind in der Praxis jedoch noch wenig verbreitet und oft schwierig zu implementieren, da sie eine grundlegende Veränderung der Schulstrukturen und eine hohe Bereitschaft der Lehrkräfte zur Abgabe von Kontrolle erfordern. Zudem benötigen Lehrkräfte in diesen Modellen Kompetenzen im Konfliktmanagement und in der Moderation von Entscheidungsprozessen, was oft zusätzliche Schulungen erfordert.

Insgesamt zeigt die Reflexion bisheriger didaktischer Modelle, dass die Förderung von Teilhabe in der Grundschule eine stärkere Berücksichtigung individueller

Bedürfnisse und sozialer Dynamiken erfordert. Die Kombination von strukturierten Elementen (z. B. klare Lernziele) mit flexiblen, partizipativen Ansätzen (z. B. Projektarbeit, Offener Unterricht) scheint ein vielversprechender Weg, um die verschiedenen Anforderungen zu erfüllen. Ein didaktisches Modell, das soziale, emotionale und kognitive Komponenten gleichermaßen in den Fokus nimmt, könnte dazu beitragen, die Teilhabe aller Kinder am Bildungsgeschehen zu verbessern und sie als aktive Mitglieder einer demokratischen Gemeinschaft zu stärken. Die Weiterentwicklung der Grundschuldidaktik im Sinne einer Bildung durch Teilhabe erfordert die Kombination von strukturierten und flexiblen Ansätzen, um soziale Integration, persönliche Selbstwirksamkeit und gerechte Bildungszugänge zu fördern. Bildung durch Teilhabe wird durch Ansätze gestärkt, die aktive Mitgestaltung und soziale Integration im Lernprozess ermöglichen, wie etwa kooperative Lernformen und partizipative Unterrichtsmethoden. Sie umfasst die Förderung von Selbstwirksamkeit und sozialen Kompetenzen sowie die Erziehung zur gesellschaftlichen Teilhabe, wie es in demokratischen und projektbasierten Organisationsformen gelebt wird. Bildung durch Teilhabe verlangt schließlich nach differenzierten und gerechten Bildungszugängen, die individuelle Voraussetzungen und Lernbedürfnisse berücksichtigen, um allen Kindern gleiche Bildungschancen zu ermöglichen. Die Reflexion und Anpassung der didaktischen Modelle an diese Leitlinien können dazu beitragen, die Grundschule zu einem Ort aktiver und umfassender Teilhabe für alle Kinder zu machen.

2.2 Teilhabe in ihrer (grundschul-)didaktischen Bedeutsamkeit

Die Grundschuldidaktik versteht sich als Disziplin, die es sich zur Aufgabe macht, Lern- und Entwicklungsprozesse im Grundschulalter so zu unterstützen, dass die individuellen Lernvoraussetzungen und Entwicklungsbedürfnisse der Kinder mit den gesellschaftlichen Anforderungen an Bildung und Teilhabe in Einklang gebracht werden. Dies begründet die Notwendigkeit, eine Matrix für eine inklusive Unterrichtsgestaltung zu entwickeln, die kognitive, soziale und emotionale Bedürfnisse der Kinder gleichermaßen anerkennt und fördert, indem sie ein Lernumfeld schafft, das soziale Beziehungen stärkt, soziale Isolation minimiert und damit »sozialen Schmerz« vermeidet (► Kap. 1.6), um Teilhabe an Bildung und Bildung durch Teilhabe zu ermöglichen und individuelle Lern- und Entwicklungsprozesse mit den gesellschaftlichen Anforderungen an Bildung und Inklusion in Einklang zu bringen. Neben der Förderung grundlegender Kompetenzen wie Lesen, Schreiben und Rechnen sind mit Blick auf Bildung durch Teilhabe auch die Vermittlung sozialer und kultureller Werte zu berücksichtigen, um eine umfassende Persönlichkeitsentwicklung der Kinder zu unterstützen und so ihre aktive Teilnahme an einer pluralen Gesellschaft zu ermöglichen. Dabei bewegt sich die

Grundschuldidaktik im Spannungsfeld von individuellen und gesellschaftlichen Anforderungen.

»Die Natur will, daß Kinder Kinder sind, bevor sie zum Erwachsenen werden. [...] Die Kindheit hat ihre eigene Weise zu sehen, zu denken und zu empfinden. Nichts ist unsinniger, als ihr die unsrige unterschieben zu wollen« (Rousseau, 1963 [1762], S. 106f.). Mit diesem Zitat verweist Rousseau schon lange vor modernen Entwicklungspsychologen, wie z. B. Piaget (1978), darauf, dass Kinder eine andere Wahrnehmungs- und Denkweise als Erwachsene und somit auch ein Recht auf ein kindliches Eigenleben haben. Die in diesem Zitat implizit enthaltene Programmatik kann auch heute noch als wesentlich für die inklusive Grundschuldidaktik betrachtet werden. Im Fokus steht hier das Kind als Subjekt seiner Lerntätigkeit zu begreifen, »seine Sicht- und Denkweisen zu berücksichtigen und sich darauf einzulassen, daß Kinder über andere Systeme der Informationsverarbeitung und entwicklungsstandspezifische Kompetenzen verfügen« (Valtin, 1996, S. 173). Demnach beziehen sich grundschuldidaktische Überlegungen nicht ausschließlich auf die Effektivität von Lern- und Bildungsprozessen, sondern ebenso auf Fragen zu Sicht- und Denkweisen von Kindern, wie sie berücksichtigt und in ihrer Entwicklung würdevoll begleitet werden können. Auch lässt sich an dem Zitat Rousseaus der Anspruch an Erziehung und Unterricht entnehmen, dass diese sich auf die spezifischen Sicht-, Denkweisen und Entwicklungsprozesse von Kindern einzulassen haben und somit auch darauf, dass Kinder über individuelle Kompetenzen verfügen und sie als Subjekt ihrer Lerntätigkeit zu berücksichtigen sind. Bildung durch Teilhabe würde mit Fokus auf diese Fragestellungen bedeuten, sich bei der Auswahl der Bildungsinhalte stärker an den Bildungsaspirationen der Kinder zu orientieren. Um Kinder in ihrer Entwicklung und Teilhabe an Bildungsprozessen zu fördern, wird hier angenommen, dass Kinder ihre eigenen Sicht- und Denkweisen haben sowie sich individuell entwickeln, was es zu respektieren gilt. Dies geht mit dem Anspruch einher, Kinder als Subjekte ihrer Lerntätigkeit anzuerkennen und ihre kindlichen Perspektiven sowie entwicklungsbedingten Kompetenzen in den Mittelpunkt der didaktischen Gestaltung zu stellen. Teilhabe wird so verstanden, dass Kinder nicht nur Wissen erwerben, sondern auch in ihrer individuellen Entwicklung und ihrem Verständnis der Welt ernst genommen und unterstützt werden, um ihnen eine Mitgestaltung an ihrem Bildungsprozess zu ermöglichen. Nach Valtin bedeutet dies mindestens dreierlei:

> »(1) Das Kind kommt zur Schule mit alltagsweltlichem Wissen und naiven Theorien, die dem Grad seiner Strukturiertheit entsprechen und für die Lösung seiner Alltagsprobleme und -situationen funktional sind, die aber dem in der Schule abverlangten theoretischen Wissen, der geforderten systematischen Aneignung von Wissen und Können, dem Erfassen fachspezifischer Erkenntnisaspekte nicht adäquat sind. [...] (2) Bei der Rekonstruktion des Erkenntnisgegenstands baut das Kind Vorstellungen und Regeln auf, die seinem Niveau kognitiver Operationen entsprechen, aber komplexen Gegenständen zunächst nicht adäquat sind, da die kindlichen Rekonstruktionen aufgrund des Egozentrismus einer Komplexitätsreduktion unterliegen. [...] (3) Ferner entwickelt das Kind individuelle Regeln und Verfahrensweisen, die manchmal dem Sachgegenstand nicht adäquat sind, oder überträgt Deutungsmuster, die seinen sozialen Erfahrungen entsprechen, in unzulässiger Weise« (Valtin, 1996, S. 175f.).

In diesem Zitat wird mit Blick auf Teilhabe an Bildung auch das Spannungsfeld zwischen kindlicher Selbstbestimmung und der zukunftsorientierten Verantwortung der Erwachsenen deutlich und spiegelt den didaktisch notwendigen Balanceakt wider, Kindern Raum für eigenständige Entscheidungen zu geben, ohne dabei den Erfahrungs- und Wissensvorsprung der Erwachsenen zu vernachlässigen, der eine Orientierung für nachhaltige Entwicklungswege bieten kann. Entsprechend ist die grundschuldidaktische Diskussion der letzten Jahrzehnte gekennzeichnet von Pendelschlägen zwischen »Kindorientierung« und »Wissenschaftsorientierung« (z. B. Flügel, 2011), um das Spannungsfeld von gesellschaftlichem Anspruch und individuellen Bedürfnissen im Kontext von Teilhabe zu klären. Es lassen sich immer wieder neue Auseinandersetzungen beschreiben, die z. T. auch zu Desorientierungen geführt haben. Diese Diskurse beziehen sich schwerpunktmäßig z. B. auf Offenheit und Geschlossenheit des Unterrichts, auf Wissenschaftsorientierung und Alltagsbezug, auf eine fachliche oder lebenspraktische Ausrichtung oder auf curriculare bzw. situative Orientierungen. Immer dann, wenn diese Debatten einseitig geführt werden, wird missachtet, dass die Berücksichtigung jeweils nur eines didaktischen Prinzips kaum zu einer sinnvollen Bestimmung der Grundschularbeit im Sinne von Teilhabe an Bildung für alle führen und auf längere Sicht gesehen eine Verringerung von Teilhabemöglichkeiten zur Folge haben kann. Um Bildung durch Teilhabe zu ermöglichen, fokussieren Überlegungen zum Grundschulunterricht vielmehr das Austarieren gegensätzlicher Prinzipien, die in ihrer Gegensätzlichkeit auch wieder aufeinander verweisen und erst in Einklang gebracht ein tragfähiges Bildungsverständnis generieren können (Duncker, 1988). Eine inklusive Grundschuldidaktik, die auf Bildung durch Teilhabe ausgerichtet ist, vollzieht sich demnach nicht in einem entweder – oder, sondern in einem wohlüberlegten Austarieren verschiedener didaktischer Prinzipien. Teilhabe erfordert, dass unterschiedliche Lernvoraussetzungen, Interessen und Fähigkeiten der Kinder berücksichtigt werden, was nur möglich ist, wenn keine einseitigen didaktischen Ansätze dominieren. Indem gegensätzliche Prinzipien miteinander in Einklang gebracht werden, entsteht ein Bildungsverständnis, das allen Kindern ermöglicht, sich aktiv, gleichberechtigt und individuell an Lernprozessen zu beteiligen und somit umfassend an Bildung teilzuhaben.

Den in diesen Debatten fokussierten Dualismus von Kind und Sache bezieht Wegener-Spöhring (1998, S. 329 f.) auf die didaktische Diskussion über Subjekt- bzw. Instruktionsorientierung in der Allgemeinen Didaktik, wobei insbesondere folgende Fragen im Fokus stehen:

> »Sollen die Kinder an die Sachen oder die Sachen an die Kinder herangeführt werden? Soll Schule Kindern bestimmte Sachen vermitteln oder soll sie die Sachen, die Kinder benötigen, didaktisch aufbrechen und verständlich machen? Unterstützt und erweitert Schule dabei die Interessen und Herangehensweisen der Kinder? Oder versteht sich Schule als Wissensvermittlerin im Dienst einer Wissenschaftsorientierung, die an die Kinder herangetragen wird – mit vorgegebenen Inhalten und Methoden?« (Klaas, 2011, S. 206).

Auffällig an den Debatten der letzten Jahrzehnte ist, dass diese von verschiedenen Begrifflichkeiten geprägt waren bzw. sind und auf unterschiedlichen Ebenen geführt wurden bzw. werden. Die hier zu erkennende Vielfalt der Begriffe und Ebenen verdeutlicht die Komplexität der Idee Bildung durch Teilhabe. Unterschiedliche Perspektiven und Diskurse tragen dazu bei, Teilhabe aus verschiedenen Blickwinkeln zu betrachten, sei es aus pädagogischer, sozialer, kultureller oder politischer Sicht. Es lässt sich jedoch erkennen, dass vorrangig Fragen zum Inhalt und zur Vermittlung fokussiert wurden und werden. Insbesondere in der Grundschulpädagogik entbrannte diesbezüglich Anfang der 2000er Jahre eine Debatte im Kontext der Einführung offizieller Bildungsstandards. Unter anderem Bartnitzky (2003, S. 140) äußerte sich kritisch zur Einführung konkreter Standards mit der Frage, ob diese für Unterricht in einer Schule hilfreich seien, die die Verschiedenheit ihrer Schülerinnen und Schüler eben nicht nur akzeptiert, sondern als Bereicherung und Ressource versteht. Vertreterinnen und Vertreter der Gegenposition, z. B. Böttcher (2003, S. 156f.), mahnten bzgl. dieser Kritik an, dass diese lediglich dann nachvollziehbar sei, wenn man von einer subjektivistischen Interpretation von Pädagogik ausgehe, die naturalistische Begabungstheorien fokussiere. Von dieser Kritik ausgehend resultierte die Forderung, Standards sehr wohl klar und präzise zu formulieren, um die Gefahr zu vermeiden, eine mögliche benachteiligte Situation von einzelnen Schülerinnen und Schülern als mangelnde Begabung zu betrachten (Böttcher, 2003, S. 155).

Wenn individuelle Bedürfnisse in dieser Debatte keine Beachtung finden, werden gesellschaftliche Ansprüche ausgeblendet. Gleichzeitig impliziert dies die Forderung, dass individuelle Lern- und Bildungswege nur dann berücksichtigt werden können, wenn gesellschaftliche Anforderungen bereits erfüllt sind. Der Kern der Diskussion lässt sich pointiert wie folgt zusammenfassen: Einerseits geht es um den Anspruch, den die Gesellschaft gegenüber der Institution Schule formuliert, nämlich eine »Mobilisierung des Humankapitals« (Giesecke, 1996, S. 9), und andererseits um den Anspruch der Schülerinnen und Schüler (und auch des Erziehungsberechtigten), individuelle Förderung und die Berücksichtigung individueller Lernwege zu gewährleisten, und zwar unter Berücksichtigung der Bildungsstandards. Bildungspolitische Debatten (z. B. zu schulischer Inklusion) und Maßnahmen (z. B. die Einführung von Kooperationsklassen an Schulen) verweisen zwar darauf, dass teils widersprüchliche Interessen wahrgenommen und ansatzweise berücksichtigt werden. Es werden Spannungsfelder zwischen den gesellschaftlichen Ansprüchen an Schule und den individuellen Ansprüchen der Schülerinnen und Schüler hervorgehoben. Teilhabe bedeutet in diesem Kontext, dass Bildung nicht nur darauf abzielt, die gesellschaftliche Mobilisierung von Humankapital zu fördern, sondern auch den individuellen Bedürfnissen, Lernwegen und Potenzialen der Lernenden gerecht wird. Um Teilhabe zu gewährleisten, hat Schule die Aufgabe, beide Ansprüche miteinander in Einklang bringen: die Erfüllung gesellschaftlicher Bildungsstandards und die Anerkennung sowie Unterstützung der individuellen Entwicklung aller Kinder als aktive, gleichberechtigte Teilnehmerinnen und Teilnehmer im Bildungsprozess. Dies verweist auf die Notwendigkeit einer bildungstheoretischen Fundierung der Grundschuldidaktik (Duncker, 2021, S. 47), die gleichermaßen die individuellen Lernprozesse der Kinder sowie den Bildungserfolg einer (Klassen-)Gemeinschaft vermittelt.

Die Forschungen zu inklusiver Didaktik benennen in diesem Kontext auch die Bedeutung gemeinsamer Angebote für heterogene Lerngruppen, über die individuelle Lern- und Bildungswege beschritten werden können (z. B. Feuser, 1989;

Wocken, 1998). Was aber auch hier zu vermissen ist, sind Konzepte, die allen Schülerinnen und Schülern im Rahmen eines festgelegten Zielhorizonts individuelle Lernwege ermöglichen. Es bräuchte hierfür somit Mindeststandards, die gewährleisten, dass alle Kinder ein Minimalziel erreichen können. Heinzel bringt die widersprüchlichen Forderungen von Kind und Gesellschaft pointiert zum Ausdruck, indem sie auf die Existenz vielfältiger Versuche hinweist, »den problematischen Anspruch der Schule, gleichzeitig dem Kind und der Gesellschaft verpflichtet zu sein, in jeweils eine Richtung aufzulösen, um die Überforderungssituation, in der die Schulpädagogik steht, aufzulösen oder erträglich zu machen« (Heinzel, 2005, S. 57). Ein Widerspruch entstehe erst dadurch, »dass Kinder nicht als gesellschaftlich relevante Gruppe begriffen werden, verbunden mit der Sozialisationsfunktion der Institution Schule, die das Kind als Akteur zu wenig betont. Es wäre anders, würden Kinder als gleichgestellte Mitglieder der Gesellschaft angenommen, die sich in Elternhaus, Peergroup-Interaktionen und schulischer Lebenswelt weitgehend selbst zu Mitgliedern der Gesellschaft machen« (ebd.).

Im Diskurs über eine inklusive Grundschuldidaktik, die auf Bildung durch Teilhabe ausgerichtet ist, ist mit Duncker (2021, S. 21 f.) in diesem Kontext festzuhalten, dass die gegenwärtige Diskussion in den Bildungswissenschaften von einer klaren Fokussierung auf die Orientierung an Kompetenzen geprägt ist. Dies führt dazu, dass die Auswahl, Bestimmung und Anordnung von Wissen sowie seine Bedeutung als weniger relevant betrachtet werden, insbesondere im Kontext der Ergebnisse internationaler Vergleichsstudien im Bildungsbereich (z. B. PISA, IGLU, usw.). Das aktuelle bildungspolitische und didaktische Leitbild fordert, dass die Schule einen Paradigmenwechsel vollzieht – weg von Inhaltsplänen hin zu Kompetenzmodellen (z. B. Faulstich-Christ et al., 2010). Für das Lernen sind vor allem der Erwerb übertragbarer Fähigkeiten und Fertigkeiten entscheidend. Diese werden zwar durch den Umgang mit spezifischem Wissen entwickelt, erlangen ihre pädagogische Bedeutung jedoch erst durch die Transferleistungen, die sie in Verbindung mit austauschbarem Wissen hervorbringen (Duncker, 2021, S. 21 f.). Dies bedeutet auch, dass die Grundschuldidaktik selbst und nicht nur der Unterricht immer wieder kritisch zu prüfen und weiterzuentwickeln ist. Somit braucht die grundschuldidaktische Theoriebildung eine Metaebene, auf der sich mit grundlegenden Orientierungen für die Arbeit in der Grundschule auseinandergesetzt wird (Duncker, 2007, S. 140). Dabei geht es uns weder darum, in eine wissenschaftstheoretische Auseinandersetzung über Möglichkeiten und Grenzen einzelner didaktischer Theorien zu treten, noch darum, eine neue didaktische Theorie darzustellen oder bisherige didaktisch Beiträge als unzureichend zu »bewerten«. Vielmehr ist es unser Ziel, Teilhabe als »Lerngegenstand« in didaktisches Denken einzubeziehen. Dies würde dann implizieren, nicht nur den Unterricht, sondern die Grundschuldidaktik als Ganzes kontinuierlich und kritisch im Hinblick auf Teilhabe zu überprüfen und weiterzuentwickeln.

Ohne eine solche Reflexion droht die Didaktik in veralteten Paradigmen zu verharren und den Anforderungen einer sich wandelnden Gesellschaft nicht gerecht zu werden. Es bedarf der pädagogisch-didaktischen Verarbeitung des »problematischen Anspruch[s] der Schule, gleichzeitig dem Kind und der Gesellschaft verpflichtet zu sein« (Heinzel, 2005, S. 57), um Transformationsprozesse innerhalb der allgemeinen Grundschuldidaktik einzuleiten. Dies erfordert jedoch neben der Berücksichtigung von Sach-, Kind- und Wissenschaftsorientierung auch eine Gesellschaftsorientierung in der Ausrichtung einer inklusiven Grundschuldidaktik, die auf Bildung durch Teilhabe ausgerichtet ist. Es bedarf einer umfassenden Diskussion über ein tragfähiges Bildungsverständnis, das gesellschaftliche Fragestellungen der Zukunft und deren Werte miteinbindet. Die Teilhabe des Kindes an der Gesellschaft und die damit einhergehende Verantwortung für das eigene Leben Jetzt und in Zukunft sind in den Mittelpunkt zu stellen. Denn der problematische Anspruch entsteht überhaupt erst dadurch,

> »dass Kinder nicht als gesellschaftlich relevante Gruppe begriffen werden, verbunden mit der Sozialisationsfunktion der Institution Schule, die das Kind als Akteur zu wenig betont. Es wäre anders, würden Kinder als gleichgestellte Mitglieder der Gesellschaft angenommen, die sich in Elternhaus, Peergroup-Interaktionen und schulischer Lebenswelt weitgehend selbst zu Mitgliedern der Gesellschaft machen« (Heinzel, 2005, S. 57).

Teilhabe zu lernen ist entscheidend, weil es den Schülerinnen und Schülern die notwendigen Fähigkeiten vermittelt, um als aktive und verantwortungsbewusste Mitglieder der Gesellschaft zu agieren. Die Schule hat die Aufgabe, Kinder nicht nur mit Wissen auszustatten, sondern ihnen auch die Kompetenzen zu vermitteln, die sie benötigen, um ihr Leben zu gestalten und ihre Rolle in der Gesellschaft zu verstehen. Indem Kinder lernen, an einer Gemeinschaft teilzuhaben, erkennen sie, dass sie nicht nur passive Empfänger von Wissen und Normen sind, sondern auch aktive Akteure, die Verantwortung für ihr eigenes Leben und die gemeinsame Zukunft übernehmen. Teilhabe bedeutet in diesem Zusammenhang nicht nur das Wissen um Rechte und Pflichten, sondern auch die Entwicklung von sozialen, ethischen und praktischen Fähigkeiten, um das eigene Leben in die Hand zu nehmen und anhand der Beantwortung folgender Fragen auch zu gestalten: Unter welchen Bedingungen und aufgrund welcher Normen und Werte kann, will, muss oder darf ich in dieser Situation teilhaben? Diese Fähigkeiten sind notwendig, damit Schülerinnen und Schüler in der Lage sind, sich in einer zunehmend komplexer werdenden und vielfältigen Welt zurechtzufinden und ihre Meinungen und Bedürfnisse respektvoll in den gesellschaftlichen Diskurs einzubringen. Wenn Kinder Teilhabe erfahren, entwickeln sie ein Bewusstsein dafür, dass ihre Stimme zählt und sie aktiv zur Gestaltung der Gesellschaft beitragen können. Ohne das Lernen von Teilhabe besteht die Gefahr, dass Kinder in einer passiven Rolle verbleiben, in der sie sich nicht als Mitgestalterinnen und Mitgestalter ihrer Zukunft verstehen. Im Unterricht erwerben Kinder nicht nur Fachwissen, sondern erfahren zusätzlich, welchen Stellenwert ihre eigenen Ideen und Perspektiven im Hinblick auf die Position des Sprechers bzw. der Sprecherin haben und damit auch, welchen Stellenwert diese jetzt und in Zukunft haben. Wenn das Lernen von Teilhabe zum Lerngegenstand wird, kann Raum geschaffen werden, den Schülerinnen und Schülern zu vermitteln, dass sie nicht nur für ihre individuelle Zukunft verantwortlich sind, sondern auch für die Gestaltung einer sozialen und gerechten Gemeinschaft. Dies stärkt nicht nur das individuelle Selbstbewusstsein, sondern fördert auch das Verständnis für soziale Verantwortung und das Miteinander in einer demokratischen Gesellschaft.

2.3 Teilhabe Lernen

Die Grundschule als erste verbindlich organisierte Bildungseinrichtung spielt eine zentrale Rolle dabei, Kinder auf ein Leben in einer demokratischen Gesellschaft vorzubereiten. Ein wesentlicher Bestandteil dieses Bildungsauftrags besteht darin, Schülerinnen und Schüler zu befähigen, aktiv an gesellschaftlichen Prozessen teilzuhaben. Teilhabe ist dabei nicht nur ein Ziel, sondern auch ein Lernprozess, der bewusst gestaltet werden kann. Die Frage, wie Kinder Teilhabe aktiv lernen können, bleibt jedoch in der Grundschuldidaktik bislang unzureichend beantwortet. Zwar existieren Ansätze zur Vermittlung demokratischer Prinzipien und gesellschaftlicher Werte, doch fehlt es an einer systematischen Verankerung von Teilhabe als eigenständigem Lerngegenstand. Weder ist ausreichend erforscht, welche Kompetenzen Teilhabe fördern, noch besteht ein klares Verständnis darüber, wie Lernumgebungen gestaltet sein müssen, um diese gezielt auszubilden. In diesem Kapitel widmen wir uns deshalb der Frage, wie Teilhabe in der Grundschule gezielt gelernt werden kann. Es beleuchtet förderliche Bedingungen, identifiziert Herausforderungen und entwickelt didaktische Ansätze, um Teilhabe nicht nur als Ziel, sondern als aktiv gestaltbaren Prozess in den Unterricht zu integrieren. Dieses Kapitel liefert somit die Basis für eine inklusive Grundschuldidaktik, die das Lernen von Teilhabe zu einem zentralen Bildungsinhalt macht.

Ein pädagogisch-phänomenologischer Zugang zum Lernen bietet sich hierfür besonders an, da er die Komplexität von Teilhabe nicht nur anerkennt, sondern als Ausgangspunkt didaktischer Gestaltung versteht. Teilhabe wird hier als dynamisches Interaktionsfeld aufgefasst, das durch die Wechselwirkungen individueller und kollektiver Bedingungen geprägt ist. Ein phänomenologischer Zugang zum Lernen erlaubt es, diese Dynamiken umfassend zu erfassen und damit letztlich didaktisch nutzbar zu machen: Teilhabe ist von situativen und individuellen Brüchen, Widersprüchen, Qualitäten und Formen geprägt. Entsprechend ist auch das Lernen von Teilhabe untrennbar mit individuellen, situativen Erfahrungen verbunden. Ein pädagogisch-phänomenologischer Zugang setzt genau hier an: Er nimmt die subjektiven Erfahrungen der Lernenden ernst und sieht sie als Ausgangspunkt des Lernens. Der Vollzug des Lernens wird unter Berücksichtigung des Erfahrens in den Mittelpunkt gestellt (Koch, 2002, S. 85; Künkler, 2008, S. 33). In Anlehnung an Meyer-Drawe könnte das Augenmerk auf das Wie des Vollzugs im Lernen von Teilhabe gerichtet werden (Meyer-Drawe, 2003, S. 508). Teilhabe ist geprägt vom wechselseitigen Verhältnis von Individuum und Umwelt. Didaktisch zentral wird dabei die Frage, in welchem Zusammenhang das Erfahren (z.B. von Teilhabe) und der Vollzug des Lernens (z.B. von Teilhabe) stehen (Prange, 1978, S. 15).

Diese Überlegungen erfordern eine genaue Auseinandersetzung mit dem Begriff der »Erfahrung«. Mit Bollnow (1970, S. 129) lässt sich Erfahrung über bloßes sinnliches Erleben hinaus als ein prozesshaftes Sich-Bewegen, Sich-Erinnern und Überwinden von Herausforderungen verstehen. Bollnow beschreibt Erfahrung als »etwas dadurch kennenlernen, dass man im ›Fahren‹ auf der ›Fahrt‹ damit in Berührung kommt, wobei dann die Erinnerung an die ausgestandenen Mühen und

Gefahren und an die Unfälle, die einem auf dem Weg zugestoßen sind, mitschwingt« (ebd.). Diese Perspektive ist besonders relevant für das Lernen von Teilhabe, da Erfahrungen von Spannungen, Reibungen und Aushandlungen zentrale Lernmomente für das Lernen von Teilhabe darstellen könnten. Das Lernen von Teilhabe basiert auf Erfahrungen von Teilhabe und erfolgt durch die Bearbeitung der spannungsreichen Interaktionen in der Teilhabe. Buck (1989, S. 17) expliziert dies, indem er von einem stufenförmigen Gang des Erfahrens im Lernvollzug spricht. Er beschreibt den Zusammenhang von Lernen und Erfahrung als einen Prozess des Umlernens, bei dem Vorerfahrungen, Antizipationen oder Erwartungen mit Neuem konfrontiert, negiert, enttäuscht oder berichtigt werden. Dies führt nicht nur zu neuen Erfahrungen über einen Gegenstand oder ein Phänomen, sondern auch über den Lernenden selbst sowie die Art seines Erfahrens. Da Erfahrungen und Antizipationen stets von früheren Erfahrungen abhängen, sind sie auf Widerlegung, Bestätigung oder inhaltliche Neuausrichtung angewiesen. So vollzieht sich ein Wandel des Erfahrungshorizontes, der durch die Bestätigung oder Widerlegung von Antizipationen geprägt ist. Entsprechend ist das Augenmerk auf die Spannungen im Teilhabeprozess zu lenken, da sie uns wertvolle Lerngelegenheiten zu Teilhabe bieten können.

Entsprechend ließe sich das Schaubild aus Kapitel 1 (▶ Abb. 1) weiterentwickeln wie in der folgenden Abbildung dargestellt (▶ Abb. 2).

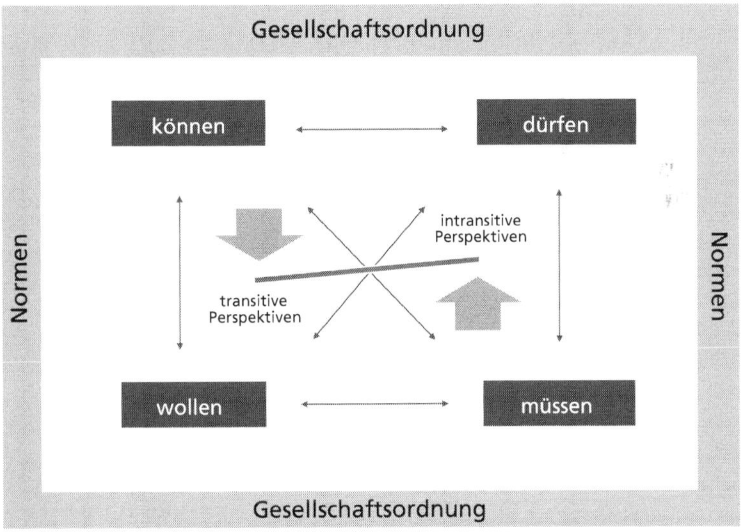

Abb. 2: Teilhabe als Aushandlungsprozess (Müller, 2022)

Im Gegensatz zum psychologischen Lernverständnis, das häufig die Anpassung des Subjekts an äußere Anforderungen oder die Akkumulation von Wissen in den Vordergrund stellt (z.B. Bandura, 1969), betont das pädagogisch-phänomenologische Verständnis über Spannungen und Widersprüche die transformative Dimension von Lernen. Antizipationen, die durch Erfahrungen widerlegt werden, zwingen das Subjekt, seine bisherigen Vorstellungen und Wahrnehmungen neu zu ordnen. Bollnow (1974) setzt sich an dieser Stelle mit einem empiristischen Verständnis von Erfahrung auseinander und grenzt dieses von der Vorstellung ab, dass Erfahrung im Aufnehmen und Verarbeiten von Daten bestehe, wie es durch einen naiven Empirismus nahegelegt werde. Vielmehr entstehen sie aus der Enttäuschung von Erwartungen, d.h., es ist etwas nicht so eingetroffen, wie man es antizipiert hat. Der Wandel des Erfahrungshorizonts, wie ihn das pädagogisch-phänomenologische Verständnis beschreibt, basiert auf einem dialektischen Wechselspiel von Bestätigung und Widerlegung. Während bestätigte Antizipationen Sicherheit und Orientierung bieten, eröffnen widerlegte Antizipationen neue Möglichkeiten der Sinnstiftung und Erkenntnis. Dies unterscheidet sich von kognitivistischen Modellen (z.B. Piaget, 1978), die primär auf die Assimilation und Akkommodation von Informationen abzielen, ohne den existenziellen Charakter von Erfahrungen und deren Bedeutung für die Subjektivität des Lernenden zu berücksichtigen.

Auf Grundlage von Deweys (2011) Überlegungen lässt sich so das Lernen von Teilhabe mit dem unterrichtlichen Kontext verbinden. Er beschreibt Lernen als einen zweifachen Prozess: Ein präreflexiver Zugang, der auf unmittelbare Erfahrungen zurückgeht, sowie ein reflexiver, der diese Erfahrungen als Problem identifiziert und verarbeitet (Dewey nach English, 2008, S. 151). Entsprechend wird auch das Lernen von Teilhabe sowohl durch emotional-leibliche Erfahrungen als auch kognitiv bewusste Reflexionsprozesse beeinflusst. Dewey betont, dass Lernen häufig in negativen Erfahrungen wurzelt, die er als grundlegend für den Lernprozess betrachtet. Im Kontext des Teilhabe-Lernens können solche negativen Erfahrungen beispielsweise in spannungsreichen Interaktionen bestehen, die als Ausgangspunkt für Reflexion und Weiterentwicklung dienen.

Wenn Lernende – unterstützt durch die Lehrperson – die in ihrer Erfahrung auftretenden Spannungen (z.B. im Kontext von Teilhabe) reflektieren und deren Ursachen untersuchen, wird eine reflexive Form negativer Erfahrung sichtbar. Sowohl das prä-reflexive Moment, etwa die emotionale Wahrnehmung der Spannung, als auch das reflexive Moment, also die gedankliche Verarbeitung, sind zentrale Elemente des Lernprozesses. Während das prä-reflexive Moment dafür sorgt, dass etwas überhaupt als Problem wahrgenommen wird, ermöglicht das reflexive Moment, dieses Problem über erste Handlungen hinausgehend durch Nachdenken zu bearbeiten. Für das Lernen von Teilhabe bedeutet dies, Spannungen im Teilhabeprozess multiperspektivisch zu analysieren, um ein tieferes Verständnis ihrer Determinanten zu entwickeln. Um den Übergang von prä-reflexiven zu reflexiven Erfahrungen zu unterstützen, können Lehrkräfte im Unterricht nicht nur darauf achten, dass Lernende mit Problemen oder Schwierigkeiten im Umgang mit dem Unbekannten konfrontiert werden, sondern ihnen auch Anregungen bieten, wie mögliche Lösungswege erkundet werden können (English, 2008, S. 153). In Anlehnung an Dewey betont Bohnsack, dass dies nur gelingt, wenn sich der »Lernprozess an vom Schüler selbst gewählten Zielen und an den Schwierigkeiten [...] [orientiert], welche sich der Verwirklichung in den Weg stellen« (Bohnsack, 2003, S. 33). Für Lehrerinnen und Lehrer erwächst daraus die Aufgabe, die Lernumwelt so aufzubereiten, dass die Lernenden auch an selbstgewählten

Zielen arbeiten, aus denen unterschiedliche negative Erfahrungen hervorgehen können. Solche Erfahrungen sind notwendig, um individuelle Lernprozesse anzustoßen.

Teilhabe-Lernen zeigt sich in diesem Sinne als ein pathischer Akt des Selbst- und Fremdbezugs, indem Widerständiges einbricht, Gewohntes aufbricht und Neues beginnt (Mitgutsch, 2008, S. 273). Dabei wird deutlich, dass Lernen nicht allein aus eigener Initiative entsteht, sondern als Reaktion auf einen äußeren Anspruch beginnt. »[...] dieses Antworten ist also ganz und gar vom Getroffen sein her zu denken, in der Nachträglichkeit eines Tuns, das nicht bei sich selbst, sondern beim anderen beginnt, als eine Wirkung, die ihre Ursache übernimmt. Der Antwortende tritt primär auf als der, dem etwas widerfährt oder widerfahren ist« (Waldenfels, 2002, S. 59). Lernen wird hier als ein Prozess verstanden, der eine Neuschöpfung darstellt und rückwirkend auf das eigene Handeln reflektiert. Für das Lernen von Teilhabe bedeutet dies, dass es oft mit Mühen verbunden ist und nicht immer reibungslos verläuft. Gleichzeitig zeigt sich, dass Teilhabe-Lernen durch Teilhabe-Lehren unterstützt werden kann, wenn dabei das Spannungsverhältnis von Gleichheit und Ungleichheit berücksichtigt und eine Auseinandersetzung damit ermöglicht wird. Konkret bedeutet das für die inklusive Grundschuldidaktik, dass auf Basis eines pädagogisch-phänomenologischen Lernverständnisses schulische Lernprozesse nicht nur auf die Vermittlung von Fakten oder die Förderung bestimmter Verhaltensweisen abzielen, sondern auch der Erweiterung des Erfahrungsraums der Kinder dienen. Lehrkräfte können Lernumgebungen schaffen, die Kinder dazu anregen, ihre Antizipationen bewusst wahrzunehmen, sie mit neuen Erfahrungen in Beziehung zu setzen und dadurch ihren Horizont zu erweitern. Durch offene Fragen, widersprüchliche Situationen und reflexive Gesprächsanlässe können Kinder angeregt werden, eigene Antizipationen zu hinterfragen und neue Perspektiven zu entwickeln (Meyer-Drawe, 2019).

Ein pädagogisch-phänomenologischer Zugang zum Lernen von Teilhabe erweist sich für die inklusive Grundschuldidaktik als gewinnbringend, um das Lernen von Teilhabe zu fördern. Indem die Vielschichtigkeit und Dynamik von Teilhabe ins Zentrum gerückt werden, können die Wechselwirkungen zwischen Individuum und dem gesellschaftlichen Anspruch von Schule, die normative und strukturelle Bedingtheit sowie die subjektive Erfahrungsdimension gleichermaßen berücksichtigt werden. So kann Teilhabe nicht nur als abstraktes Konzept gefordert, sondern bewusst als konkret erfahrbarer und aktiv gestaltbarer Prozess in den Schulalltag didaktisch integriert werden. Die Grundschule als Institution hat somit die Aufgabe, Kinder nicht nur mit Wissen zu versorgen, sondern ihnen auch die Fähigkeiten zu vermitteln, die sie benötigen, um als gleichwertige Mitglieder der Gesellschaft Verantwortung zu übernehmen. Dazu gehört, dass Kinder als aktive Akteure ihrer eigenen Lebensgestaltung und als gesellschaftlich relevante Subjekte anerkannt werden.

Die pädagogische Auseinandersetzung mit Teilhabe ist also nicht nur eine Frage der Grundschuldidaktik, sondern auch eine der Wertebildung. Die Schule hat die Aufgabe, den Schülerinnen und Schülern nicht nur Wissen über ihre Rechte und Pflichten zu vermitteln, sondern auch die nötigen sozialen, ethischen und praktischen Fähigkeiten, um aktiv und verantwortungsvoll in der Gesellschaft handeln zu können. Dabei wird die Schule zu einem Ort, an dem Kinder lernen, nicht nur als Empfänger von Wissen, sondern auch als Gestalter ihrer eigenen Zukunft und ihrer sozialen Realität zu agieren. Die Lehrkräfte sind dabei gefordert, einen Raum zu schaffen, in dem die Schülerinnen und Schüler ihre individuellen Fähigkeiten und Potenziale entfalten können, um sich selbst als gleichberechtigte Mitglieder der Gesellschaft zu verstehen. Dies bedingt auch eine kritische Reflexion der Didaktik selbst: Gesellschaftliche Zukunftsfragen und normative Orientierungen müssen in die Bildungsprozesse integriert werden. Teilhabe wird so nicht nur als individuelles Recht, sondern als kollektiver Bildungsauftrag sichtbar. Lehrkräfte schaffen Lernräume, in denen Kinder nicht nur Wissen erwerben, sondern auch soziale, ethische und praktische Kompetenzen entwickeln – als Grundlage für ihre Selbstverwirklichung und gesellschaftliche Teilhabe. Dies erfordert einen Paradigmenwechsel: weg von der Vorstellung des Kindes als passiven Rezipienten, hin zum aktiven, gleichberechtigten Mitgestalter gesellschaftlicher Wirklichkeit.

Im folgenden Kapitel wird darauf aufbauend dargestellt, wie das Lehren von Teilhabe konkret gestaltet werden kann, um den skizzierten didaktischen Anspruch umzusetzen.

2.4 Teilhabe Lehren: Von Teilhabe und vom Teilen in der Grundschuldidaktik

Wie bereits begründet, bedarf es einer pädagogisch-didaktischen Auseinandersetzung mit dem »problematischen Anspruch der Schule, gleichzeitig dem Kind und der Gesellschaft verpflichtet zu sein« (Heinzel, 2005, S. 57), um Transformationsprozesse innerhalb der allgemeinen Grundschuldidaktik anzustoßen. Um diesem anspruchsvollen Ziel gerecht zu werden, wurde dargelegt, dass neben Sach-, Kind- und Wissenschaftsorientierung auch eine explizite Gesellschaftsorientierung in der Ausrichtung der Didaktik notwendig ist. Im Fokus steht die Frage nach der didaktischen Gestaltung von Lernprozessen in Gruppen, die sowohl die Persönlichkeitsentwicklung der Lernenden fördert als auch auf die Erfüllung gesellschaftlicher Bildungsansprüche ausgerichtet ist. Um diese Frage zu beantworten, stellen wir zur Diskussion, die Befähigung von Kindern zur gesellschaftlichen Teilhabe in den Fokus grundschuldidaktischer Überlegungen zu rücken. Die folgenden Überlegungen zielen nicht auf die Entwicklung verbindlicher Lehrstrategien oder Good-Practice-Modelle. Sie verstehen sich als Anregungen zur Reflexion über das eigene pädagogische Handeln im Licht des Konzepts »Bildung durch Teilhabe«. Lehren und Lernen werden dabei als dialogische Prozesse begriffen, die Verständigung ermöglichen, nicht als Verfahren zur Erzeugung messbarer Ergebnisse.

Teilhabe wird in diesem Zusammenhang als komplexer Interaktionsprozess zwischen Individuum und gesellschaftlichem Anspruch verstanden, der stets Spannungen unterliegt. Wie im vorherigen Kapitel mithilfe eines pädagogisch-phänomenologischen Zugangs erläutert wurde, eröffnen gerade diese Spannungen wertvolle Lerngelegenheiten. Lernen wird in diesem Zugang als Transformationsprozess gefasst, der sich durch die dynamische Wechselwirkung von Bestätigung und Widerlegung von Antizipationen auszeichnet. Während bestätigte Erwartungen Sicherheit vermitteln, ermöglichen ihre Widerlegung neue Perspektiven und Erkenntnisse. Im Gegensatz zu kognitivistischen Modellen (z.B. Piaget, 1968), die vor allem auf Informationsverarbeitung fokussieren, betont dieser Ansatz die existenzielle Bedeutung subjektiver Erfahrungen. Ein Kind, das z.B. in einer früheren Gruppenarbeit positive Erfahrungen gemacht hat, antizipiert eine erfolgreiche Zusammenarbeit und bringt sich aktiv ein. Umgekehrt könnte ein Kind mit negativen Erfahrungen eher zögerlich agieren. Aufbauend auf Dewey wurde die Rolle bewusster wie auch vorbewusster Reflexionsprozesse für das Lernen verdeutlicht. Auch das Lernen von Teilhabe ist durch subjektive Reflexionen geprägt, die auf individuellen Teilhabeerfahrungen basieren. Diese Erfahrungen gehen mit spezifischen Antizipationen einher. Am Beispiel der grundlegenden Teilhabe-Erfahrungen des Teil-Seins, Teil-Gebens und Teil-Nehmens wird dies im Folgenden exemplarisch veranschaulicht.

Teilhabe als Teil-Sein

Das Lernen von Teilhabe stellt einen integralen Bestandteil schulischen Lebens dar. Auch wenn dies von Lehrpersonen nicht permanent explizit adressiert wird, sammeln Schülerinnen und Schüler fortlaufend Teilhabeerfahrungen, die ihr Verständnis von Gemeinschaft und Mitgestaltung prägen. Diese Erfahrungen sind eng mit antizipativen Leistungen verknüpft: Kinder entwickeln Erwartungen darüber, wie Teilhabe in schulischen Kontexten funktioniert, welche Mitbestimmungsmöglichkeiten bestehen und wie wirksam ihr eigenes Handeln wahrgenommen wird. Für das Lernen von Teilhabe ist es daher entscheidend, wie Schülerinnen und Schüler in soziale, politische und kulturelle Prozesse des Schulalltags eingebunden werden. Ihre Antizipationen beeinflussen, inwieweit sie sich aktiv beteiligen oder zurückziehen. Erleben sie, dass ihre Beiträge wertgeschätzt und wirksam sind, bestärkt dies ihre Selbstwirksamkeit und ihr Vertrauen in demokratische Prozesse. Lehrpersonen gestalten Teilhabe nicht nur durch direkte Mitbestimmungsmöglichkeiten, sondern auch durch Strukturen, die positive Antizipationen fördern, indem sie den Kindern zeigen, dass ihr Handeln Einfluss auf ihre Lernumgebung und Gemeinschaft hat.

Teilhabe (in der Grundschule) ist die grundlegende Erfahrung, Teil eines übergeordneten Ganzen zu sein. Dieses Verständnis von Teilhabe wird oft in statisch-hierarchischen Modellen der Mitbestimmung, wie sie insbesondere aus dem englischsprachigen Diskurs bekannt sind (z.B. Arnstein, 1969; Hart, 1992; Shier, 2019), nur unzureichend berücksichtigt, da dort *Teilhabe* auf den Grad der Mitbestimmungsmöglichkeiten reduziert wird. Dieses Verständnis von Teilhabe zeigt sich z.B. bei demokratischen Partizipationsformaten wie dem Klassenrat, bei gemeinsamen Entscheidungen zur Unterrichtsgestaltung, in kooperativen Projektarbeiten oder in Mitbestimmungsformaten wie der Wahl von Klassensprecherinnen und

-sprechern. Auch in diesen Formaten machen Kinder die Erfahrung, dass Formen und Qualitäten von *Teilhabe* vielfältig und sogar widersprüchlich sein können (Dietrich, 2017). So erfahren Kinder in unterschiedlichen Kontexten – bspw. in der Klasse, der Familie, bei Hobbies oder mit Freunden –, wie gesellschaftliche Rahmenbedingungen und ihre individuell-persönlichen Voraussetzungen ihre Teilhabe prägen.

Die Schule als Ort zwischen individueller Persönlichkeitsbildung und gesellschaftlichem Anspruch bietet Kindern vielfältige Möglichkeiten, Teilhabe zu erleben und zu erfahren. Dabei ist Teilhabe nicht nur durch die unmittelbare, individuelle Erfahrung geprägt, sondern durch die Antizipationen, die das Individuum zu Teilhabe hat. Die Antizipationen prägen damit die individuellen Entwicklungsmöglichkeiten der Schülerinnen und Schüler mit. Kinder treten mit bestimmten Erwartungen in die soziale Gemeinschaft Schule ein – sie antizipieren, wie ihre Teilhabe aussehen könnte, welche Rollen sie übernehmen dürfen bzw. können und welchen Einfluss ihr eigenes Handeln auf das gemeinschaftliche Geschehen hat. Insbesondere kulturanthropologische Zugangsweisen (▶ Kap. 1.5) zeigen, dass der Mensch auf Teilhabe an einer Gemeinschaft angewiesen ist, um sich gut zu entwickeln, gesund zu bleiben und sich wohlzufühlen (Müller & Pfrang, 2022b). Diese Notwendigkeit ist jedoch nicht nur eine gegenwärtige Erfahrung, sondern auch durch antizipierte Teilhabe geprägt: Kinder entwickeln auf Basis ihrer bisherigen Erlebnisse Vorstellungen darüber, ob und wie sie in soziale Prozesse eingebunden werden. Dietrich (2017) verweist darauf, dass Teilhabe die individuellen Entwicklungsmöglichkeiten des Menschen bedingt – dies setzt jedoch voraus, dass Kinder ihre eigene Position innerhalb der Gemeinschaft erkennen und darauf basierend Teilhabe aktiv anstreben oder gegebenenfalls zurückweisen.

Teilhabe ist somit auch ein Prozess der Selbst- und antizipierten Fremdwahrnehmung. Durch den Austausch mit anderen erfahren Kinder ihre eigenen Grenzen und Entwicklungspotenziale, wie Burghardt et al. (2017) aufzeigen. Kinder reflektieren – bewusst oder unbewusst – ihre Teilhabepositionen, ihre Verwundbarkeiten, Bedürfnisse und Potenziale. Sie fragen sich: Woran möchte ich teilhaben? Wo sehe ich Chancen, wo Barrieren? Diese Fragestellungen sind eng mit Antizipationsleistungen verknüpft, da Kinder ihre Teilhabe nicht nur im Moment erleben, sondern auch vorwegnehmen, reflektieren und entsprechend darauf reagieren. Dabei wirken auch psychologische Grundbedürfnisse wie das Bedürfnis nach Eingebundenheit, Kompetenz und Autonomie (Deci & Ryan, 2000) ebenso mit wie emotional-affektive Grundlagen (Maslow, 1943).

Demnach erfordert Teilhabe von den Kindern nicht nur eine bewusste, sondern auch eine vorbewusste Auseinandersetzung mit den eigenen Bedürfnissen, Emotionen und Werten. Kinder treffen – oft vermutlich eher intuitiv – Entscheidungen darüber, ob und wie sie sich beteiligen. Teilhabe stellt sich als ein dynamischer, individueller und gleichzeitig sozial geprägter Prozess dar. In der Grundschule zeigt sich dies etwa in der Wahl, wie sie sich in einer Gruppe einbringen, welche Aufgaben sie übernehmen, oder wo sie sich zugehörig fühlen. Diese Entscheidungsprozesse sind ein zentraler Bestandteil des Lernens von Teilhabe und tragen dazu bei, dass Kinder ein Gefühl für Nähe und Distanz entwickeln sowie lernen, individuelle und gemeinschaftliche Ansprüche auszutarieren. Die Qualität von Teilhabe hängt daher nicht allein von vorhandenen Partizipationsmöglichkeiten ab, sondern auch von den kindlichen Antizipationen hinsichtlich dieser Optionen. Entsprechend reicht es nicht aus, Partizipation anzubieten – vielmehr müssen Kinder auch in der Reflexion über Teilhabe angeleitet und begleitet werden. Fragen, die diesen Prozess unterstützen können, sind u. a.:

- Woran nimmt das Kind im schulischen Alltag aktiv teil? *(Individuelle Perspektive)*
- Wann fühlt es sich als Teil der Gruppe? Was trägt dazu bei? *(Soziale Perspektive)*
- Welche schulischen Bedingungen ermöglichen Teilhabe? *(Strukturelle Perspektive)*
- Wie stellt sich das Kind seine Teilhabe vor? *(Antizipatorische Perspektive)*

Für eine inklusive Grundschuldidaktik, die auf Bildung durch Teilhabe ausgerichtet ist, ist es zentral, Teilhabe nicht nur als Erfahrung, sondern auch als antizipativen Prozess zu verstehen. Schule kann durch pädagogisch-didaktische Gestaltung positive Erwartungen fördern – etwa durch Verlässlichkeit, Anerkennung, demokratische Strukturen und kindgerechte Mitgestaltung. Bildung durch Teilhabe zeigt sich so als ein dynamischer Prozess, der auf subjektive Erfahrungen, soziale Dynamiken und strukturelle Rahmenbedingungen gleichermaßen angewiesen ist. Kinder bringen eigene Teilhabeansprüche mit, die sie antizipieren, während die Schule wiederum Erwartungen an ihre Teilhabe formuliert. Die Gestaltung dieses Wechselverhältnisses erfordert eine bewusste Ausbalancierung – auch im Lichte von Gerechtigkeitsfragen: Wie werden verschiedene Teilhabeerfahrungen in ein Gefühl des Teil-Seins überführt? Diese Frage wird im Anschluss anhand sprachphilosophischer Perspektiven (Fuchs, 2016) vertieft.

Teil-Gabe: Ein Beitrag zur Gestaltung von Interaktionsprozessen

> »Wer an einen Teil denkt, muss zugleich an das Ganze denken, zu dem dieser Teil gehört. Wer diesen Teil haben will (Teilhabe), muss ihn sich zuerst nehmen (Teilnahme). Teilnahme ist also der Teilhabe vorgelagert. Denkt man diesen Ansatz weiter, so muss man berücksichtigen, dass der gewünschte Teil vermutlich bereits in den Händen anderer ist. Das bedeutet, dass das, was man haben will, man anderen nehmen muss, und diese bereit sein müssen, es auch wegzugeben. Neben dem Teilnehmen und dem Teilhaben geht es also auch um das Teilen, genauer gesagt um das Aufteilen, und noch genauer: um eine Veränderung der bisherigen Aufteilung. Dies macht deutlich, dass bei diesem Prozess mit Widerstand derer zu rechnen ist, die etwas weggeben müssen. Denn man hat die durchaus berechtigte Angst, dass man nach diesem Prozess weniger hat als vorher« (Fuchs, 2016, o. S.).

Die Erfahrung von Teilhabe steht demnach in engem Zusammenhang mit dem Teilungsprozess eines größeren Ganzen. Fuchs differenziert hierzu zwischen Teil-Gabe und Teil-Nahme – ein Bild, das auch im pädagogischen Kontext (u. a. Tippelt & Heimlich, 2020) aufgegriffen wurde und im Folgenden im Hinblick auf eine inklusive Grundschuldidaktik vertieft wird.

Die Auseinandersetzung mit Teilhabe wird häufig durch Bilder des harmonischen Miteinanders geprägt. Dabei ist dieses Miteinander keineswegs selbstverständlich. Beispielsweise widmet sich die Grundschuldidaktik im Anfangsunterricht der Frage, wie Schulanfängerinnen und Schulanfänger in schulisches Lernen eingebunden werden können. Ziel ist es, Kinder von Beginn an auf die Anforderungen schulischen Lernens vorzubereiten. Dabei gilt es, Spannungsfelder – etwa zwischen spielerischer und leistungsbezogener Lernkultur – zu bearbeiten. Dieser Prozess steht in engem Zusammenhang mit dem Erwerb von Teilhabekompetenzen. Eine erste Überlegung zum Lernen von Teilhabe greift die grundlegende Tatsache auf, dass Individuen im Kontext von Teilhabe immer auch Teil eines größeren Ganzen sind, sein wollen oder werden sollen. Dieses Ganze – etwa Klassengemeinschaft, Projektgruppe oder Gesellschaft – ist kein regelloses Gefüge, sondern durch Ordnung und Struktur geprägt, die Orientierung geben und das Miteinander innerhalb dieses Ganzen ermöglichen. Für Kinder bedeutet das, dass Teilhabe auch die Bereitschaft einschließt, die Regeln und Strukturen ebendieses Ganzen zunächst erst einmal zu akzeptieren, um ein Teil des Ganzen werden zu können. Um die Aspekte von Teil-Gabe und Teil-Nahme besser verdeutlichen zu können, gehen wir im Folgenden davon aus, dass das Ganze nicht einfach nur eine strukturierte Gemeinschaft ist, sondern eine Kooperationsgemeinschaft, die die Kinder mit und durch ihre individuellen Persönlichkeiten prägen. Kooperation erfordert, dass sich alle an der Gemeinschaft Beteiligten aufeinander einlassen, ihre jeweils legitimen Interessen anerkennen und gemeinsam nach Wegen suchen, um gemeinsame Ziele zu erreichen.

In der Grundschule zeigt sich dies besonders deutlich in Gruppenarbeiten, beim Klassenrat oder in Projekten. Kinder lernen hier, dass sie ihre eigenen Vorstellungen nicht uneingeschränkt durchsetzen können, sondern Kompromisse einzugehen, eigene Vorstellungen mit denen anderer abzustimmen und gemeinsam Entscheidungen zu treffen. Das bedeutet, dass Kooperation stets mit Veränderungsprozessen verbunden ist: Die Kinder passen ihre eigenen Perspektiven an die Bedürfnisse der Gruppe an und erfahren, dass die Zusammenarbeit mit anderen nicht nur die eigenen Ziele, sondern auch die der Gruppe berücksichtigt. Diese Erfahrungen fördern zentrale Kompetenzen wie Empathie, Kommunikationsfähigkeit und Konfliktlösung und tragen dazu bei, Teilhabe nicht nur als abstraktes Konzept, sondern als lebendige Erfahrung zu begreifen. Teil-Gabe bedeutet, sich auf die Ansprüche der Gemeinschaft einzulassen. Dies lässt sich anschaulich am Beispiel einer Spielsituation im Sandkasten illustrieren: Tritt ein Neuankömmling zu einer Gruppe im Sand spielender Kinder hinzu, erfolgt typischerweise zunächst eine soziale Kontaktaufnahme, bspw. über Blickkontakt und Begrüßung. Anschließend initiieren die bereits spielenden Kinder Prozesse der Aushandlung und informellen Regelweitergabe zur Integration des neuen Kindes in das bestehende Spielgeschehen. Die Gruppe schlägt dem neuen Kind bspw. eine Rolle vor, die dieses übernehmen könnte, und erläutert die Aufgaben, die mit dieser Rolle verbunden sind. Das neue Kind wird so über die Diskussion und die laufende Kommunikation in den Spielprozess eingebunden. Es wird integriert und erhält die Möglichkeit, aktiv am Sandspiel mitzuwirken. Dabei ist einerseits davon auszugehen, dass nicht nur das neue Kind augenscheinlich das vorliegende Regelsystem akzeptiert, um in der Gruppe Fuß zu fassen. Andererseits passt sich auch die Gruppe an, damit sie und der Neuankömmling zu einer Gemeinschaft werden und ein Miteinander finden können. Dem legitimen Wunsch des neuen Kindes, mitzuspielen, wird Raum gegeben, und die Kinder lassen sich aufeinander ein. Es entsteht eine Dynamik, in der sich beide Parteien verändern: Das neue Kind bringt möglicherweise neue Ideen oder Fertigkeiten ein, etwa eine andere Methode, Sand zu formen, die die Gruppe noch nicht berücksichtigt hat. Dies kann das Bauen verbessern und neue kreative Ansätze fördern. Die Gruppe überprüft dabei vermutlich immer wieder, wie gut der Bau voranschreitet und wie das neue Kind integriert ist. Sie geben sich gegenseitig Feedback (auch wenn sie es so nicht benennen) und passen die Aufgabenverteilung gegebenenfalls neu an. So entwickelt sich ein dynamischer Prozess, in dem die Kinder lernen, ihre individuellen Vorstellungen mit den Bedürfnissen der Gemeinschaft zu verbinden, und gemeinsam etwas Neues schaffen.

Damit eine Gemeinschaft fortbestehen und funktionieren kann, passen sich alle Mitglieder in gewissem Maße an und erbringen Transformationsleistungen. Teilhabe ist dabei auf die Anpassungsleistungen aller Beteiligten angewiesen. Diese Anpassungsleistungen lassen sich als Teil-Gabe definieren. Teil-Gabe umfasst die Fähigkeit und Bereitschaft, eigene Kompetenzen, Ideen und Ressourcen so in die Gemeinschaft einzubringen, dass diese nicht nur stabil bleibt, sondern sich weiterentwickeln und wachsen kann. Die Dimension der Teil-Gabe trägt nicht nur zur Stärkung des individuellen Selbstwertgefühls bei, indem die einzelnen Mitglieder ihre Bedeutung für die Gemeinschaft erfahren. Sie fördert zugleich den sozialen Zusammenhalt und schafft Raum für kollektive Kreativität. Durch die aktive Einbringung ihrer Fähigkeiten leisten die Mitglieder einen Beitrag, der die Gemeinschaft bereichert und deren Potenzial erweitert.

Teil-Nahme: Anpassungsleistungen mit Blick auf das Individuum

Teilhabeprozesse verlaufen nicht immer in der im Beispiel zum Sandspielen beschriebenen Harmonie. Wird dieses Beispiel fortgeführt, zeigt sich, dass es in Gruppensituationen wie dem Sandspiel zu Meinungsverschiedenheiten oder Konflikten kommen kann, insbesondere wenn ein neues Kind hinzustößt. Die bereits spielenden Kinder haben zuvor eigene Ordnungen etabliert, die durch den Neuankömmling herausgefordert und neu verhandelt werden müssen. Etwa wenn eine Sandform, die gerade benutzt wird, plötzlich von einem anderen Kind beansprucht wird. Diese Situationen werden oft als Verlust erlebt, da gewohnte Strukturen aufgebrochen werden. Das neue Kind, das in das Spiel integriert werden möchte, steht dabei vor der Herausforderung, nicht nur die etablierten Regeln und Strukturen zu akzeptieren, sondern auch seinen Platz innerhalb der Gemeinschaft zu finden. Dies verdeutlicht, dass Teil-Nahme – der Blick auf das Individuum und dessen Eingliederung in die Gruppe – eine wichtige Dimension von Teilhabe ist. Teil-Nahme bedeutet, dass das Individuum sich aktiv darauf einlässt, Teil der bestehenden Gemeinschaft zu werden, was auch mit Anpassungen und Kompromissen einhergeht. Für das neue Kind bedeutet dies, dass es nicht nur Erwartungen an die Gruppe haben kann, sondern auch einen eigenen Beitrag zu leisten hat. Voraussetzung für Teilhabe am Gruppenprozess ist, dass der eigene Beitrag für die anderen Kinder attraktiv ist, sei es durch neue Ideen, konstruktive Vorschläge oder ein kooperatives Verhalten. Gleichzeitig lernen die bereits spielenden Kinder, wie wichtig es ist, anderen den Zugang zur Gemeinschaft zu ermöglichen, auch wenn dies bedeutet, dass sie dabei selbst Kompromisse eingehen.

Teilhabe an etwas ist somit ein dynamischer Prozess von Geben und Nehmen, der für alle Beteiligten Veränderungen mit sich bringt. Aufseiten des Individuums, das in die Gruppe aufgenommen werden möchte, erfordert Teil-Nahme eine Bereitschaft, sich den Gegebenheiten anzupassen. Zugleich ist es eine Voraussetzung, dass auch die Gruppe offen für neue Impulse ist. Diese Wechselwirkung zeigt, wie Teilhabe sowohl individuelle als auch gemeinschaftliche Entwicklung fördern kann. Teilhabe ist damit auch auf der individuellen Ebene mit stetigen Anpassungsprozessen verbunden. In der Teilhabe erfahren sich die Schülerinnen und Schüler als Gebende und als Nehmende. Beim Wunsch nach Teilhabe ist es auch bedeutsam, sich damit auseinandersetzen, welchen Beitrag man zu leisten bereit ist. Da es vielen Menschen nicht leichtfällt, etwas abzugeben, erhofft sich das Individuum häufig einen persönlichen Nutzen aus seiner Teilhabe. Wie Fuchs in Bezug auf ein Grundlagenpapier des Bundesjugendkuratoriums zu Partizipation erläutert:

> »Das Kernargument dieses Papiers, warum es für den Einzelnen sinnvoll ist, partizipieren zu wollen, besteht in der Selbstwirksamkeit: Man muss spüren [und zwar auf beiden Seiten], es bringt mir etwas, wenn ich partizipiere, es wird eine Wirkung meiner Partizipation sichtbar, die mich spüren lässt, dass ich für das Ganze eine Bedeutung habe. Offensichtlich ist dieser Gedanke mit so wichtigen Begriffen wie ›Anerkennung‹ und ›Wertschätzung‹ verbunden« (Fuchs, 2016, o. S.).

Teil-Nahme geht also weit über die reine aktive Mitgestaltung und das Mitwirken in sozialen, kulturellen oder politischen Prozessen hinaus: Teil-Nahme bedeutet, dass das Individuum nicht nur teilnimmt, sondern sich auch aktiv mit eigenen Ideen, Perspektiven und Vorschlägen einbringt und Verantwortung für das gemeinsame Gelingen übernimmt. In diesem Prozess geht es nicht allein darum, gehört zu werden, sondern auch darum, dass diese Beiträge von der Gemeinschaft wertgeschätzt und anerkannt werden. Diese Anerkennung ist entscheidend, da sie das Gefühl der Selbstwirksamkeit im Individuum stärkt – die Überzeugung, mit dem eigenen Handeln etwas bewirken zu können. Bandura (1997) hebt hervor, dass Selbstwirksamkeit eine zentrale Rolle in der Motivation und Persönlichkeitsentwicklung spielt. Sie fördert nicht nur das Vertrauen in die eigenen Fähigkeiten, sondern auch die Bereitschaft, Herausforderungen anzunehmen und sich aktiv einzubringen. Im Kontext der Teil-Nahme wird Selbstwirksamkeit dadurch gestärkt, dass das Individuum erlebt, wie seine Beiträge zu einer Gemeinschaft etwas verändern oder voranbringen können. Deci und Ryan (2000) verknüpfen dies in ihrer Selbstbestimmungstheorie mit dem Bedürfnis nach sozialer Eingebundenheit, Kompetenzerleben und Autonomie. Dieses Zusammenspiel aus Selbstwirksamkeit und sozialer Wertschätzung schafft ein Gefühl von Bedeutsamkeit und Zugehörigkeit. Die aktive Teil-Gabe – das Einbringen eigener Ideen – führt so auch zu persönlichem Wachstum. Honneth (1994) betont, dass Anerkennung eine

Grundvoraussetzung für Identitätsentwicklung ist. Wenn Individuen erleben, dass ihre Beiträge nicht nur akzeptiert, sondern geschätzt werden, stärkt dies ihr Selbstbewusstsein und ihre Fähigkeit, sich in sozialen Kontexten weiter zu entfalten. Die Teil-Gabe wird so nicht nur zu einem Beitrag für die Gemeinschaft, sondern auch zu einer Quelle neuer Stärke und Resilienz für das Individuum selbst.

Besonders in der Grundschule spielt dieser Prozess eine zentrale Rolle. Kinder lernen, sich selbst als Teil einer Gemeinschaft zu sehen und zu erfahren, dass ihre Ideen und Beiträge Bedeutung haben. Pädagogisch-phänomenologische Ansätze (z. B. Meyer-Drawe, 2019) betonen, dass solche Erfahrungen nicht nur kognitive, sondern auch existenzielle Dimensionen haben. Wenn Kinder erleben, dass ihre Teil-Nahme anerkannt wird, entwickeln sie Vertrauen in ihre Fähigkeiten und eine positive Haltung gegenüber kooperativem Handeln (Müller & Pfrang, 2021b). Zusammenfassend ist Teil-Nahme mehr als das bloße Dabeisein – sie ist ein wechselseitiger und dynamischer Prozess, der sowohl das Individuum als auch die Gemeinschaft stärkt. Wenn Kinder Verantwortung übernehmen und ihre Ideen einbringen, wachsen sie an der Erfahrung von Wertschätzung und Selbstwirksamkeit. Gleichzeitig wird die Teil-Gabe zum Motor kollektiven Gelingens und individueller Entwicklung. In der inklusiven Grundschuldidaktik liegt in Teil-Nahme somit ein zentrales Potenzial, Kinder auf selbstbewusste und verantwortungsvolle gesellschaftliche Teilhabe vorzubereiten.

Bildung durch Teilhabe didaktisch gestalten

Bildung durch Teilhabe lässt sich demnach einerseits als dynamischer Prozess betrachten, der sich in einem Wechselspiel zwischen Individuum und Gemeinschaft entfaltet, anderseits aber auch als ein Zustand beschreiben, in dem Individuen als Mitglieder einer Gemeinschaft anerkannt und in soziale, kulturelle und kognitive Zusammenhänge eingebunden sind. Im schulischen Kontext bedeutet Teilhabe als Teil-Sein, dass Schülerinnen und Schüler nicht nur physisch anwesend sind, sondern sich als zugehörig wahrnehmen und als relevante Akteure im Lernprozess anerkannt werden. Teilhabe als Teil-Sein ist somit das historische Gründungsziel der Grundschule als erste allgemeinbildende Schule für alle. Auf dieses Ziel wird über die bewusste pädagogisch-didaktische Gestaltung von Teilhabeprozessen hingearbeitet. Der Verlauf eines Teilhabeprozesses lässt sich als zyklischer Vorgang begreifen, in dem *Antizipation*, *Aushandlung*, *Integration*, *Anpassung*, *Partizipation* und *Reflexion* ineinandergreifen. Auf der Ebene des Schulsystems bedeutet dies, dass Strukturen und Bedingungen so gestaltet werden, dass allen Schülerinnen und Schülern die Möglichkeiten geboten werden, aktiv den Teilhabeprozess an Bildung mitzugestalten. Dazu gehören der Zugang zu Bildung sowie die Ausgestaltung von Lernumgebungen, die sich an der Vielfalt individueller Potenziale orientieren. In diesem Zusammenhang spielt die Antizipation eine doppelte Rolle: Sie wird als ein gedankliches Vorwegnehmen der Voraussetzungen verstanden, die Bildung für unterschiedliche Individuen förderlich machen. Hier spielen auch die Antizipation der Schülerinnen und Schüler eine wichtige Rolle. Kinder treten mit Erwartungen und Vorstellungen in die Schule ein, die durch ihre bisherigen Erfahrungen geprägt sind. Diese Erwartungen beeinflussen, wie sie sich in den Bildungsprozess einfügen und wie sie ihre Teilhabe gestalten. Fragen wie »Welche Möglichkeiten habe ich hier? Wie kann ich mich einbringen?« können dabei eine Rolle spielen.

Aus systemischer Sicht erfordert Bildung durch Teilhabe, dass Gelegenheiten geschaffen werden, die eine möglichst breite Beteiligung aller Akteure im Schulsystem ermöglichen. Hierbei könnten sowohl strukturelle Aspekte wie der Zugang zu Förderangeboten als auch didaktische Überlegungen berücksichtigt werden, die Differenzierung und Individualisierung einbeziehen. Teilhabe wird so zu einem *Aushandlungsprozess.* Anerkennung – verstanden im Sinne Honneths (1994) oder Stojanovs (2007) – bildet hierbei eine grundlegende Voraussetzung: Sie trägt dazu bei, dass Kinder sich in ihren Kompetenzen gesehen und wertgeschätzt fühlen. Auf der individuellen Ebene ist Bildung durch Teilhabe von der *aktiven Auseinandersetzung* mit der eigenen Rolle in der Gemeinschaft seitens aller Akteure geprägt. Beispielsweise könnten sich Kinder gleichermaßen wie Lehrpersonen durch ihre Teil-Gabe – etwa durch Ideen oder Beiträge – in den Bildungsprozess einbringen und gleichzeitig durch Teil-Nahme an den vorgegebenen Strukturen orientieren. Dieser Prozess kann, wie Meyer-Drawe (2019) beschreibt, nicht nur kognitive, sondern auch existenzielle Dimensionen umfassen, da alle Akteure durch Teilhabe Erfahrungen sammeln, die zur Weiterentwicklung ihrer Identität beitragen können und sich so auch weiterbilden. Alle Akteure sind damit gleichermaßen Lernende in Sachen Teilhabe. Die Antizipation aufseiten der Lernenden könnte dabei eng mit dem Konzept der Selbstwirksamkeit (Bandura, 1997) verbunden sein. Die Wahrnehmung, durch eigenes Handeln etwas bewirken zu können, kann die Bereitschaft fördern, sich aktiv an Bildungsprozessen zu beteiligen, und das Vertrauen in die eigenen Fähigkeiten stärken.

Bildung durch Teilhabe, verstanden als ein dynamischer Prozess, ist geprägt von *wechselseitigen Anpassungen und Integration.* Während das Schulsystem möglicherweise auf die Vielfalt individueller Bedürfnisse eingeht und diese anerkennt, bringen die jeweiligen Akteure ihre eigenen Erwartungen und Potenziale in die Gestaltung von Bildungsprozessen ein. Teilhabe wird so zur *Partizipation*, bei der alle Lernenden mitgestalten, Verantwortung übernehmen und ihre individuellen Potenziale in einem inklusiven Bildungsraum entfalten können. Dies erzeugt Wechselwirkungen, die nicht immer frei von Konflikten, Widersprüchen und Spannungen sind: Individuelle Vorstellungen können von den vorgegebenen Strukturen abweichen, auch die Vorstellungen zwischen den einzelnen Akteuren stimmen nicht immer überein. Solche Spannungen könnten jedoch produktiv genutzt werden (z.B. Meyer-Drawe, 2019), um neue Perspektiven über bewusste wie auch unbewusste *Reflexion* zu entwickeln und so wiederum mehr Teilhabe für alle Menschen zu ermöglichen.

Wenn wir zusammenfassend Bildung durch Teilhabe als Interaktionsprozess verstehen, wird Bildung zu einem Wechselspiel zwischen den individuellen Erwartungen der einzelnen Akteure und den systemischen Bedingungen. Das Zusammenspiel von Teil-Gabe und Teil-Nahme ist dabei zentral, um sowohl die individuelle Entwicklung als auch den gemeinschaftlichen Bildungsprozess zu fördern. In diesem Verständnis entsteht Teilhabe an Bildung für alle durch die gegenseitige Abstimmung von Möglichkeiten, Bedürfnissen und Strukturen, die sich in einem dynamischen Prozess weiterentwickeln können. Verdeutlicht wird dies in folgendem Schaubild (▶ Abb. 3).

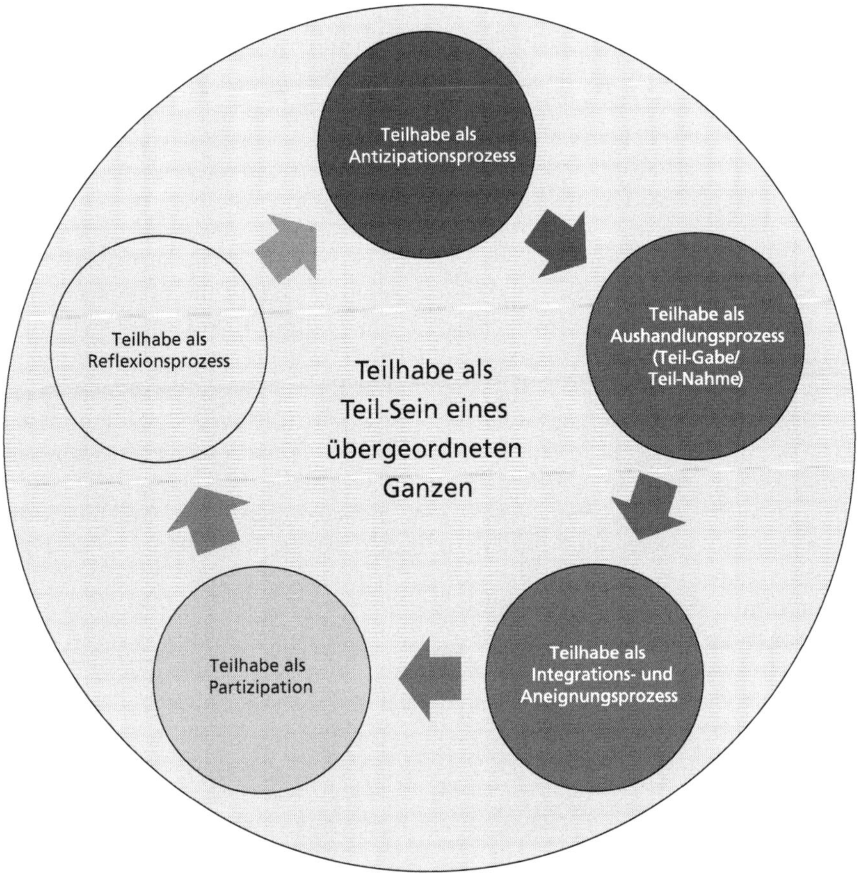

Abb. 3: Reflexionsmodell

Auf Basis der oben skizzierten Komplexität von Teilhabe lässt sich festhalten, dass Teilhabe auf mehreren Ebenen verortet ist. Zum einen umfasst sie den Zustand, der beschreibt, wie Individuen Teil eines übergeordneten Ganzen sind – also als integrierter Bestandteil eines übergeordneten sozialen, kulturellen oder kognitiven Zusammenhangs wahrgenommen und als zugehörig empfunden werden (Pfahl & Traue, 2024). Dieses Teil-Sein ist dabei nicht statisch, sondern variiert je nach Kontext, Erfahrungsdimension und Deutungsmustern. Vor dem Hintergrund der bisherigen Überlegungen liegt mit dem entwickelten Schaubild ein erstes Reflexionsmodell vor, das zur strukturierenden Auseinandersetzung mit dem Lernen und Lehren von Teilhabe herangezogen werden kann (▶ Abb. 3.). Als gedankliches und methodisches Rahmenwerk bietet es die Möglichkeit, Teilhabeprozesse aus unterschiedlichen Perspektiven zu analysieren und systematisch zu reflektieren.

Ziel ist es, sowohl Lernende als auch Lehrende darin zu unterstützen, zentrale Phasen in Teilhabeprozessen – etwa Teilhabe als Aushandlungsprozess – bewusster wahrzunehmen und ihre wechselseitigen Wirkungen zu erschließen. Das Schaubild kann dabei helfen, Erfahrungen und pädagogisches Handeln im Hinblick auf bestimmte Elemente im Teilhabezyklus kritisch zu hinterfragen und weiterzuentwickeln. Für das Lehren von Teilhabe eröffnet es die Möglichkeit, pädagogische Impulse gezielt auf Aspekte wie Gemeinschaft, Verantwortung, Regelverständnis und Eigeninitiative auszurichten. Damit leistet das Reflexionsmodell einen Beitrag dazu, Teilhabe nicht nur theoretisch zu verhandeln, sondern konkret im schulischen Alltag zu erschließen und aktiv gestaltbar zu machen.

Auf dem dargestellten Reflexionsmodell wird dieses Teil-Sein als schattierter Kreis dargestellt, um die unterschiedliche Qualität und Vielschichtigkeit dieses Teil-Seins zu verdeutlichen. Während dieser Ausgangszustand nicht unmittelbar durch Lehrpersonen gesteuert werden kann, bildet er dennoch die Grundlage für didaktische Überlegungen. Pädagogisch-didaktisch beeinflusst werden können hingegen die darauf aufbauenden Teilhabeprozesse, hier als Zyklus dargestellt, da die unterschiedlichen Phasen von Teilhabe – etwa Antizipation, Aushandlung, Integration, Anpassung, Partizipation und Reflexion – immer wieder ablaufen und gezielt berücksichtigt und in den Unterricht integriert werden können. Dies verdeutlich auch, dass pädagogisches Handeln nicht nur darauf abzielt, Teilhabe zu ermöglichen, sondern auch darauf, sie durch methodisch-didaktische Arrangements weiterzuentwickeln und zu vertiefen. Didaktisch-pädagogisch lassen sich so gegenwärtige und zukünftige Teilhabeprozess gestalten. Dies bedeutet, sich didaktisch nicht mehr nur am Status quo des Kindes als Lernausgangslage zu orientieren, in der Absicht, das Kind zu belehren, sondern sich pädagogisch auf die Gestaltung von Teilhabe als gemeinschaftlichen Prozess einzulassen. Dieser Perspektivwechsel ist zentral, wenn es darum geht, Bildung durch Teilhabe im Unterricht zu gestalten.

3 Bildung durch Teilhabe

Teilhabe ist kein Wert an sich, sondern erhält ihre Bedeutung erst durch normative Kriterien, anhand derer das Miteinander im Spannungsfeld von Individualisierung und Vergesellschaftung bewertet wird. In diesem Sinne wird Teilhabe zu Teil-Sein. Die Kriterien, auf die sich Akteure innerhalb des Schulsystems stützen, können benannt und kritisch reflektiert werden. Dieser Reflexionsprozess ist nach Müller und Pfrang (2021b) für die pädagogische Arbeit besonders bedeutsam, da Teilhabe immer auch als sozial-ethisches Handeln verstanden werden kann, dem man mit einem einfachen Für und Wider nicht gerecht wird. Bildung durch Teilhabe vollzieht sich unter unterschiedlichen Voraussetzungen auf individueller, institutioneller und kultureller Ebene. Entsprechend hat Teilhabe für die beteiligten Akteure verschiedene werthaltige Konnotationen und ist für diese mit unterschiedlichen, normativ geprägten Bedeutungszuschreibungen verbunden. In der Grundschule spielen hierbei sowohl die individuellen Kompetenzen, Interessen und die Motivation der Kinder als auch die Erwartungen eine Rolle, die vonseiten der Schule oder des sozialen Umfelds an sie herangetragen werden.

Diese unterschiedlichen Voraussetzungen prägen nicht nur die konkrete Ausgestaltung von Teilhabe, sondern beeinflussen auch deren subjektiven und sozialen Wert für die Beteiligten. In einer pluralen Gesellschaft – wie sie sich auch in der Heterogenität von Grundschulklassen widerspiegelt – ist es besonders wichtig, diese normativen Dimensionen von Teilhabe zu thematisieren und zu berücksichtigen. Fragen von Bildungsgerechtigkeit und Chancengleichheit, wie sie seit Jahrzehnten etwa von Bellmann und Merkens (2019), Dietrich et al. (2013), Faller (2019) oder Heid (1988) diskutiert werden, sind in diesem Zusammenhang zentral. Sie machen deutlich, dass Teilhabe als Erfahrung des Teil-Seins eines übergeordneten Ganzen nicht isoliert betrachtet werden kann, sondern stets im Kontext von Gerechtigkeitsfragen, kulturellen Bedingungen und den jeweiligen Lebensrealitäten der Lernenden steht.

3.1 Pädagogische Gestaltung von Teilhabe als didaktischer Prozess

Die inklusive Grundschuldidaktik steht damit vor der Herausforderung, Teilhabe nicht nur zu ermöglichen, sondern sie aktiv und kritisch zu gestalten. Dies zeigt sich exemplarisch in Debatten über den Schwimmunterricht für muslimische Mädchen oder mögliche Kopftuchverbote. Solche Spannungsfelder verdeutlichen, dass Teilhabe stets auch Konfliktpotenzial birgt. In einem weiten Verständnis von Inklusion (Löser & Werning, 2015) mit Bezug auf Artikel 24 der UN-Behindertenrechtskonvention (UN-BRK, 2008) bleibt bspw. das Spannungsverhältnis zwischen Gleichberechtigung und kultureller Differenz bestehen. Damit kann es in einer inklusiven Grundschuldidaktik, die auf Bildung durch Teilhabe ausgerichtet ist, auch nicht ausschließlich um konkrete Fragen nach individueller Förderung und deren Organisation gehen oder um die Ausgestaltung adaptiven Unterrichts. Vielmehr geht es um pädagogisch übergeordnete Überlegungen: Teilhabeprozesse sind systemisch in größere Gesamtzusammenhänge eingebettet, die praxeologisch als interaktive Aushandlungsprozesse verstanden werden können. Neben strukturellen Bedingungen sind dabei auch individuelle Dispositionen sowie geteilte Wertorientierungen zentral. Eine inklusive Grundschuldidaktik, die auf Teilhabe ausgerichtet ist, setzt sich pädagogisch mit der Frage auseinander, wie sich individuelle Identitäten in ein größeres Ganzes integrieren lassen, ohne Differenz zu nivellieren. Teilhabe im didaktischen Sinne kann nicht in standardisierte Kriterien übersetzt werden. Sie beschreibt ein dynamisches, kontextabhängiges Beziehungsgeschehen zwischen Lehrenden und Lernenden. Ziel ist es daher nicht, Indikatoren zu formulieren, sondern die Relationen sichtbar zu machen, in denen Bildung und Teilhabe miteinander verschränkt sind.

Bildung durch Teilhabe bedeutet, dass Lernende nicht lediglich an Unterrichtsprozessen beteiligt werden, sondern in sozialen Interaktionen Bedeutungen mitgestalten und dabei ihr Verständnis von sich und der Welt erweitern. Bildung vollzieht sich somit nicht außerhalb von Teilhabe, sondern in ihr – in der gemeinsamen Auseinandersetzung, im Dialog und in der Erfahrung von Unterschiedlichkeit. Didaktisches Handeln schafft in diesem Sinn nicht Lerngelegenheiten im engeren Sinne, sondern Bedingungen für Begegnung, Mitgestaltung und Verstehen. Hier bieten *Anerkennungstheoretische Ansätze* (Honneth, 1994) eine hilfreiche pädagogisch-didaktisch Perspektive, an die Stojanov (2013) in seiner Bildungsphilosophie anknüpft. Er benennt Erfahrungen von Liebe, Empathie, sozialer Wertschätzung und moralischem Respekt als zentrale Ausgangspunkte und Motivationen für Bildungsprozesse. Diese Anerkennungsformen umfassen sowohl affektive als auch kognitive Aspekte der Subjektivitätsentwicklung. Empathie konkretisiert Stojanov als die Fähigkeit, sich in die Wahrnehmungs- und Gefühlswelt anderer Menschen hineinzuversetzen und ihre Bedürfnisse nachzuvollziehen. Respekt hingegen versteht er als die Anerkennung des abstrakten Status aller Menschen, formell gleichgestellt zu sein und die gleichen Grundrechte zu besitzen. »Die übergreifende Norm des Respekts besteht darin, jeden Menschen als mit

Würde ausgestattet, d.h. mit den Fähigkeiten zur Selbstbeziehung und zum autonomen Handeln zu betrachten und zu behandeln und dabei von seinen spezifischen Persönlichkeitszügen zu abstrahieren« (Stojanov, 2013, S. 64). Anerkennungstheoretische Diskurse betonen, dass Heranwachsende nicht allein für das Gelingen oder Misslingen ihrer individuellen Teilhabe an Bildung verantwortlich sind, sondern dass diese pädagogisch und didaktisch im Unterricht begleitet werden. Erst wenn schulische Interaktionsstrukturen von Anerkennungsformen geprägt sind, werde eine Grundlage geschaffen, die es allen Schülerinnen und Schülern ermöglicht, ihre individuellen Grenzen zu überwinden und sich aktiv am Unterricht zu beteiligen.

Diese Perspektiven auf das Lernen von Teilhabe werden auch von anderen Autorinnen und Autoren indirekt diskutiert: So hebt z.B. Pfeiffer (2010, S. 164) hervor, dass Lernsettings Lernenden Chancen bieten können, sowohl ihre eigenen Gefühle als auch die emotionalen Eigenschaften anderer wahrzunehmen, Empathie und Rücksichtnahme zu üben, Verantwortung zu übernehmen, über Probleme und Lösungen zu sprechen, Leistungsbereitschaft zu entwickeln und eine konstruktive Fehlerkultur zu fördern. Winkel (1992) unterstreicht die Bedeutung einer kommunikativen Didaktik, die Lehr-Lernprozesse als soziale Prozesse begreift und allen Lernenden die Möglichkeit gibt, eigenverantwortlich und kooperativ mit Lerninhalten umzugehen. Pfrang (2019) ergänzt, dass eine vertrauensvolle Lernatmosphäre essenziell ist, damit Schülerinnen und Schüler ihre Meinungen äußern, gemeinsam reflektieren und in Diskussionen einbringen können. In einer Untersuchung können Pfrang und Müller darlegen,

> »dass es grundlegend für die Planung teilhabeorientierter Lernsettings zu sein [scheint], dass nicht nur der Erwerb kognitiver Kompetenzen didaktisch fokussiert wird, sondern auch mögliche gerechtigkeitstheoretische Dilemmata-Situationen auf der inter- und intraindividuellen Ebene in die Planung und Durchführung der Gruppenarbeiten didaktisch mit eingebunden werden. Entsprechend ist auch der Erwerb soziomoralischer Kompetenzen unter Berücksichtigung von emotionalen Kompetenzen und affektiver Lernbereiche didaktisch zu planen« (Pfrang & Müller, 2021, S. 208).

Wie unter dem Punkt Teilhabe Lernen erläutert, kann Teilhabe Lernen über Reflexion gefördert werden. Hierfür benötigen Lehrkräfte aber auch entsprechende (fach-)didaktische, soziale und persönliche Kompetenzen. Das aufgeführte Schaubild (▶ Abb. 3). könnte entsprechend als Reflexionsmodell für Bildung durch Teilhabe im Unterricht dienen. Das Schaubild bietet die Möglichkeit, sich bewusst mit den einzelnen Teilaspekten von Teilhabe im Unterricht auseinanderzusetzen. Es basiert auf einem komplexen Verständnis von Teilhabe, das Teilhabe als ein Teil-Sein Werden versteht. Dies beruht auf einem Interaktionsprozess, der nicht nur die Lernenden als Individuen miteinschließt, sondern auch sämtliche umgebende Systeme, mit denen das Individuum in Kontakt ist, wie bspw. die Lerngruppe, die Herkunftsfamilie oder das Schulsystem.

Zur Reflexion kann ein visualisiertes Modell von Teilhabeprozessen beitragen, welches Teil-Sein als Ausgangspunkt und Teil-Gabe sowie Teil-Nahme als Phasen eines zyklischen Prozesses begreift. Lehrkräfte können damit reflektieren:

- Wie gestalte ich einen Unterricht, der sowohl Teil-Gabe (aktive Beiträge der Schülerinnen und Schüler) als auch Teil-Nahme (Integration in bestehende Strukturen) fördert?
- Welche Erwartungen habe ich an die Teilhabe der Schülerinnen und Schüler und wie kommuniziere ich diese?
- Wie ermögliche ich eine Balance zwischen individuellen Bedürfnissen und den Anforderungen der Gemeinschaft?

Lehrpersonen können durch das Reflexionsmodell auch ihre eigene Teil-Gabe (z. B. ihre didaktischen Entscheidungen, ihre fachlichen Impulse) und Teil-Nahme (z. B. ihre Anpassung an die Schulstrukturen oder an die Dynamik der Klasse) analysieren. So wird deutlich, dass Teilhabe kein einseitiger Prozess ist, sondern von allen Beteiligten aktiv gestaltet wird. Für Schülerinnen und Schüler eröffnet das Reflexionsmodell die Möglichkeit, ihre Rolle und ihr Handeln im Unterricht bewusst wahrzunehmen. Sie können reflektieren, wie sie sich in die Gemeinschaft der Klasse einbringen (Teil-Gabe) und welche Regeln und Strukturen sie aufnehmen und akzeptieren, um Teil der Gemeinschaft zu sein (Teil-Nahme). Fragen wie diese können dabei helfen:

- Was habe ich zur Klasse oder zur Gruppenarbeit beigetragen?
- Wie habe ich von der Gemeinschaft profitiert und was habe ich daraus gelernt?
- Wie haben meine Erwartungen und meine Rolle den Prozess beeinflusst?

Das Ziel des Modells ist es, Teilhabe als wechselseitigen und dynamischen Prozess bewusst zu machen und zu gestalten. Indem alle Beteiligten über ihre Rolle, Erwartungen und Handlungen nachdenken, wird eine inklusive, demokratische Unterrichtskultur gefördert, die sowohl individuelle Entwicklung als auch gemeinsames Lernen ermöglicht.

3.2 Didaktische Reflexionen zu Bildung durch Teilhabe

Ausgehend von den grundlegenden Überlegungen zum Lernen von Teilhabe wird das didaktische Modell Klafkis (2007) aufgegriffen, um es im Hinblick auf das Lernen von Teilhabe neu zu interpretieren und damit zur Weiterentwicklung der Grundschuldidaktik beizutragen. Die bildungstheoretische Tradition bildet in diesem Kontext einen geeigneten Ausgangspunkt, um zentrale Fragen von Unterricht in der Grundschule systematisch zu erschließen und weiterzudenken. Klafkis Ansatz bietet eine fundierte Grundlage, um die Herausforderungen einer inklusiven Grundschuldidaktik, die auf Bildung durch Teilhabe ausgerichtet ist, zu reflektieren. In Anlehnung an klassische Bildungstheorien (etwa W. v. Humboldt) formuliert Klafki drei Bildungsziele, die auf Teilhabe in einer demokratischen Gesellschaft ausgerichtet sind: Selbstbestimmungsfähigkeit, Mitbestimmungsfähigkeit und Solidaritätsfähigkeit (Klafki, 2007, S. 52). Diese Ziele werden auf der Basis dreier zentraler Prinzipien verfolgt: (1) Allgemeinbildung im Sinne von Bildung für alle, (2) Bildung im Medium des Allgemeinen sowie (3) eine allseitige Bildung, verstanden als Bildung in allen Grunddimensionen menschlicher Interessen und Fähigkeiten (ebd., S. 53 f.). Letztere zielt auf das Grundrecht auf freie Entfaltung der Persönlichkeit. Diese Zielperspektiven werden in ein didaktisches Perspektivschema überführt, das als Grundlage für die konkrete Unterrichtsplanung dient. Ausgangspunkt ist eine Bedingungsanalyse, die die sozio-kulturellen Ausgangsbedingungen der Lerngruppe, der Lehrperson(en) sowie der institutionellen Rahmenbedingungen berücksichtigt – einschließlich möglicher Schwierigkeiten und Störungen (Klafki, 2007, S. 272). Darauf aufbauend folgt die konkrete Unterrichtsplanung und -analyse, bestehend aus der Begründung der Lerninhalte (Begründungszusammenhang: Gegenwarts- und vermutete Zukunftsbedeutung, exemplarische Bedeutung), deren thematischer Strukturierung (Lernziele und deren Überprüfbarkeit), der Bestimmung von Zugangs- und Darstellungsmöglichkeiten sowie der methodischen Strukturierung (ebd., S. 272 ff.).

Zwar behandelt Klafki die Frage der methodischen Strukturierung nur knapp (ebd., S. 283 f.), verweist aber an anderer Stelle auf ein differenziertes Modell der Binnendifferenzierung und begründet dessen Relevanz (Klafki & Stöcker, 2007). Im Spannungsfeld von Kind-, Wissenschafts- und Gesellschaftsorientierung kommt der Auswahl und Bestimmung von Lerninhalten im Grundschulunterricht besondere Bedeutung zu. Bereits 1958 formulierte Klafki in seiner Konzeption der »Didaktischen Analyse als Kern der Unterrichtsvorbereitung« zentrale Kriterien für die Auswahl von Lerninhalten: Gegenwarts- und Zukunftsbedeutung, exemplarische Bedeutung, thematische Struktur, Erweisbarkeit und Überprüfbarkeit, sowie Zugänglichkeit bzw. Darstellbarkeit. Diese Kriterien wurden von Duncker (2007, S. 140 ff.) im Sinne einer »freien Interpretation« für den Grundschulunterricht angepasst. Vor diesem Hintergrund gilt es zu prüfen, inwiefern Klafkis Überlegungen den Anforderungen einer inklusiven Didaktik, die auf Teilhabe ausgerichtet ist, gerecht werden – und welche Adaptionen erforderlich sind, um diesem Anspruch gerecht zu werden.

Gegenwarts- und Zukunftsbedeutung

Die Auswahl von Unterrichtsinhalten im Hinblick auf ihre Gegenwartsbedeutung erfordert die Berücksichtigung der Lebenswelt und Alltagserfahrungen der Schülerinnen und Schüler. Ein Verständnis dieser Lebenswelt und der darin gemachten Erfahrungen ist Grundlage dafür, dass Unterricht zur reflexiven Auseinandersetzung mit eben dieser beitragen kann. Es geht um Erfahrungen, die die Kinder emotional betreffen, also ihre Interessen, Fragen, aber auch Sorgen und Nöte. Im Alltag begegnen Kinder immer wieder Phänomenen, die ihre Aufmerksamkeit besonders erregen und mit denen sie sich deshalb befassen. Im Sinne eines pädagogisch-phänomenologischen Lernverständnisses, das dem Konzept des Lernens von Teilhabe zugrunde liegt, ist hervorzuheben, dass Kinder ihre Lebenswelt nicht nur passiv wahrnehmen, sondern aktiv mit ihr interagieren. In diesem Wechselspiel zwischen individueller Erfahrung und gemeinschaftlicher Aushandlung entfaltet sich Teilhabe als ein dynamischer Prozess. Für den Unterricht bedeutet dies, dass nicht nur lebensweltlich naheliegende Phänomene zu Themen werden, sondern auch solche, die neue Perspektiven eröffnen und kollektive Aushandlungsprozesse initiieren. Dabei können nicht alle aufmerksamkeitserregenden Erlebnisse automatisch schulische Relevanz erlangen. Vielmehr ist entscheidend, ob sie sich als lohnende Bildungsanlässe erweisen. In bildungstheoretischer Tradition wird hier vom »Bildungswert der Sache« gesprochen (Duncker, 2007, S. 141). Darüber hinaus hat Grundschulunterricht auch die Aufgabe, Kinder gezielt mit unbekannten Phänomenen zu konfrontieren, um Neugier zu wecken und vertiefte Auseinandersetzung anzuregen. Dies kann neue Fragehorizonte eröffnen.

Die Gegenwartsbedeutung verweist einerseits darauf, dass die Interessen der Kinder nicht übergangen werden dürfen. Andererseits verlangt schulischer Unterricht, dass Schülerinnen und Schüler lernen, ihre eigenen Belange zugunsten gemeinschaftlicher Prozesse mitunter zurückzustellen. Diese Dialektik verdeutlicht die interaktive Natur von Teilhabe: Sie erfordert individuelle Ausdrucksmöglichkeiten ebenso wie die Fähigkeit zur Integration. Kinder brauchen Räume, in denen sie lernen, ihre eigene Perspektive einzubringen, aber auch andere Sichtweisen zu reflektieren und mit ihnen in einen Dialog zu treten. Duncker (ebd., S. 141 f.) expliziert entsprechend, dass didaktische Überlegungen im Kontext der Gegenwartsorientierung erstens an soziologische (z. B. Büchner, 1994), ethnografische (z. B. Muchow & Muchow, 2012) und andere sozialwissenschaftliche Studien (z. B. Heinzel et al., 2012) zur Lebenswelt von Kindern zurückgebunden werden und zweitens an Studien einer kulturanthropologisch orientierten Kindheitsforschung (z. B. Zacharias, 1999; Duncker et al., 2004), die ihren Fokus auf Wahrnehmungen und Deutungen der Lebenswelt aus Kinderperspektive richten. Für eine inklusive Grundschuldidaktik, die auf Bildung durch Teilhabe ausgerichtet ist, bedeutet dies, Teilhabeprozesse nicht nur theoretisch zu reflektieren, sondern auch ihre situative Dynamik differenziert zu erfassen und zu analysieren. Erwartungen, Erfahrungen und Anpassungen der Kinder sind nicht statisch, sondern unterliegen ständigen Veränderungen – und genau hier liegt das Potenzial einer didaktischen Konzeption, die Aushandlungsprozesse aktiv einbindet.

Insbesondere bei der Auswahl und Bestimmung der Lerninhalte und Themen sind die Prinzipien der *Gegenwartsbedeutung* und der *Zukunftsbedeutung* gleichermaßen (Klafki, 2007, S. 270 ff.) zu berücksichtigen. Wird Unterricht ausschließlich an gegenwärtigen Interessen ausgerichtet, besteht die Gefahr, dass er zum bloßen Zeitvertreib verkommt (Duncker, 2007, S. 141 f.). Der Bildungsauftrag umfasst auch, Kinder auf eine ungewisse Zukunft vorzubereiten. Teilhabe darf nicht nur als momentane Partizipation verstanden werden, sondern auch als vorausschauender Prozess, der auf zukünftige Herausforderungen vorbereitet. Die Fähigkeit, sich auf neue soziale und gesellschaftliche Kontexte einzulassen, erfordert nicht nur Wissen, sondern auch die Kompetenz zur Reflexion und zur aktiven Mitgestaltung – ein Aspekt, der in der Unterrichtsgestaltung gezielt gefördert werden kann.

Nach Girmes (1997) kann eine gehaltvolle Interpretation des Zukunftsbezugs der Inhalte bzw. Themen in der Bestimmung von Aufgaben liegen. – Aufgaben, deren Bearbeitung gesellschaftliche Weiterentwicklung ermöglicht (Duncker, 2007, S. 143). Teilhabe als Lernprozess reicht über den schulischen Alltag hinaus und zielt auf die aktive Mitgestaltung gesellschaftlicher Verhältnisse. Langeveld (1960, S. 53) hebt hervor, dass Aufgaben nicht aus dem Willen der Lehrkraft entstehen, sondern aus den Erfordernissen des Lernens selbst. Unterrichtsinhalte bauen somit Brücken zwischen kindlicher Lebenswelt und gesellschaftlichen Anforderungen. Dieser Gedanke ist zentral für das Verständnis von Teilhabe als dynamischem Prozess: Die Herausforderung liegt nicht nur darin, Kinder an aktuellen Fragen zu beteiligen, sondern sie auch auf zukünftige Anforderungen vorzubereiten. Dies erfordert ein didaktisches Konzept, das sowohl individuelle Interessen berücksichtigt als auch den Blick für größere gesellschaftliche Zusammenhänge öffnet. Langeveld (1960, S. 53) beschreibt das Spannungsfeld zwischen Gegenwarts- und Zukunftsbedeutung besonders deutlich, indem er darauf verweist, dass die Auswahl von Unterrichtsinhalten sowohl mit den gegenwärtigen Interessen und Ausdrucksformen der Kinder in Beziehung steht als auch zukünftige Anforderungen und den damit verbundenen Kompetenzbedarf einbezieht. Auf den Zukunftsbezug weist auch das von Langeveld genannte Leistungsprinzip hin, welches aus dem Anspruch der Sache und den vom Leben gestellten Anforderungen abgeleitet wird und nicht aus persönlichen Ambitionen von Lehrerinnen und Lehrern oder schulischen Vorgaben zur Leistungsermittlung.

In seinen didaktischen Überlegungen konkretisiert Klafki diese Anforderungen. Dabei differenziert er in seinen »Neuen Studien zur Bildungstheorie und Didaktik« (2007, S. 42 ff.) unterschiedliche inhaltliche Bereiche, die sich an der Bearbeitung »epochaltypischer Schlüsselprobleme« (z. B. Friedensfrage, Umweltfrage oder die gesellschaftlich produzierte Ungleichheit) als Kernaufgaben von Bildung ausrichten. Damit versucht er, der Forderung zu entsprechen, Schülerinnen und Schüler auf eine offene, unbekannte Zukunft vorzubereiten, die die Fähigkeit erfordert, Probleme zu lösen bzw. sich mit Problemlösungen auseinanderzusetzen. Hier zeigt sich ein weiteres didaktisches Spannungsfeld: Sicherlich stellen die epochaltypischen Schlüsselprobleme eine Möglichkeit dar, um Themen und Inhalte für den Unterricht zu gewinnen. Insbesondere für den Grundschulunterricht besteht aber einerseits die Herausforderung, dass es sich um »Probleme« handelt, deren Lösung vielmehr Aufgabe der Erwachsenen ist und gerade den jungen Kindern weder zugemutet noch an sie delegiert werden darf. Andererseits dürfen diese »Probleme« aus dem Unterricht nicht ausgeklammert werden. Hänsel und andere (1997) verdeutlichen anhand von Überlegungen zum Projektunterricht Möglichkeiten, wie eine grundschulspezifische Auslegung aussehen kann, deren Bearbeitung die jungen Schülerinnen und Schüler nicht überfordert und sich trotzdem an der Bewältigung gesellschaftlicher Problemfelder orientiert.

> »Dass dabei auch die Zukunftsbedeutung ein Korrektiv zur Gegenwartsbedeutung haben muss, ist in der angesprochenen Dialektik bereits enthalten. Zukunftsbezug ohne Anbindung an die Gegenwart kann zu einer abstrakten Belehrung verkommen, zu einem Oktroy, der weder geeignet ist, Motivation und Interesse für das Neue zu wecken noch Mut

> zu machen für den Aufbruch in den offenen Horizont und die Vorbereitung zur Übernahme und Verantwortung« (Duncker, 2007, S. 144).

Die Analyse der Gegenwarts- und Zukunftsbedeutung von Lerninhalten ist damit auch für eine inklusive Grundschuldidaktik, die auf Bildung durch Teilhabe ausgerichtet ist, zentral. Unterricht, der an kindliche Erfahrungen anknüpft und diese mit Zukunftsperspektiven verknüpft, fördert Teilhabe, Reflexion und Aushandlung – Schlüsselaspekte zur aktiven Gestaltung gesellschaftlicher Prozesse im Jetzt und in der Zukunft.

Exemplarische Bedeutung und Anschaulichkeit

Klafki (2007, S. 275) betont, dass die Auswahl von Themen und Inhalten nicht ausschließlich durch ihre Gegenwarts- und Zukunftsbedeutung didaktisch gerechtfertigt werden darf, sondern auch ihre exemplarische Bedeutung zu berücksichtigen ist. Ein Thema sollte daraufhin geprüft werden, ob sich daran allgemeine Zusammenhänge, Gesetzmäßigkeiten oder Strukturen erarbeiten lassen. Diese Perspektive ist auch aus teilhabedidaktischer Sicht relevant, da sie Lernen als Prozess versteht, in dem individuelles Wissen in einen größeren Zusammenhang eingeordnet wird. Teilhabe zeigt sich hier als Wechselspiel zwischen individueller Erfahrung und kollektivem Verständnis: Schülerinnen und Schüler bringen ihre Perspektiven ein, erweitern diese im Dialog mit anderen und entwickeln ein differenziertes Weltbild. Inhalte stehen somit nicht isoliert, sondern repräsentieren übergeordnete Zusammenhänge. Phänomene werden nicht ausschließlich in ihrer individuellen Eigenschaft thematisiert. Vielmehr wird an ihnen stellvertretend für ähnliche Fälle das Typische bzw. Übertragbare aufgezeigt (Duncker, 2007, S. 150). Besonders für eine inklusive Grundschuldidaktik, die auf Bildung durch Teilhabe ausgerichtet ist, ist es bedeutsam, Inhalte im gesellschaftlichen Kontext zu verorten. Dies fördert kognitive Transferleistungen und systemisches Denken: Schülerinnen und Schüler lernen, eigene Sichtweisen mit anderen zu vergleichen, Unterschiede und Gemeinsamkeiten zu erkennen und neue Deutungsmuster zu entwickeln.

In Wissensgesellschaften unterliegt Wissen einem ständigen Wandel (Leidhold, 2001), was eine ständige Neuformierung von Bildungsprozessen notwendig macht. Bildung durch Teilhabe ist kein statischer Prozess, sondern ein aktiver Akt der Sinnkonstruktion. Lernende nehmen Wissen nicht nur auf, sondern hinterfragen es kritisch, verknüpfen es mit eigenen Erfahrungen und entwickeln es im Austausch weiter. Daraus resultiert ein dynamischer Bildungsbegriff, der insbesondere im inklusiven Unterricht systemisches Lernen begünstigt. Im schulischen Kontext stellt sich die Frage, welche Inhalte innerhalb eines Curriculums als repräsentativ gelten, auch im Hinblick auf das Selbstverständnis einer Gesellschaft. Ein exemplarischer Kanon ist somit auch Ausdruck dessen, was die ältere der nachfolgenden Generation vermitteln will (Duncker, 2007, S. 151). Exemplarität schützt zudem vor einer unreflektierten Akkumulation von Wissen, da sie eine vertiefte Auseinandersetzung und Transferdenken fördert. Somit wird Exemplarität zu einem Grundprinzip dynamischer Teilhabeprozesse.

Das *Prinzip der Anschaulichkeit* ist ein für die Didaktik des exemplarischen Lehrens und Lernens wichtiger Gesichtspunkt, der darauf verweist, dass die Auseinandersetzung der Schülerinnen und Schüler mit der Wirklichkeit und die Aneignung von strukturellen kategorialen Einsichten oder Erfahrungen in unterschiedlichen aufeinander aufbauenden Grundformen, erfolgt. Nach Klafki (2007, S. 156) werden damit Fragen angesprochen, die »in der älteren Problemgeschichte des exemplarischen Lehrens und Lernens bzw. der Erörterung um das didaktische Prinzip des Elementaren unter dem Titel »Anschauung und Begriff« erörtert worden ist«. Aus teilhabetheoretischer Perspektive ist die Anschaulichkeit ein zentrales Prinzip, da sie einen gemeinsamen Referenzpunkt für Lernprozesse schafft. Individuelle Wahrnehmungen und Erfahrungen der Schülerinnen und Schüler werden mit kollektiven Aushandlungsprozessen verknüpft, wodurch sich Teilhabe als dynamisches Wechselspiel zwischen persönlicher Erfahrung und gemeinschaftlicher Reflexion entfaltet. Gerade durch die Anschaulichkeit können Lernende aktiv in den Unterricht einbezogen werden, indem sie ihre eigenen Erfahrungen mit einbringen und im Austausch mit anderen Perspektiven erweitern. Auch reformpädagogische Konzeptionen (wie z. B. von Montessori, 1922) verweisen darauf, dass die Auswahl und Behandlung von Lerngegenständen auf Anschaulichkeit fußen, die sowohl die Motivation der Schülerinnen und Schüler zu Beginn eines Lernprozesses wecken als auch als Ziel und Ergebnis unterrichtlicher Bemühungen dienen. Durch die Berücksichtigung des Prinzips der Anschaulichkeit werden die Sinne der Kinder direkt angesprochen, wodurch ein direkter Zugang zu diesen ermöglicht wird.

Jedoch geht es in teilhabeorientierten Lernprozessen nicht nur um die individuelle Sinneswahrnehmung, sondern auch um die Möglichkeit, Wahrgenommenes mit anderen zu teilen, zu diskutieren und gemeinsam zu reflektieren. Die Motivation der Lernenden erwächst dabei aus dem Zusammenspiel von individueller Erfahrung und gemeinschaftlichem Austausch. Erst durch diese sozialen Aushandlungsprozesse kann Anschaulichkeit in eine nachhaltige Wissensbildung überführt werden. Während Partizipation auf die Einbeziehung von Lernenden in Entscheidungen und Prozesse zielt, geht Teilhabe über dieses Moment hinaus. Teilhabe beschreibt die gemeinsame Sinnbildung in einem relationalen Feld: Sie entsteht dort, wo Lernende in Interaktion mit anderen Perspektiven verändern, Bedeutungen aushandeln und sich als handlungsfähig erleben. Bildung durch Teilhabe meint somit den Prozess, in dem diese Erfahrungen zu einer Erweiterung des Selbst- und Weltverständnisses führen. Dies lässt sich mit in Dunckers kritischen Erläuterungen zu den Chancen und Risiken vertiefen, die mit dem Anspruch auf Anschaulichkeit verbunden sein können:

> »Die Chance, Lernen anschaulich an die Phänomene anzubinden, von ihnen auszugehen und sie in ihren für die Sinne greifbaren Erscheinungsformen zu erschließen, öffnet zwar Neugier und Interesse und stößt eine Beschäftigung mit den Dingen an, kann aber gleichzeitig den Irrtum auslösen, als wäre das, was mit den Sinnen fassbar ist, immer schon das Wesentliche. Sie erliegt dem Irrtum, als könne es eine reine, unverstellte Darstellung geben, die uns die Welt so präsentiert, wie sie ist. Ideologisch werden solch naive Rekonstruktionen dann, wenn sie vorgeben, den erfassten Ausschnitt der Realität zur Realität selbst zu erklären und die spezifischen Auswahlvorgänge und Reduktionen auszublenden. Solche Reduktionen sind beispielsweise darin zu finden, dass Gegenstände, die aufgrund

ihrer Anschaulichkeit ausgewählt werden, häufig die Tendenz in sich bergen das Nahe und bereits Vertraute zu zeigen« (Duncker, 2007, S. 147).

Das Sichtbare ist nicht immer das Wesentliche. Entsprechend bestätigt Anschaulichkeit nicht nur das bereits Vertraute, sondern regt die Lernenden zur Reflexion und zu neuen Perspektiven an. Im Grundschulunterricht ist es wesentlich, Inhalte sinnlich erfahrbar zu machen, wobei die Aneignung durch praktischen Umgang unterstützt wird. Sprache und Begriffe strukturieren Wahrnehmung (Duncker, 2020), was Teilhabe als interaktiven Prozess kennzeichnet. Hier zeigt sich ein wesentliches Merkmal teilhabeorientierten Lernens: Es entsteht in einem Wechselspiel aus konkreter Erfahrung und konzeptueller Abstraktion. Lernende nehmen nicht nur Teil, indem sie etwas tun, sondern auch, indem sie ihre Erfahrungen sprachlich und begrifflich reflektieren und in den Austausch mit anderen treten. Dabei darf nicht unberücksichtigt bleiben, dass bereits erworbene Begriffe die Wahrnehmung der Wirklichkeit beeinflussen. Nach Duncker (2020) ist Unterricht durch die Dialektik von Anschauung und Begriff geprägt, wobei Anschauungen einerseits zu Begriffen weiterentwickelt werden können und andererseits Begriffe ihrerseits Anschauungen hervorbringen. Teilhabe wird hier zu einem iterativen, interaktiven Prozess: Lernende sind nicht nur passive Rezipienten von Anschauungsmaterial, sondern gestalten aktiv mit, indem sie sich in kommunikativen und kognitiven Austauschprozessen auf die Bedeutungen verständigen, die sie bestimmten Phänomenen zuweisen. Wenn es gerade im Grundschulunterricht darum geht, große Themen für Kinder so aufzubereiten, dass sie für diese greifbar werden, erhält das Prinzip der Anschaulichkeit seine Bedeutung. Konkret geht es darum, die Komplexität bestimmter Inhalte so zu reduzieren, »dass an eindrücklichen Beispielen eine Vorstellung davon entstehen kann, wie Fragen des Alltags aufgegriffen, bearbeitet und beantwortet werden können und wie solche Schritte einen konkreten Beitrag zur Lösung allgemeiner und übergreifender Probleme leisten können. Daraus erwächst ein wichtiger Sinnzusammenhang des Lernens« (Duncker, 2007, S. 149).

Mit Blick auf eine inklusive Grundschuldidaktik, die auf Bildung durch Teilhabe ausgerichtet ist, ist hier aber zu berücksichtigen, dass Lernen sich nicht nur an Beispielen orientiert, sondern auch Raum für Aushandlungsprozesse über deren Bedeutung und Relevanz bietet. So kann Lernen als aktiver, interaktiver Prozess entstehen, in dem sich individuelles Verstehen und gemeinschaftliches Sinnstiften wechselseitig verstärken. In diesem Kontext ist auch zu beachten, dass Anschaulichkeit Zugänge zur eigenen Erfahrung erschließt. Lernen beginnt somit mit der sinnlichen Erfahrung, welche durch die Bekanntheit der Dinge für uns charakterisiert ist (Aristoteles, 1989, S. 22) und impliziert somit einen konkret-sinnlichen Bezug. Man gewinnt sie in der direkten Begegnung mit Dingen und Mitmenschen und hat an ihnen bzw. durch sie auf angenehme oder schmerzhafte Weise gelernt (Meyer-Drawe, 2019, S. 206). Dies unterstreicht, dass Teilhabe nicht nur kognitiv, sondern auch emotional und körperlich verankert ist. Für eine inklusive Grundschuldidaktik, die auf Bildung durch Teilhabe ausgerichtet ist, lässt sich daraus ableiten, dass sinnliche Erfahrungen als subjektiv verstanden werden und ihr Übergang in ein geteiltes Verstehen über kommunikative Prozesse erfolgt. Dies verweist auf den engen, wechselseitigen Bezug vom Prinzip der Anschaulichkeit und der eigenen Erfahrung im Kontext von Lernprozessen. Somit wird auch deutlich, dass die Anschaulichkeit immer auch von der individuellen Wahrnehmung abhängig ist. Das heißt, Gegenstände können nicht per se zur Anschauung gebracht werden, sondern immer nur in Ausschnitten, die wiederum von den Perspektiven der jeweiligen Betrachterinnen und Betrachter abhängig sind.

Teilhabe ist eine dynamische, interaktive Praxis: Wahrnehmung ist niemals neutral, sondern wird durch Vorerfahrungen, soziale Kontexte und kommunikative Prozesse geprägt. In einem inklusiven, Unterricht, der auf Bildung durch Teilhabe ausgerichtet ist, geht es daher nicht nur um das Bereitstellen von Anschauungsmaterial, sondern um die gemeinsame Reflexion darüber, was gesehen, verstanden und interpretiert wird. Entsprechend betont Kahlert (1997), dass im Unterricht nie eine Ganzheit präsentiert werden kann, sondern eben immer nur Ausschnitte oder einzelne Aspekte.

> »Im Grundschulunterricht bleibt es wichtig, die Suche nach neuen Erkenntnissen auf eine Weise anzuregen, die eine Selbstständigkeit im Lernen ermöglicht und unterstützt. Die eigentätige Rekonstruktion von Bedeutungszusammenhängen versetzt die Kinder in die Rolle des Erkunders, Forschers und Entdeckers. [...] Eigentätiges Lernen bedarf anschaulicher Zugänge zu den Lerngegenständen. Das Betrachten und In-die-Hand-nehmen-Können erleichtern die Beschäftigung und Auseinandersetzung sehr. Ein handelnder Umgang mit den Dingen bietet eine geeignete Grundlage für die Ausbildung abstrakter Vorgänge und Begriffe als ein auf Sprache und Worte reduzierter Zugang zu den Dingen« (Duncker, 2007, S. 149f.).

Entsprechend ist Anschaulichkeit in einer inklusiven Grundschuldidaktik, die auf Bildung durch Teilhabe ausgerichtet ist, nicht nur kognitiv zu fassen, sondern emotional, sozial und leiblich verankert. Lernprozesse müssen individuelle Wahrnehmung berücksichtigen und zugleich gemeinschaftlich reflektierbar machen. Teilhabe entsteht dort, wo Anschauliches nicht nur wahrgenommen, sondern gemeinsam interpretiert, verhandelt und weiterentwickelt wird.

Thematische Strukturierung

Klafki (2007, S. 118) betont, dass ein Inhalt bzw. ein Gegenstand erst dann zu einem Unterrichtsthema wird, wenn er unter einer pädagogischen Zielvorstellung oder einer als relevant erachteten Fragestellung für den Unterricht ausgewählt wird. Der Begriff »Thema« verbindet dabei die Ziel- und Inhaltsentscheidungsebene und entspricht damit dem Terminus »Bildungsinhalt« der geisteswissenschaftlichen Didaktik (Klafki, 2007, S. 119). Aus teilhabetheoretischer Perspektive ist dies besonders bedeutsam: Teilhabe wird nicht allein durch das Bereitstellen von Inhalten ermöglicht, sondern durch deren gezielte Auswahl und Gestaltung im Dialog mit den Lernenden. Teilhabe erfordert ein dynamisches Wechselspiel zwischen individuellen Interessen der Schülerinnen und Schüler und gesellschaftlich relevanten Bildungszielen. Pädagogische Zielsetzungen sind immer mit der Bedeutung von Inhalten für die Lernenden und deren Interessen zu begründen. Inhalte erhalten erst dann Relevanz, wenn sie unter bestimmten Fragestellungen in Bezug zu den Lernenden gesetzt werden oder wenn diese selbst Themenvorschläge formulieren.

Teilhabe ist somit kein statischer Zustand, sondern ein Aushandlungsprozess, der eine offene Unterrichtsgestaltung erfordert, in der Kinder aktiv an der Auswahl und Strukturierung von Lerninhalten beteiligt sind. Klafki führt hierzu aus:

> »Sofern man die Frage nach dem Gesichtspunkt bzw. den Gesichtspunkten, unter dem bzw. denen ein ›Inhalt‹ für Lernende als bedeutsam angesehen oder von den Lernenden selbst als bedeutsam eingeschätzt wird, als ›methodische Leitfrage‹ bezeichnet [...], kann man von der ›themenbestimmenden‹ bzw. ›themenkonstituierenden Funktion der Methode‹ bzw. der ›themenkonstituierenden Funktion der methodischen Leitfrage‹ sprechen; dann muß allerdings nachdrücklich betont werden, daß der Begriff ›Methode‹ hier nicht identisch ist mit dem Terminus ›Unterrichtsmethode‹« (Klafki, 2007, S. 119).

Mit Blick auf eine inklusive Grundschuldidaktik, die auf Bildung durch Teilhabe ausgerichtet ist, rücken dabei die äußeren und inneren Strukturen eines Gegenstandes (Themas) in den Fokus. Die *äußeren Strukturen* eines Lerngegenstands betreffen die Kontexte und Zusammenhänge, in die ein Gegenstand eingebettet ist – sei es fachlich, organisatorisch oder sozial. Sie haben einen entscheidenden Einfluss darauf, wie der Gegenstand wahrgenommen, gefunden und aufgenommen werden kann. Der Lerngegenstand tritt selten isoliert und als einzelnes Element in Erscheinung; er existiert in einem Umfeld, das seine Bedeutung beeinflusst. Die Einbettung von Lerngegenständen in größere Zusammenhänge ist ein wesentlicher Aspekt einer inklusiven Grundschuldidaktik, die auf Bildung durch Teilhabe ausgerichtet ist. Wissen wird nicht isoliert erworben, sondern in kommunikativen und kooperativen Prozessen vernetzt. Dies erfordert didaktische Ansätze, die nicht nur individuelle Lernprozesse berücksichtigen, sondern auch die gemeinschaftliche Aushandlung und den sozialen Austausch in den Mittelpunkt stellen. Die Kontexte, in denen der Gegenstand sich befindet, verknüpfen ihn mit anderen Elementen und vernetzen ihn mit Strukturen, die sowohl inhaltlicher Natur sind als auch durch die spezifische Gestaltung und Organisation von Lernprozessen bedingt sein können (Duncker, 2007, S. 145). Die Lerngegenstände sind in einer fachlichen Struktur verankert, die sich beispielsweise in den Wissenschaften oder den Schulfächern widerspiegelt. Mit Blick auf Teilhabe bedeutet dies, dass sich die Strukturierung von Lerninhalten jedoch nicht nur an fachlichen Ordnungen orientiert, sondern auch an der Frage, wie diese Inhalte für unterschiedliche Lernende zugänglich gemacht und in interaktive Lernprozesse eingebunden werden können. Dies erfordert eine Balance zwischen fachlicher Systematik und didaktischer Flexibilität.

Da im Grundschulalter die Art und Weise, wie Wissen erworben wird, besonders zu berücksichtigen ist und Offenheit gegenüber den Fragen, Interessen und Erfahrungen der Kinder gefordert wird (Klektau, 2018; Krapp, 1998; Hartinger, 1997), haben die Fächer in der Grundschule im Vergleich zur Sekundarstufe deutlich offenere Strukturen. Diese Offenheit ermöglicht es, Teilhabe nicht nur als Rezeption von Wissen zu gestalten, sondern als aktiven Prozess der Mitgestaltung und Aushandlung von Lerninhalten. Dies unterstützt insbesondere inklusive Lehr-Lern-Prozesse, in denen verschiedene Perspektiven und Erfahrungen integriert werden können. Daher spricht man in der Grundschule weniger von Schulfächern, sondern vielmehr von Lernbereichen. Diese sind in ihrem Anspruch nach strikter Geschlossenheit an vielen Stellen reduziert und ermöglichen eine größere thematische Flexibilität. Dies ist für eine teilhabeorientierte Unterrichtsgestaltung besonders bedeutsam, da es den Lernenden ermöglicht wird, Themen nicht nur isoliert zu betrachten, sondern in Bezug zu ihren eigenen Erfahrungen und Interessen zu setzen. Diese Flexibilität fördert die aktive Beteiligung und stärkt die Identifikation mit den Lerninhalten.

Als Beispiel lässt sich hier das Fach Sachunterricht anführen, das sich aus inhaltlicher Perspektive als Sammlung von Themen konstituiert, in denen sich eine Auseinandersetzung mit den Phänomenen der Lebenswelt für Grundschulkinder anbahnen lässt, und das eben nicht aus den wissenschaftlichen Bezugsdisziplinen (z.B. Physik, Biologie) abgeleitet wird (Köhnlein, 2007, S. 44). Diese Nähe zur Lebenswelt verweist auf die Bedeutung didaktischer Ordnungen, die fachliche Logiken ergänzen. Duncker (2007, S. 146) hebt hervor, dass Lerngegenstände aus fachlichen Ordnungen herausgelöst und in überfachlichen Strukturen gruppiert werden können. Dies eröffnet neue Perspektiven und erlaubt interdisziplinäre Verknüpfungen. Aus teilhabepädagogischer Sicht schafft dies Räume für differenzierte Deutungen und interaktive Lernprozesse sowie für interdisziplinäre Zusammenarbeit, in denen verschiedene Sichtweisen dialogisch ausgehandelt und integriert werden können. Kahlert (2001) spricht in diesem Zusammenhang von »Didaktischen Netzen«, die Lerninhalte dokumentieren, verknüpfen und in übergreifende Zusammenhänge einordnen. Die innere Struktur eines Gegenstands – seine Beschaffenheit, Ordnung und sein Aufbau – wird im Rahmen der Sachanalyse didaktisch erschlossen. Ziel ist es, Lernprozesse sachgemäß und anschlussfähig zu gestalten. Dabei spielen auch fachwissenschaftliche Erkenntnisse eine wichtige Rolle. Ein Spannungsfeld ergibt sich zwischen fachlicher Systematik und lernprozessbezogener Logik. Während fachliche Strukturen eine gewisse Ordnung vorgeben, orientieren sich didaktische Entscheidungen daran, wie Inhalte so gestaltet werden können, dass sie unterschiedlichen Lernvoraussetzungen gerecht werden. Der innere Aufbau eines Gegenstands liefert somit keine direkte Handlungsanweisung für die didaktische Umsetzung (Duncker, 2007, S. 145). Vielmehr müssen didaktische Entscheidungen Lernprozesse ermöglichen, die sowohl individuell anschlussfähig als auch gemeinschaftlich tragfähig sind. Klafki (2007, S. 146f.) betont, dass Unterricht nicht etwa fertige Gesetzmäßigkeiten, Prinzipien, Strukturen oder Zusammenhänge z.B. als Resultate oder Fakten darbieten, sondern vielmehr die Schülerinnen und Schüler darin unterstützen soll, »die »sachlogischen« Stufen der Entwicklung solcher Gesetzmäßigkeiten, Strukturen Zusammenhänge entweder schrittweise aufbauend nachzuvollziehen bzw. zu entdecken oder aber analytisch, vom »fertigen« Ergebnis aus rückschreitend zu rekonstruieren« (Klafki, 2007, S. 147). Teilhabe wird somit als aktiver, reflexiver Vorgang konzipiert. Wissen entsteht durch Auseinandersetzung, nicht durch Übernahme. Lernen ist ein dialogischer Prozess, in dem Individuum und Gemeinschaft gemeinsam Bedeutungen konstruieren.

3.3 Herausforderungen und Chancen ausgewählter didaktischer Orientierungen für eine inklusive Grundschuldidaktik

Um Einseitigkeiten bei der Auswahl didaktischer Prinzipien in einem Grundschulunterricht zu vermeiden, werden im Folgenden die Leistungsfähigkeit und Grenzen zweier didaktischer Prinzipien – des Erfahrungsbezugs (Dubach et al., 2021) und des mehrperspektivischen Zeigens (Köhnlein et al., 1999) – für eine inklusive Grundschuldidaktik, die auf Bildung durch Teilhabe ausgerichtet ist, analysiert. Ziel ist es, einen Ausgleich zwischen dem scheinbar widersprüchlichen Anspruch zu schaffen, sowohl dem Kind als auch der Gesellschaft gerecht zu werden. Dabei geht es darum, »die tragfähigen Aspekte didaktischer Prinzipien gegen eine Verkürzung zu schützen und so in ihrem pädagogischen Gewinn abzusichern« (Duncker, 2007, S. 229). Die Berücksichtigung der beiden Prinzipien des Erfahrungsbezuges und des mehrperspektivischen Zeigens kann zum Lernen von Teilhabe beitragen, indem sie den Anspruch bearbeiten, sowohl dem Kind als auch der Gesellschaft gerecht zu werden. Deshalb erweisen sie sich als bedeutsam für einen inklusiven Grundschulunterricht mit Blick auf Teilhabe.

Erfahrungsbezug als didaktische Kategorie

»Mit dem Prinzip des Erfahrungsbezugs ist die Didaktik aufgetreten gegen Bevormundung und Belehrung, gegen Sinnenarmut und Sinnverlust, gegen Buch- und Frontalunterricht, gegen Alltagsferne und Lebensfremdheit« (Duncker, 2007, S. 230). Bei der Gestaltung von Bildung durch Teilhabe ist zu berücksichtigen, dass Schule und Unterricht – und damit Bildungserfahrungen der Kinder – nicht isoliert von der Lebenswelt der Schülerinnen und Schüler stattfinden, sondern auf deren Erfahrungen in der Teilhabe an Bildung rekurrieren. Nur dann werden Bildungsinhalte relevant und anschlussfähig. Allerdings ist Teilhabe an Bildung nicht auf die unmittelbare Reproduktion von Erfahrungen begrenzt, sondern entfaltet sich in einem dynamischen Prozess der Aushandlung zwischen Kind und gesellschaftlichem Anspruch. Ein Bezug zu den Erfahrungen der Schülerinnen und Schüler erweist sich insbesondere dann als bedeutsam, wenn deren Interessen, Bedürfnisse und individuellen Voraussetzungen berücksichtigt werden sollen, ihre außerschulischen Lebenswelten zum Gegenstand pädagogischer Reflexion werden oder bislang unausgesprochene bzw. implizite Erfahrungen sichtbar gemacht werden. Dies verweist zugleich auf die Notwendigkeit, auch den symbolisch-ästhetischen Gehalt von Erfahrungen in die didaktische Gestaltung einzubeziehen (Marquardt-Mau & Schreier, 1998, S. 68 f.). Hier zeigt sich die interaktive Dimension von Teilhabe: Erfahrungen sind keine statischen Gegebenheiten, sondern unterliegen Prozessen der Reflexion, der Bedeutungszuschreibung und der sozialen Aushandlung. Entsprechend reicht es nicht, Erfahrungen nur aufzugreifen. Um einen Bildungswert zu entfalten, bedarf es deren Reflexion. Doch gerade hier zeigen sich in der didaktischen Konzeptualisierung des Erfahrungsbezugs Herausforderungen: Existenzphilosophische Positionen sprechen von der Negativität der Erfahrung (Bollnow, 1968) und betonen somit die Schmerzhaftigkeit der Erfahrung, eine Passivität des Erleidens, die Bedeutung einer kognitiven Auseinandersetzung und Bearbeitung sowie den eingrenzenden Rahmen von individuellen Vorerfahrungen. Erfahrungen sind nicht nur positiv oder bestätigend, sondern können auch herausfordernd und irritierend sein. Bildungsprozesse entstehen häufig gerade durch die Konfrontation mit dem Unbekannten oder Unverständlichen, was Anpassung, Aushandlung und Reflexion erfordert. Die Herausforderung für eine inklusive Grundschuldidaktik besteht darin, Erfahrungsräume zu gestalten, die sowohl Sicherheit als auch kognitive und soziale Herausforderungen ermöglichen.

Diesen Überlegungen zufolge gilt als Erfahrung dasjenige, was als negatives Geschehnis im Lernprozess bzw. im Prozess des Erkenntnisgewinns auftritt. Durch neue Erfahrungen werden alte infrage gestellt und zukünftige Erwartungen verändert, die dann wiederum Grundlage weiterer Aktivitäten und weiteren Denkens sind. Damit verbunden ist, dass der Erfahrende seine Einstellungen zur Welt und sich selbst verändert, was wiederum mit kognitiven Prozessen verknüpft ist. Hier zeigt sich Bildung durch Teilhabe als iterativer Prozess: Lernende befinden sich in einem kontinuierlichen Wechselspiel zwischen alten und neuen Erfahrungen, zwischen individuellen Erwartungen und kollektiven Aushandlungsprozessen. Eine Didaktik des Teilhabe-Lehrens und -Lernens schafft daher Gelegenheiten für Reflexion und soziale Interaktion, um diesen dynamischen Veränderungsprozess zu begleiten und zu strukturieren. »Die Einbettung neuer Erfahrungen in den bisherigen Erfahrungshorizont bedarf kognitiver Prozesse. Dieser konstruktive Prozess ist von den Vorerfahrungen abhängig und an die individuelle Biographie gebunden. Wer für neue Erfahrungen offen sein möchte, muss bereit sein, die damit verbundene Schmerzhaftigkeit zu ertragen« (Giese, 2010, S. 72). Hier werden die Elemente der Teil-Gabe und Teil-Nahme besonders sichtbar: Teilhabe bedeutet nicht nur die Möglichkeit, sich aktiv an Bildungsprozessen zu beteiligen, sondern auch die Fähigkeit und Bereitschaft, sich auf Veränderungen einzulassen. Anspruch an eine pädagogisch-didaktische Gestaltung des Lernens von Teilhabe ist es, notwendige Unterstützung und Struktur anzubieten, um den Umgang mit kognitiver Dissonanz und Unsicherheit zu erleichtern.

Nach Duncker (2007, S. 232ff.) sind mit dem Erfahrungsprinzip in der gegenwärtigen Didaktik Gefahren verbunden, die zu einer Beeinträchtigung des Bildungsgedankens führen: Die *Zentrierung auf das Subjekt* (1), die *Provenzialisierung des Horizonts* (2), die *Ontologisierung von Wahrheit* (3) und *Erfahrungsbezug als Entschulungsprinzip* (4).

1. *Zentrierung auf das Subjekt:* Das didaktische Prinzip des Erfahrungsbezugs verleitet zu dem (Miss-)Verständnis, dass die Welt, ihre Phänomene, Prozesse oder Gegebenheiten allein aus einer individuellen Erfahrung heraus zu betrachten sind. So verstanden, wird die Welt in konzentrischen Kreisen erschlossen, in deren Mittelpunkt die Schülerinnen und Schüler selbst stehen. Vernachlässigt wird dabei, dass, nach Gadamer (1960), Bildung auch bedeutet, von sich selbst absehen zu lernen und den objektiven, situations- und subjektunabhängigen

Standpunkt einzunehmen. Diese Perspektive wird in der erfahrungsorientierten Didaktik kaum berücksichtigt. Dies verweist auf einen zentralen Aspekt von Teilhabe: Teilhabe ist komplex und kann nicht nur als individuelles Erleben verstanden werden, sondern erfordert auch die Fähigkeit, andere Perspektiven einzunehmen. Zur pädagogisch-didaktischen Gestaltung von Teilhabe sind deshalb Erfahrungsräume notwendig, in denen die Schülerinnen und Schüler nicht nur ihre eigene Sichtweise artikulieren, sondern auch andere Sichtweisen verstehen und mit ihnen interagieren können.

2. *Provenzialisierung des Horizonts:* Im Erfahrungsbezug dominiert die Subjektorientierung (Kind) gegenüber der Wissenschaftsorientierung (Sache) und damit verbunden die unmittelbare Lebenswelt des Kindes über die Ferne. In diesem Fall besteht die Gefahr, ausschließlich das zu fokussieren, was die Schülerinnen und Schüler bereits kennen oder meinen zu kennen, und nur noch die unmittelbare Lebenswelt in ihren dem eigenen Handeln zugänglichen Dimensionen zu thematisieren. Dabei wird nach Rauschenberger (1994) verkannt, dass Erfahrungen oft erst in didaktischen Arrangements erkennbar werden, die sich durch Verfremdungen bzw. Umwege auszeichnen. Hier zeigt sich eine zentrale Herausforderung für eine Grundschuldidaktik zum Lernen von Teilhabe: Bildung knüpft zwar an die Erfahrungen der Lernenden an, erweitert aber auch den Blick über den eigenen Erfahrungshorizont hinaus. Durch gezielte didaktische Arrangements werden Lernende dazu angeregt, sich mit neuen Perspektiven und unbekannten Wissensbereichen auseinanderzusetzen.
3. *Ontologisierung von Wahrheit:* Der Erfahrungsbezug in der Didaktik kann einem problematischen Wahrheitsverständnis erliegen. Durch die Betonung von Sinnlichkeit und Unmittelbarkeit wird ein Wahrheitsanspruch gefördert, der die Täuschbarkeit der Sinne und die Konstruiertheit von Wirklichkeit ausblendet. Diese Problematik wird in den Diskursen der erfahrungsorientierten Didaktik nicht ausreichend beachtet, ist aber für das Lernen von Teilhabe bedeutsam: Teilhabe kann nicht nur auf subjektive Erfahrungen reduziert werden, sondern bedarf der kritischen Reflexion und des Diskurses. Ganz im Sinne von Hannah Arendt (2013): »Wahrheit gibt es nur zu zweien«. Die Vermittlung von metakognitiven Strategien, die den Schülerinnen und Schülern helfen, ihre eigenen Wahrnehmungen und Deutungen zu hinterfragen, ist daher ein wichtiger Bestandteil von Bildungsprozessen, um Teilhabe zu lernen.
4. *Erfahrungsbezug als Entschulungsprinzip:* Wenn die Schule ausschließlich als Erfahrungsraum betrachtet wird, wird ihr Bildungsauftrag verfehlt, da sie nur das bereits außerhalb der Schule Erfahrene aufgreifen kann. Vielmehr geht es um schulische Angebote, die Lernende auch dazu ermutigen, ihre Erfahrungen in größere gesellschaftliche und wissenschaftliche Kontexte einzuordnen und so neue Erkenntnismöglichkeiten zu erschließen. Zudem würde sie unzulässig in persönliche Erfahrungen eingreifen, die jeder individuell erlangt, da sie nicht übertragbar sind. Systematisch-methodische Lernprozesse, die in neue, bisher unbekannte Bereiche der Wissensgesellschaft und kulturellen Entwicklung führen, können nicht allein durch den Bezug auf Erfahrungen gerechtfertigt werden. Im Gegensatz zum Erfahrungsbezug wird ein entgegengesetztes Ver-

ständnis didaktischen Handelns angesprochen: das Prinzip der Erzeugung von Vielperspektivität (Duncker, 2007, S. 233 f.).

Vielperspektivität als didaktische Kategorie

Vielperspektivität zielt darauf ab, Schülerinnen und Schülern Zugänge zu unterschiedlichen Rekonstruktionen von Welt zu eröffnen. Voraussetzung hierfür ist ein Unterricht, der sich auf Wissenserwerb und Aufklärung fokussiert und sich zugleich deutlich von der alltäglichen Lebenswelt abgrenzt. Hier zeigt sich der gesellschaftliche Anspruch schulischer Bildung: Das Lernen von Teilhabe beschränkt sich nicht auf die unmittelbare Erfahrungswelt der Lernenden, sondern eröffnet ihnen Wege, über eigene Erlebnisse hinaus neue Perspektiven zu erschließen. Teilhabe bedeutet in diesem Kontext nicht bloß Partizipation am Vertrauten, sondern auch die Integration und Aushandlung neuer Sichtweisen. In diesem Prozess überschreitet das Kind den Rahmen seiner bisherigen Erfahrungen. Duncker formuliert hierzu: »Nur in der Distanz zur Alltagserfahrung [...] kann Lernen seine emanzipatorischen Gehalte freisetzen und das Individuum aus seinen Verstrickungen und Befangenheiten im Alltag herausgelöst werden« (Duncker, 2007, S. 234). Unterricht wird so zur Bühne des Nachdenkens und zur spielerischen Erprobung alternativer Perspektiven – auch solcher, die nicht im Erfahrungsbereich des Einzelnen liegen. Duncker betont die Notwendigkeit einer kognitiven Distanz, um neue Erkenntnisse zu gewinnen. Teilhabe als dynamischer Prozess bedeutet in diesem Sinne nicht nur die Berücksichtigung individueller Erfahrungen, sondern auch die bewusste Auseinandersetzung mit fremden, ungewohnten oder herausfordernden Perspektiven. Dies erfordert eine Balance zwischen subjektiver Erfahrung und der Erweiterung des Horizonts durch Aushandlung und Reflexion.

Vielperspektivität als didaktisches Prinzip (Schreier, 1999, S. 24 ff.) impliziert, dass Wirklichkeit grundsätzlich aus verschiedenen Blickwinkeln betrachtet wird. Damit wird der Absolutheitsanspruch einzelner Perspektiven relativiert. Perspektiven können sich ergänzen oder auch widersprechen – entscheidend ist die Erkenntnis, dass Lernen über die eigenen Erfahrungen hinausgeht. Teilhabe wird hier als dialogischer Prozess verstanden, in dem sich Teil-Gabe und Teil-Nahme wechselseitig bedingen. Schülerinnen und Schüler nehmen nicht nur teil, sondern reflektieren, vergleichen und integrieren unterschiedliche Sichtweisen in ein komplexeres Bild von Wirklichkeit. Dabei ist es wesentlich, dass der Zusammenhang zwischen der eigenen Position und der jeweils fremden Perspektive nachvollziehbar wird. Wirklichkeitsverständnis entwickelt sich nicht allein durch sinnliche Wahrnehmung, sondern durch bewusste Infragestellung, Reflexion und Perspektivübernahme – eine Grundvoraussetzung gesellschaftlicher Partizipation. Diese erfordert neben Wahrnehmung auch metakognitive und kommunikative Kompetenzen.

Didaktisch bedeutsam ist, dass Perspektiven im Unterricht nicht auf subjektive Sichtweisen begrenzt bleiben, sondern mit sekundären Ordnungen verknüpft werden. Laut Hiller und Popp (1994) entstehen solche Ordnungen, wenn Wirklichkeit über wissenschaftliche, politische oder öffentliche Kategorien erschlossen wird. Die Berücksichtigung multipler Perspektiven verlangt von Unterricht, vielfältige gesellschaftliche, biographische, kulturelle, institutionelle und fachliche Aspekte zu integrieren (Duncker, 2005, S. 9). Diese Komplexität kann nur über die bewusste Rekonstruktion unterschiedlicher Sichtweisen adäquat reflektiert werden. Ziel einer inklusiven Grundschuldidaktik, die auf Bildung durch Teilhabe ausgerichtet ist, ist daher nicht die Vermittlung einer »endgültigen Wahrheit«, sondern die Förderung einer Offenheit für Perspektivwechsel, Aushandlung und kollektive Sinnstiftung. Bildungsprozesse, die so gestaltet sind, sind anschlussfähig an eine sich dynamisch wandelnde Gesellschaft. »Eine Didaktik des Perspektivenwechsels ist angewiesen auf eine Professionalität des Zeigens, die ihre Kompetenz daraus gewinnt, dass sie den *Konstruktcharakter des Wissens* durchschaubar macht und Zugangswege in die Vielfalt möglicher Perspektiven eröffnet« (Duncker, 2007, S. 235). Wissen und Erkenntnis sind nicht einfach das Ergebnis von Erfahrung, sondern eine kreative Tätigkeit, die den Charakter einer Werkstatt des Erkennens annimmt. Hier wird deutlich, dass Teilhabe ein aktiver Prozess ist, der nicht nur das Rezipieren von Wissen, sondern dessen aktive Konstruktion beinhaltet. Lernende agieren nicht nur als Empfänger von Bildung, sondern als Mitgestaltende von Wissen, was eine genuine Form der Partizipation darstellt. Dadurch wird das Verhältnis zwischen Handeln und Produkt, zwischen Methode und Ziel, zwischen Perspektive und Resultat betont. Bereits bestehendes Wissen wird in Bezug auf die gewählten Perspektiven und relevanten Interessen hinterfragt, um gleichzeitig neue Zugangswege, Blickwinkel und methodische Ansätze zu erproben, die zur Konstruktion von neuem Wissen führen. Dies ermöglicht eine intellektuelle Flexibilität im Umgang mit Wissen und Wahrheit, die eine spielerische Distanz zur Realität schafft und den Prozess der bewussten Konstruktion von Erkenntnis verdeutlicht.

Solche didaktischen Zugänge eröffnen Raum für Fantasie und ermöglichen es, auch utopische Vorstellungen zu entwickeln. Unterricht wird so zu einem Ort für Zukunftsentwürfe – für die Reflexion bestehender Verhältnisse und die Entwicklung alternativer Möglichkeiten. Die ästhetische Darstellung der Welt, ihre bewusste Verfremdung, macht deutlich, dass wir Wirklichkeit nicht unmittelbar zeigen, sondern nur in Form von Bildern, Deutungen und Narrativen vermitteln können. In dieser erkenntnistheoretischen Konsequenz liegt die besondere Modernität des didaktischen Prinzips der Vielperspektivität. Sie löst sich von der Vorstellung reiner Erfahrung und öffnet Freiräume für Bewegung, Dialog und die Annäherung an fremde Realitäten. Jedoch gibt es auch hier Grenzen und Risiken.

Die Frage nach der Bewertung und Gültigkeit von Perspektiven

Eine zentrale Herausforderung für die didaktische Gestaltung ergibt sich aus dem Umgang mit der Vielfalt an Perspektiven: Das »Spiel« mit unterschiedlichen Sichtweisen kann den Eindruck erwecken, jede Perspektive sei gleichermaßen gültig – wodurch die Tragfähigkeit einzelner Sichtweisen beliebig zu werden scheint. Im Kontext des Lehrens und Lernens von Teilhabe stehen Perspektiven jedoch nicht beliebig nebeneinander, sondern werden hinsichtlich ihrer argumentativen Qualität reflektiert. Teilhabe bedeutet nicht, dass alle Positionen denselben Geltungsanspruch besitzen. Vielmehr sind alle am Teilhabeprozess Beteiligten fortwährend gefordert, unterschiedliche Perspektiven kritisch und normativ zu bewerten und diese in gesellschaftlich relevante Kontexte einzuordnen, um so ein verantwortungsvolles Handeln zu begründen. Die Grundschuldidaktik steht dabei vor der Aufgabe, Kriterien bereitzustellen, anhand derer beurteilt werden kann, ob bestimmte Sichtweisen eine besondere Erklärungskraft oder argumentative Dichte aufweisen – oder ob sie sich als wenig tragfähig oder gar problematisch erweisen. Eine konzeptionelle Orientierung ist notwendig, um Kinder nicht mit der Komplexität konkurrierender Deutungsmuster allein zu lassen (Duncker, 2007, S. 236). Diese Aufgabe verweist auf die Relevanz der Entwicklung eines demokratischen, moralischen und ethischen Bewusstseins. Eine zentrale Erkenntnis im Rahmen pluralistischer Gesellschaften besteht darin, dass es unterschiedliche Wahrheiten geben kann, die sich wechselseitig begrenzen oder relativieren. Diese Einsicht stellt eine erhebliche Herausforderung für Orientierungsprozesse im Bildungskontext dar. Gleichzeitig darf eine Beliebigkeit der Wahrheitsfrage – ein umfassender Relativismus – nicht dazu führen, dass tragfähige Orientierungen und Werthaltungen untergraben werden.

An dieser Stelle gewinnt Wertebildung didaktisch an Bedeutung. Sie bewegt sich im Spannungsfeld zwischen einer normativen Verpflichtung auf zentrale gesellschaftliche Leitwerte – etwa Demokratie und Menschenrechte – und der Anerkennung individueller Wertkonstruktionen im Kontext postmoderner Enttraditionalisierung (Frohne, 1999). Die inklusive Grundschuldidaktik steht hier vor der Herausforderung, ein Gleichgewicht zu wahren: Lernende sollen befähigt werden, eigene Positionen zu entwickeln, zugleich aber zentrale demokratische Prinzipien als verbindlichen Orientierungsrahmen zu verstehen. Diese Balance ist für das Lernen von Teilhabe zentral. Sie ermöglicht es, sowohl die individuelle Perspektive des Kindes zu stärken als auch eine gesellschaftliche Verortung und Verantwortungsübernahme zu fördern – in Anerkennung der Tatsache, dass Bildung stets im Spannungsfeld von Individuum und Gesellschaft stattfindet.

Perspektivität, Erfahrung und kulturelle Ordnung

Der Einfluss unterschiedlicher Perspektiven auf die Erschließung von Welt eröffnet eine Dynamik potenziell immer wieder neu konstruierbarer Wirklichkeiten. Daraus ergibt sich eine grundlegende Herausforderung für Teilhabeprozesse: Während Offenheit gegenüber Perspektivenvielfalt eine zentrale Voraussetzung für kritische Reflexion bildet, bleiben kulturelle, soziale und wissenschaftliche Ordnungen weiterhin bedeutsame Strukturierungselemente kollektiver Verständigung. In diesem Spannungsfeld stellt sich die Frage, wie eine Balance zwischen kreativem Perspektivwechsel und normativer Orientierung hergestellt werden kann, um Teilhabe sowohl individuell anschlussfähig als auch gesellschaftlich vermittelbar zu gestalten. Die inklusive Grundschuldidaktik steht dabei nicht primär vor der

Aufgabe, das ständige Erfinden neuer Perspektiven als Selbstzweck zu vermitteln oder unbegrenzt viele Zugänge zur Welt didaktisch zu erschließen. Vielmehr ist zu berücksichtigen, wie kulturell geprägte Bedeutungszusammenhänge erschließbar gemacht werden können, um ein tragfähiges und reflexives Verständnis von Wirklichkeit zu fördern. »Hierzu gehört auch die Dignität von Tradition und Überlieferung, die Rückbindung von Perspektiven an soziale Bedingungen und politische Gegebenheiten, die Beachtung konsensgebundener Verbindlichkeiten« (Duncker, 2007, S. 237). Aufgabe der inklusiven Grundschuldidaktik ist es daher, aufzuzeigen, dass Perspektivenvielfalt durch die Erfahrung von Realität begrenzt ist – und dass Perspektiven insbesondere dann an Relevanz gewinnen, wenn sie repräsentativ für gesellschaftliche und kulturelle Gegebenheiten stehen.

Duncker (2007, S. 238) verdeutlicht, dass die beiden didaktischen Grundorientierungen – Perspektivität und Erfahrung – einerseits in einem Spannungsverhältnis stehen, andererseits aber auch aufeinander verweisen. Das jeweilige Gegenteil des einen Prinzips verweist auf das andere. Bildung durch Teilhabe ist damit kein linearer, vertikaler Prozess, sondern eine fortlaufende Wechselwirkung zwischen individuellen Erfahrungen und kollektiven Wissensordnungen. Eine Didaktik des Lehrens und Lernens von Teilhabe greift diese Wechselwirkung auf, indem sie Lernenden sowohl die Anschlussfähigkeit an bestehende Wissensbestände als auch die Möglichkeit zur kritischen Reflexion und Weiterentwicklung dieser Bestände eröffnet. Damit stehen sich didaktische Formen des Zeigens – verbunden mit der Berücksichtigung von Vielperspektivität – und der Erfahrungsbezug in seiner Verankerung im Handeln gegenüber, wobei sie sich zugleich wechselseitig bedingen. »Zeigen und Handeln, Perspektivität und Erfahrung bilden so in ihrer dialektischen Gegenüberstellung ein Spannungsfeld, das zu einem tragfähigen Paradigma moderner Grundschuldidaktik ausgebaut werden muss« (Duncker, 2007, S. 238). Mittels des Reflexionsmodells (► Kap. 2.4) zum Lernen von Teilhabe wird ein Rahmen geschaffen, um diese dialektische Spannung in einen dynamischen Prozess zu überführen. Dieser integriert individuelle Erfahrungen mit gemeinschaftlich verhandeltem Wissen, um Lern- und Entwicklungsräume zu eröffnen, in denen Kinder sich aktiv mit Perspektiven auseinandersetzen, ihre eigenen Erfahrungen reflektieren und sich als Teil einer lernenden Gemeinschaft verstehen.

3.4 Didaktik der Vielfalt und Teilhabe

In Abgrenzung von bzw. in Ergänzung zu einer Pädagogik der Vielfalt (Prengel, 1993), die schulpädagogische Fragestellungen berücksichtigt, jedoch ohne inhaltliche Konkretisierungen auskommt, plädiert Duncker (2007, S. 238) für eine Didaktik der Vielfalt, die sowohl das Prinzip der Vielfalt als auch jenes der Erfahrung einbezieht. Der Wert dieser Formulierung liegt darin, dass sie eine integrative Perspektive auf das Lernen als Erfahrung (► Kap. 2.3) und das perspektivische

Zeigen eröffnet. Aus teilhabetheoretischer Sicht ist eine Didaktik der Vielfalt zentral für Lernprozesse, in denen Kinder als aktive Mitglieder einer Lern- und Schulgemeinschaft agieren. Vielfalt wird dabei nicht nur als Eigenschaft der Lernenden verstanden, sondern als dynamisches Prinzip des Lernens selbst: Unterschiedliche Perspektiven, Erfahrungen und Interessen treten in Austauschbeziehungen, durch die Teilhabe als aktives Teil-Sein an der kollektiven Aushandlung von Wissen sichtbar wird. Kinder lernen somit nicht nur durch individuelle Erfahrung, sondern ebenso durch die Auseinandersetzung mit fremden Perspektiven. Diese Wechselwirkung zwischen persönlicher Erfahrung und kollektiver Deutung verdeutlicht, dass Teilhabe Lernen stets bedeutet, sich mit anderen Sichtweisen auseinanderzusetzen und das eigene Lernen als Teil eines größeren sozialen Zusammenhangs zu verstehen.

In diesem Kontext lassen sich sowohl der Ansatz eines mehrperspektivischen Unterrichts (z. B. Duncker, 2005) aufgreifen als auch Diskussionen zur Pädagogik der Vielfalt (Prengel, 1993; Preuss-Lausitz, 1993) weiterdenken. Letztere fokussiert das Prinzip der Vielfalt als Gegenentwurf zur Einheitlichkeit – ein Spannungsverhältnis, das insbesondere für die Geschichte der Grundschule von zentraler Bedeutung ist. Duncker betont, dass dadurch

> »für die Grundschule ein grundlegendes Spannungsfeld beschrieben [wird]: Denn der demokratische Einheitsschulgedanke, der mit der Gründung der Grundschule in der Weimarer Verfassung unlösbar verbunden ist und das Gebot der inneren Differenzierung gehören unlösbar zusammen. Eine gemeinsame Beschulung aller Kinder ohne innere Differenzierung führte genauso in eine pädagogische Aporie wie die Beachtung individueller Unterschiede ohne die Stiftung eines gemeinsamen integrativen Rahmens, auf den die Bildungsbemühungen ausgerichtet sind. So wird die Spannung von Einheit und Vielfalt auch in der Dialektik von Integration und Differenzierung wieder auffindbar. Weder Integration noch Differenzierung sind ohne didaktische Maßnahmen erreichbar. Insofern kann auch eine gemeinsame Grundschule für alle Kinder ihren pädagogischen Anspruch ohne eine Theorie der Didaktik, die das Prinzip der Vielfalt aufzunehmen hat, nicht einlösen« (Duncker, 2007, S. 239).

Eine Didaktisierung des Lernens von Teilhabe erkennt Vielfalt nicht nur an, sondern begreift sie als konstitutives Element des Lernens und von Bildungsprozessen. Heterogenität von Lernenden wird nicht als bloße Herausforderung, sondern als Ressource für gemeinsames Lernen von Teilhabe betrachtet. Teil-Sein bedeutet in diesem Kontext, sich als Teil einer Lernkultur zu erleben, die von Unterschiedlichkeit profitiert – wobei Reibung nicht als Defizit, sondern als Potenzial für Verständigung und Entwicklung verstanden werden. Diese Spannung ist für Teilhabeprozesse zentral: Teilhabe umfasst sowohl individuelle Ausdrucksmöglichkeiten als auch die Fähigkeit zur Integration in gemeinsame Strukturen. Vielfalt allein genügt nicht, wenn es keine verbindenden Elemente gibt, die Verständigung und Kooperation ermöglichen. Eine Didaktik der Vielfalt eröffnet Wege, Heterogenität produktiv mit gemeinschaftlichen Orientierungen zu verbinden.

Dem pädagogischen Anspruch auf Integration einerseits und Differenzierung andererseits kann nur durch geeignete didaktische Maßnahmen entsprochen werden. Daraus ergibt sich die Notwendigkeit einer Theorie der Didaktik, die das Prinzip der Vielfalt integriert. Eine solche Didaktik begreift Teilhabe als dynamischen Prozess, der sich im Wechselspiel von Individuum und Gemeinschaft entfaltet. Vielfalt und Einheit gelten dabei nicht als Gegensätze, sondern als sich wechselseitig bedingende Prinzipien: Teilhabe setzt voraus, dass Individuen mit ihren spezifischen Erfahrungen in eine Gemeinschaft eingebunden werden und dass diese Gemeinschaft Strukturen bereitstellt, die Integration ermöglichen. Dies erfordert eine Didaktik, die Offenheit und Struktur in ein produktives Gleichgewicht bringt und Kindern ermöglicht, sich sowohl als Teil einer Gruppe als auch als eigenständige Akteure ihres Lernprozesses zu erleben.

Teilhabe durch ein Erschließen der Lebenswelt und Konstruktion von Wirklichkeit

Das Erschließen der Lebenswelt und die Konstruktion von Wirklichkeit im Unterricht lassen sich unterschiedlichen wissenschaftlichen Strömungen zuordnen und erscheinen auf den ersten Blick als wenig kompatibel. Diese Unterscheidung verweist jedoch auf zwei zentrale Dimensionen von Teilhabe: einerseits auf die Verankerung des Individuums in einer gemeinsamen Lebenswelt, andererseits auf die aktive Konstruktion von Wirklichkeit als interaktiven Prozess. Teilhabe als Teil-Sein bedeutet in diesem Kontext, dass Kinder nicht nur in eine bestehende Ordnung hineinwachsen, sondern diese auch aktiv mitgestalten. Lernprozesse sind somit stets eingebettet in das Wechselspiel zwischen individueller Deutung und kollektiver Verständigung. Der Begriff der Lebenswelt geht auf Edmund Husserl zurück:

> »Vorgegeben ist sie [die Lebenswelt] uns allen natürlich, als Personen im Horizont unserer Mitmenschheit, also in jedem aktuellen Konnex mit Anderen, als ›die‹ Welt, die allgemeinsame. So ist sie, [...], der ständige Geltungsboden, eine stets bereite Quelle von Selbstverständlichkeiten, die wir, ob als praktische Menschen oder als Wissenschaftler, ohne weiteres in Anspruch nehmen. Soll nun diese vorgegebene Welt zu einem eigenen Thema werden, und natürlich für wissenschaftlich zu verantwortende Feststellungen, so erfordert dies eine besondere Sorgsamkeit der Vorbesinnung« (Husserl, 1954, S. 124).

Husserl verdeutlicht, dass sich Lebenswelt auf jene alltäglichen Erfahrungshorizonte bezieht, in denen sich das Subjekt immer schon vorfindet. Diese Horizonte sind jedoch nicht nur gegeben, sondern bedürfen der bewussten Erfassung und Deutung. Teilhabe ist in diesem Zusammenhang nicht ausschließlich als individuelle Erfahrung zu verstehen, sondern als ein kontextabhängiger Prozess. Lebenswelt stellt somit keine isolierte subjektive Wirklichkeit dar, sondern konstituiert sich in und durch Interaktionen mit der Umwelt, in denen Erfahrungen geteilt, bestätigt und weiterentwickelt werden. Teil-Sein bedeutet demnach, sich als Teil eines kollektiven Erfahrungshorizonts zu verstehen, in dem Wissen nicht nur aufgenommen, sondern gemeinsam reflektiert und ausgehandelt wird. Erfahrungen entfalten ihr pädagogisches Potenzial erst dann vollständig, wenn sie in Prozesse bewusster Verständigung überführt werden – etwa durch sprachliche Aushandlungen, Perspektivenwechsel und die aktive Integration neuer Deutungen in das eigene Erfahrungsgefüge. Die Konstruktion von Wirklichkeit hingegen steht in der konstruktivistischen Tradition (z. B. Maturana & Varela, 2009) und betont, dass Lernende ihre Lernprozesse selbst steuern und weitgehend autonom sind, da

Konstruktionen nicht vermittelt, sondern eigenaktiv konstruiert werden. Somit werden hier die Leistungen des einzelnen Subjekts bei der Herstellung seines Bildes von Wirklichkeit hervorgehoben. Nach Duncker fließt in didaktischen Arrangements jedoch wieder zusammen, was aus forschungsmethodischer Perspektive differenziert zu betrachten ist:

> »Der naiv beschreibende Blick des Kindes, seine vereinnehmend unvoreingenommene Deutung der Lebenswelt und die Artikulation von Sinn in den Kontexten der Alltagsbewältigung, auf der anderen Seite der kreative Akt des Herstellens und Konstruierens von Weltbildern, das schöpferische Überschreiten der Routinen und Gewohnheiten des Sehens einschließlich der Rekonstruktionen von Aspekten und Ausschnitten der Wirklichkeit unter Zuhilfenahme bewusst gewählter Perspektiven« (Duncker, 2007, S. 240).

Aus teilhabetheoretischer Perspektive ist es entscheidend, den Lebensweltbezug und die Konstruktion von Wirklichkeit nicht als Gegensätze zu betrachten, sondern als sich ergänzende Dimensionen des Lernens: Teilhabe als Teil-Sein bedeutet, dass das Individuum nicht nur in eine bestehende Ordnung eingebunden ist, sondern auch aktiv an deren Konstruktion beteiligt ist. Hier zeigt sich die Dynamik des Teilhabeprozesses besonders deutlich: Lernen ist weder ein bloßes Aufnehmen von Wissen noch eine völlig autonome Konstruktion, sondern ein Wechselspiel zwischen individuell bedeutsamen Erfahrungen und gesellschaftlich vermittelten Perspektiven. Teilhabe als Teil-Sein bedeutet in diesem Sinne, dass Kinder sich in einer bestehenden Ordnung verorten, diese aber durch Reflexion und neue Deutungen auch aktiv mitgestalten können.

Das Zusammenführen der beiden Topoi in grundschuldidaktischen Arrangements führte unter anderem dazu, das Prinzip der Selbsttätigkeit des Kindes einseitig in den Vordergrund zu rücken (Duncker, 2007, S. 240 f.), wie es beispielsweise in reformpädagogischen Theorien und Konzepten gefordert wird. Während die Betonung der Selbsttätigkeit im Sinne von Partizipation wichtig ist, darf nicht übersehen werden, dass Teilhabe als Prozess auch Anleitung, Impulse und strukturierte Unterstützung erfordert. Selbsttätigkeit bedeutet nicht Beliebigkeit – sie braucht gezielte didaktische Rahmungen, um eine Erweiterung des Erfahrungshorizonts zu ermöglichen. Eine Rekonstruktion der Wirklichkeit ist für Kinder ohne professionelle Unterstützung, Impulse und Anleitung kaum zu realisieren. Die Lehrkräfte fungieren als Moderatorinnen bzw. Moderatoren im Teilhabeprozess: Sie ermöglichen Perspektivwechsel, geben Impulse zur Reflexion und schaffen Gelegenheiten für die Aushandlung von Deutungsmustern. Teil-Sein bedeutet in diesem Zusammenhang, sich in einer Gemeinschaft von Lernenden zu bewegen, in der Wissen nicht nur konsumiert, sondern kooperativ erschlossen wird. Entsprechend ist auch die Selbsttätigkeit der Schülerinnen und Schüler in didaktische Arrangements eingebunden, die ein Überschreiten kindlicher Horizonte ermöglichen. »Zeigen« kann hier eine Hilfe zum Überschreiten sein, vorausgesetzt die Schülerinnen und Schüler sind bereit, aktiv mitzuwirken (Prange, 2005) – denn ohne professionelle Unterstützung und Impulsgebung kann dem aufklärerischen Anspruch von Unterricht nicht nachgekommen werden. Zeigen als didaktisches Prinzip verweist darauf, dass Lernen nicht nur durch individuelles Erleben geschieht, sondern durch den bewussten Prozess des Fokussierens, des Deutens und des gemeinsamen Reflektierens. Dies verdeutlicht, dass Teilhabe nicht nur ein passives Eingebundensein ist, sondern ein aktiver Prozess des Aushandelns von Bedeutungen. Das Zeigen der Welt erfordert einen Perspektivenwechsel, der verschiedene Aspekte der Realität zum Vorschein bringt.

Es ist eine zentrale Aufgabe der inklusiven Grundschuldidaktik, tragfähige und relevante Perspektiven zu identifizieren und zu benennen, die repräsentativ für Ausschnitte der Wirklichkeit sind. Hier zeigt sich die Bedeutung der Reflexionsphase in Teilhabeprozessen: Teil-Sein bedeutet nicht nur das Wahrnehmen von Perspektiven, sondern auch die bewusste Auseinandersetzung mit ihnen. Dies geschieht durch Dialog, gemeinsame Analyse und die Möglichkeit, eigene Standpunkte zu entwickeln und zu verteidigen. Die Identifizierung von Perspektiven ist ein grundsätzlich offener Prozess, bei dem, abhängig von den gewählten Themen und Inhalten, stets neu zu prüfen ist, welche Perspektiven als förderlich für den Erkenntnisgewinn, Bildung und das Überschreiten des individuellen Horizontes sind und letztendlich subjektive Erfahrungen ergänzen können. Diese Offenheit ist für das Lernen von Teilhabe zentral: Eine reine Konfrontation mit neuen Perspektiven reicht nicht, es bedarf einer reflexiven Auseinandersetzung mit den Perspektiven, um sie dann gegebenenfalls zu integrieren, zu modifizieren oder zu verwerfen. Teilhabe als Teil-Sein bedeutet somit nicht nur die Integration in bestehende Ordnungen, sondern auch die aktive Mitgestaltung des Bildungsprozesses.

Die Dialektik von Vorerfahrungen und Erfahrungen im Teilhabeprozess

Die dem Erfahrungsbegriff immanente Dialektik – auf bestehenden Erfahrungen aufzubauen und neue zu initiieren – ist auch zentral für das Verständnis von Teilhabe als Teil-Sein. In der didaktischen Praxis wird Erfahrung jedoch häufig zu eng gefasst. Das Bemühen, an die Vorerfahrungen der Kinder anzuknüpfen, beschränkt sich oftmals darauf, zu einem bestimmten Zeitpunkt das Vorwissen der Kinder abzufragen, über das sie sprachlich verfügen. Dabei offenbart sich ein reduziertes Verständnis von Erfahrung, das die dialogische Dimension weitgehend ausklammert. Erfahrungen sind nicht nur individuelle, statische Bestände, die lediglich abrufbar sind, sondern sie entstehen und entfalten sich in sozialen Interaktionen und werden rekonstruiert sowie weiterentwickelt. Dass Vorerfahrungen durch Erinnerungen aktiviert werden können – etwa durch Sprache, Gesten oder Sinneseindrücke –, findet im Unterricht bislang wenig Beachtung, was insbesondere daran ersichtlich wird, dass diesem Prozess im Unterricht weder Raum noch Zeit gegeben wird.

Teil-Sein im Bildungsprozess bedeutet nicht nur, eigene Erfahrungen mitzuteilen, sondern diese im Wechselspiel mit anderen Perspektiven zu reflektieren und neu zu deuten. Die Erfassung individueller, kollektiver oder auch generationstypischer Erfahrungen kann sowohl den Ausgangspunkt als auch das Ergebnis von Unterricht darstellen. Dies setzt voraus, dass Erfahrungen nicht als Gegebenheiten betrachtet, sondern als prozesshafte und veränderliche Größen verstanden werden. Daher bedarf es didaktischer Arrangements, die Schülerinnen und Schüler dazu ermutigen, ihre Erfahrungen in vielfältiger Weise – etwa durch Erzählen, Gestalten oder szenisches Spiel – einzubringen, weiterzuentwickeln und in neue Zusammenhänge zu stellen. Insbesondere in der Grundschule ist hier Sensibilität gefragt, da Erfahrungen oft eng mit individuellen Bedeutungen, Emotionen und der persönlichen Lerngeschichte verknüpft sind. Teilhabe umfasst daher nicht nur eine kognitive, sondern auch eine emotionale sowie leibliche Dimension. Dies erfordert eine Unterrichtsgestaltung, die Kindern die Möglichkeit gibt, sich in ihrem eigenen Tempo mit ihren Erfahrungen auseinanderzusetzen, aber auch daran zu wachsen.

Erfahrungen zu initiieren bedeutet, sich auf die Zukunft zu beziehen und somit im Grundschulunterricht Raum für neue Erfahrungen zu geben. Teilhabe geschieht nicht nur in der Gegenwart, sondern umfasst auch eine vorausschauende Dimension. Kinder haben nicht nur an einem bestehenden Wissen passiv teil, sondern gestalten durch neue Erfahrungen aktiv ihre eigene Bildungsbiografie und ihr Teil Sein in der Gesellschaft. Ein pragmatisches Verständnis von Erfahrung (Dewey, 1988), betont den Zusammenhang von *aktivem Eingreifen* und *passivem Erleiden* von Erfahrung. Diese wird durch ein handelndes Eingreifen in die soziale, dingliche oder symbolische Umwelt hervorgebracht und kann eine nachhaltige Veränderung der individuellen Lern- bzw. Lebenswelten bewirken. Die Verbindung von Handeln und Erfahrung ist für Teilhabeprozesse essenziell. Teil-Sein bedeutet nicht nur das Reagieren auf vorgegebene Situationen, sondern die aktive Mitgestaltung von Bildungsräumen. Dabei wird auch sichtbar, dass Teilhabe nicht immer harmonisch verläuft: Erfahrungen können herausfordernd sein, Irritationen hervorrufen oder bestehende Gewissheiten infrage stellen. Gerade in solchen Momenten ergeben sich produktive Lerngelegenheiten, die zur Entwicklung einer reflektierten Haltung gegenüber der eigenen Lebenswelt beitragen. In der Unterrichtspraxis lassen sich diese Prozesse exemplarisch im Projektunterricht verorten:

> »Er eröffnet Erfahrungsräume, indem er Handlungsfelder bereitstellt, in denen bei der Veränderung und Umgestaltung von Situationen die Übernahme von Verantwortung möglich wird. Soziale Phantasie und verantwortliches Handeln fungieren in diesem Zusammenhang als Bezugspunkte für die Generierung von Erfahrungen, die auf gelingende Lernprozesse ausgerichtet sind, deren Wert jedoch auch darin bestehen kann, mit dem möglichen Scheitern produktiv umzugehen und dieses als Bestandteil des Erfahrungsprozesses zu verstehen. Dass solche Erfahrungsräume für ein verantwortliches Handeln eher im Nahraum der Schule und des Wohnortes aufgefunden werden, zeichnet sich aus einsehbaren Gründen an zahlreichen Projektthemen ab« (Duncker, 2007, S. 242).

Hier verdichten sich zentrale Merkmale von Teilhabe als Teil-Sein: Verantwortung, Erfolg und Scheitern. Kinder übernehmen Verantwortung für ihr eigenes Lernen und zugleich für Prozesse innerhalb der Gemeinschaft. Dadurch erfahren sie Selbstwirksamkeit und erwerben Kompetenzen für kollektive Aushandlungsprozesse. Dieser Prozess verläuft jedoch nicht immer erfolgreich. Er birgt auch Herausforderungen und Erfahrungen des Scheiterns. Kinder können so lernen, dass Fehler und Fehlschläge keine Defizite sind, sondern notwendige Bestandteile von Lernprozessen. Dadurch wird Teilhabe nicht nur als passive Anpassung an bestehende Normen verstanden, sondern als aktiver Prozess des Ausprobierens, Experimentierens und Weiterentwickelns. Teilhabe durch Erfahrung reicht über den schulischen Raum hinaus: Teil-Sein in Bildungsprozessen bedeutet, dass Lernende nicht nur innerhalb der Schule Erfahrungen machen, sondern diese auch in ihre Lebenswelt übertragen können. Eine inklusive Grundschuldidaktik, die auf Bildung durch Teilhabe ausgerichtet ist, hat somit die Aufgabe, Brücken zwischen schulischem Lernen und außerschulischen Erfahrungsräumen zu bauen, um eine nachhaltige Verknüpfung zwischen Bildung und gesellschaftlicher Teilhabe zu ermöglichen. Pädagogische Erfahrung entzieht sich der Objektivierbarkeit. In der Dialektik von Erfahrung und Perspektivität wird deutlich, dass Bildung immer eine interpretative und relationale Dimension besitzt. Damit versteht sich die hier skizzierte inklusive Grundschuldidaktik in der Tradition einer hermeneutisch-reflexiven Disziplin – nicht als evidenzbasiertes Anwendungsfeld (vgl. Müller & Pfrang, 2021c).

Teilhabe im Spannungsfeld von didaktischer Komplexität und didaktischer Reduktion

Entwicklungspsychologische Erkenntnisse (z. B. Piaget, 1986) verdeutlichen, dass beim Unterrichten von Grundschulkindern eine didaktische Reduktion von Komplexität notwendig ist, um Sachverhalte, Phänomene und Inhalte so aufzubereiten, dass sie dem kognitiven Entwicklungsstand der Kinder entsprechen und deren Verstehen sowie Nachvollziehen ermöglichen. Dies erfordert eine spezifische didaktische Gestaltung bereits im Rahmen der Unterrichtsplanung. In Lehrplänen, Schulbüchern, Arbeitsblättern oder bei der Entwicklung experimenteller Settings (z. B. im Sachunterricht) zeigt sich die Herausforderung, diese Reduktion differenziert umzusetzen. Dabei wird deutlich, dass Reduktion immer auch mit Antizipation und Anpassung als Teil des Teilhabeprozesses durch Bildung verbunden ist: Lehrkräfte berücksichtigen nicht nur die kognitiven und sprachlichen Voraussetzungen der Kinder, sondern gestalten Lernumgebungen, in denen diese aktiv am Erkenntnisprozess beteiligt sind. Didaktische Reduktion darf somit nicht als bloße Vereinfachung verstanden werden, sondern als Gestaltung eines Prozesses, der Kinder befähigt, sich selbstständig mit komplexen Inhalten auseinanderzusetzen.

Ein kritischer Blick auf z. B. Schulbücher zeigt jedoch, dass die damit einhergehenden Risiken – etwa Verzerrung, Verkürzung oder Fehlinterpretation von Inhalten – bislang unzureichend reflektiert werden (Schippling, 2021, S. 104 ff.). Dies kann dazu führen, dass das Kriterium der Sachgemäßheit, verstanden als kindgemäße Vermittlung von Unterrichtsinhalten, eingeschränkt bleibt. Besonders problematisch ist es – so Duncker –, wenn »die Darstellung der Welt aus nur einer Perspektive erfolgt, so dass die Perspektivität des Zugriffs gar nicht erkannt und durchschaut werden kann« (Duncker, 2007, S. 244). Wird die Multidimensionalität von Wirklichkeit nicht sichtbar gemacht, bleiben Grundschulkinder möglicherweise in ihrer oft naiven und eindimensionalen Sicht der Wirklichkeit verhaftet und bekommen keine Möglichkeit, neue Erkenntnis- bzw. Erfahrungshorizonte zu gewinnen, um so die eigene subjektive, egozentrische oder begrenzte Perspektive zu überschreiten. Zudem besteht die Gefahr, dass eine gewählte Perspektive als einzig mögliche und wahre erscheint, wenn diese nicht durch alternative Blickwinkel ergänzt oder relativiert wird (Duncker, 2007, S. 243). Demgegenüber eröffnet die Betrachtung eines Unterrichtsgegenstandes aus verschiedenen Perspektiven die Möglichkeit, Reduktion durch kontrollierte Komplexität zu ergänzen. Die didaktische Aufgabe, »die Welt lesbar zu machen«, so Duncker (2007, S. 244), müsse in einem »doppelten Vorgang der Reduktion und Erzeugung von Komplexität« verortet werden. Durch das Einüben in die perspektivisch gebrochene Darstellung, Deutung und Interpretation von Wirklichkeit werden kognitive Fähigkeiten gefördert, die es Kindern ermöglichen, eigenständig Zusammenhänge zwischen Perspektive und Erkenntnis zu erschließen (ebd.).

Für die didaktische Forschung ergibt sich daraus die Notwendigkeit, konkrete Beispiele aufzuzeigen, wie diese Herausforderungen im Unterricht konstruktiv bearbeitet werden können. In einem inklusiven Unterricht gilt es, sowohl die notwendige Reduktion von Komplexität als auch eine sukzessive Erweiterung von Perspektiven didaktisch zu integrieren. Wissen wird dabei nicht lediglich vermittelt, sondern in Aushandlungsprozesse eingebettet, die individuelle und kollektive Deutungen zulassen. Reflexion und Perspektivenwechsel nehmen in diesem Zusammenhang eine zentrale Rolle ein: Sie eröffnen Kindern die Möglichkeit, ihre eigenen Sichtweisen zu hinterfragen, alternative Zugänge zu entwickeln und sich in ihrer Erkenntnisbildung aktiv einzubringen. Lehrkräfte gestalten diese Prozesse, indem sie Arrangements schaffen, die strukturelle Klarheit mit Offenheit für neue Einsichten verbinden. So entsteht ein Lernprozess, der nicht allein auf Wissensaneignung abzielt, sondern auf die aktive Konstruktion von Bedeutung innerhalb eines sozialen Kontexts.

Teilhabe durch die Vermittlung und den Erwerb von Wissen

Ein zentraler Fokus der Grundschuldidaktik liegt auf der Vermittlung von Wissen durch Unterricht sowie dem Erwerb von Wissen durch die Schülerinnen und Schüler. Aus teilhabetheoretischer Perspektive stellt sich die Frage, wie Wissen nicht nur vermittelt, sondern gemeinsam erschlossen wird. Teilhabe als Teil-Sein impliziert, dass Kinder nicht lediglich passive Empfängerinnen und Empfänger von Wissen sind, sondern aktiv in die Auswahl, Strukturierung und Reflexion von Lerninhalten einbezogen werden. Die Festlegung von Grundwissen erfolgt beispielsweise in den Lehrplänen und Bildungsstandards für die Grundschule (z. B. KMK, 2022). Diese Vorgaben bieten zwar Orientierung, dürfen jedoch nicht zu einem rein transmissiven Verständnis von Wissen führen. Eine inklusive Grundschuldidaktik, die auf Bildung durch Teilhabe ausgerichtet ist, hat die Aufgabe, Lern- und Erfahrungsräume anzubieten, in denen Lernende nicht nur vorgegebene Wissensbestände rezipieren, sondern diese aktiv hinterfragen, in ihre eigenen Erfahrungswelten integrieren und kritisch reflektieren können. Die Herausforderung bei der Auswahl von Inhalten besteht nicht nur in der begrenzten Lernzeit in der Grundschule, sondern auch in den bereits genannten Kategorien der Repräsentativität und Exemplarität (Duncker, 2007, S. 245). Dies verdeutlicht, dass Wissen in der Grundschule stets in einen größeren gesellschaftlichen und kulturellen Kontext eingebettet ist. Teilhabe als Teil-Sein bedeutet in diesem Zusammenhang, dass

Kinder nicht nur Wissen erwerben, sondern auch lernen, welche Bedeutung bestimmte Wissensbestände für sie selbst und für die Gesellschaft haben. In einer sich stetig wandelnden Wissensgesellschaft, in der sich Wissen rasant vermehrt und gleichzeitig veraltet, entstehen neue Spezialgebiete, während etablierte Bereiche sich verändern oder ganz wegfallen. Dies führt dazu, dass Einzelne nur einen begrenzten Überblick über bestimmte Anteile des Wissens haben können. Das Lernen und Lehren von Teilhabe kann daher nicht nur auf das Erlernen von Fakten abzielen, sondern muss auch die Fähigkeit fördern, Wissen kritisch zu bewerten und sich in einer sich wandelnden Wissenslandschaft zurechtzufinden.

Ein statisches Verständnis von Wissen widerspricht der Dynamik des Teilhabeprozesses, in dem Individuen aktiv an der Aushandlung und Neugestaltung von Wissen beteiligt sind. Dies führt zu der zentralen Frage nach einem allgemeinen und verbindlichen Wissen: Welches Wissen ist bildungsrelevant und welches nicht? Hierbei geht es nicht allein um die Auswahl der Inhalte, sondern auch um die Frage, wer an dieser Auswahl beteiligt ist. Kinder sind im Kontext des Teilhabe-Lernens nicht Objekte von Bildungsentscheidungen, sondern Subjekte, die aktiv an der Konstruktion von bedeutsamem Wissen beteiligt sind. Die inklusive Grundschuldidaktik steht vor der Herausforderung, auf diese Fragen Antworten zu entwickeln, wobei die zunehmende Pluralisierung von Lebenswelten die Formulierung konsensfähiger Positionen erschwert. Hier zeigt sich das Spannungsfeld zwischen einer einheitlichen Wissensaneignung und der Vielfalt individueller Perspektiven. Teilhabeprozesse erfordern Aushandlung und Reflexion, um sowohl gemeinsame Orientierungen als auch individuelle Aneignungsmöglichkeiten anzubieten.

Selbst wenn ein solcher Konsens über einzelne Wissensbestände der Fächer erreicht werden kann, besteht die Gefahr, dass die Grundschuldidaktik einem positivistischen Verständnis von Wissen erliegt und den Unterricht auf die Vermittlung von fertigem Wissen begrenzt (Duncker, 2007, S. 245). Eine didaktische Perspektive, die Wissen als veränderlich und kontextabhängig betrachtet und damit das Lernen von Teilhabe in den Blick nimmt, kann eine reflexive Auseinandersetzung mit Lerninhalten initiieren. Dabei ist zu berücksichtigen, dass Kinder nicht nur Wissen aufnehmen, sondern auch eigene Deutungen und Erklärungsansätze entwickeln. Dieser Herausforderung kann begegnet werden, wenn die inklusive Grundschuldidaktik Antworten darauf gibt, wie in Lernprozessen methodische Fähigkeiten ausgebildet werden können, um vorgegebenes Wissen nicht unhinterfragt aufzunehmen, sondern vielmehr in der Lage zu sein, dieses kritisch zu prüfen und zu bewerten. Die Vermittlung methodischer Kompetenzen ermöglicht es Lernenden, Wissen nicht nur als gegeben zu betrachten, sondern sich aktiv damit auseinanderzusetzen. Dies kann insbesondere mit Blick auf die zunehmende Verfügbarkeit von Informationen von Bedeutung sein.

Darüber hinaus sollte der Fokus nicht nur auf Inhalten, also auf einer materialen Bildung, liegen, sondern auch formale Bildung berücksichtigen. Diese bezieht sich darauf, dass es am Ende von Unterrichtsprozessen nicht nur darum gehen kann, Inhalte wiederzugeben, sondern auch darum, über ein Methodenrepertoire zu verfügen, mit dem Wissen ermittelt, reflektiert, interpretiert und erörtert werden kann. Die Verbindung von materialer und formaler Bildung stellt eine Möglichkeit dar, Wissen nicht nur als Bestandsaufnahme, sondern als aktiven Prozess der Auseinandersetzung und Reflexion zu betrachten. Dabei ist die Frage relevant, wie Lernende in diesen Prozess aktiv eingebunden werden können. Klafki (2007) versucht mit seinem Verständnis einer »kategorialen Bildung«, materiale und formale Bildung zu berücksichtigen, um beide Seiten zusammenzubringen. Diese Konzeption bietet eine Grundlage, um Bildung nicht nur als Wissensaneignung, sondern auch als Reflexions- und Verstehensprozess zu betrachten. Dabei werden unterschiedliche Zugänge und Perspektiven auf Wissen berücksichtigt, was auf ein komplexes Verständnis des Lernens von Teilhabe rekurriert. Die Berücksichtigung formaler Bildung kann im Grundschulunterricht dazu führen, nicht nur Inhalte zu fokussieren, sondern auch die Form des Lernens. Ein Fokus auf die Art und Weise des Lernens kann dazu beitragen, dass Kinder nicht nur Inhalte aufnehmen, sondern auch Strategien entwickeln, um sich Wissen selbstständig zu erschließen und kritisch zu hinterfragen.

Für eine inklusive Grundschuldidaktik, die auf Bildung durch Teilhabe ausgerichtet ist, erscheint es deshalb notwendig, sowohl die Vermittlung von Wissen als auch die Kultivation eines methodischen Verhältnisses zur Wirklichkeit zu berücksichtigen. So wird es möglich, nicht nur die kognitiven Fähigkeiten der Kinder zum Bezugspunkt ihrer Leistungsfähigkeit zu machen, sondern ihnen gleichzeitig zu ermöglichen, ihr Wissen stetig zu überprüfen, zu erweitern und gegebenenfalls zu korrigieren. Die Frage, inwieweit der Grundschulunterricht nicht nur Wissen vermittelt, sondern auch den reflektierenden Umgang mit Wissen unterstützt, ist von Bedeutung. Dies kann dazu beitragen, dass Lernende Wissen nicht als statisch, sondern als entwicklungsfähig begreifen und eigenständig mit neuen Informationen umgehen können. Die Diskussion über die Vermittlung von Wissen in der Grundschule steht im Spannungsfeld zwischen curricularem Grundwissen, individuellen Aneignungsprozessen und der Reflexion über Wissen. Während festgelegte Inhalte eine Orientierungsfunktion haben, stellt sich die Frage, wie Lernende aktiv an der Erschließung und Reflexion von Wissen beteiligt werden können. Eine Didaktik, die sowohl materiale als auch formale Bildung berücksichtigt, kann dazu beitragen, Wissen nicht nur als statischen Bestand zu verstehen, sondern als dynamischen Prozess, der individuelles Lernen und gesellschaftliche Aushandlung verbindet.

Teilhabe durch das Bewahren von kultureller Pluralität und kultureller Identität

Unter den durch kulturelle Pluralität veränderten Bedingungen des Grundschulunterrichts rückt insbesondere die Frage der inneren Differenzierung in den Fokus. Die zunehmende kulturelle Vielfalt erweitert die Perspektive auf Unterrichtsgestaltung. Dabei stellt sich die Frage, wie Differenzierung nicht nur individuelle Lernwege unterstützt, sondern auch gemeinschaftliches Lernen ermöglicht und gesellschaftlichen Zusammenhalt fördert. Ziel ist es, sowohl die soziokulturellen Lernvoraussetzungen der Kinder als auch individuell wie gruppenspezifisch unterschiedliche Zugänge zum Lernen durch ein geeignetes didaktisches Angebot zu berücksichtigen. Im Kontext von Teilhabe besteht die Herausforderung darin, Differenzierung nicht nur als individuelle Anpassung, sondern als gemeinschaftlich strukturierten Lernprozess zu gestalten. Die Grundschule hat seit ihrer Gründung 1919 den Anspruch, eine Schule für alle Kinder zu sein, und übernimmt damit eine integrative Aufgabe. Das Spannungsverhältnis zwischen dem Anspruch gemeinsamer Bildung und den strukturellen Herausforderungen der Schulorganisation zeigt sich seit jeher. Die Frage nach einer inklusiven Grundschuldidaktik, die auf Bildung durch Teilhabe ausgerichtet ist, berührt somit auch bildungspolitische Aspekte. Einschränkend ist anzumerken, dass Schülerinnen und Schüler mit besonderem Förderbedarf teilweise weiterhin in Förderschulen oder -zentren unterrichtet werden. Seit der Ratifizierung der UN-BRK (2009) wird die Möglichkeit gemeinsamer Beschulung von Kindern mit und ohne besondere Bedürfnisse verstärkt diskutiert (Kaiser & Seitz, 2020; Hellmich & Blumberg, 2017). Daraus ergibt sich der Auftrag an die inklusive Grundschuldidaktik, integrative Lösungen zu entwickeln, die auch der Vielfalt gerecht werden. Teilhabe umfasst somit strukturelle, didaktische und inhaltliche Dimensionen. Bereits seit der Gründung der Grundschule wurden reformpädagogische Konzepte wie Freie Arbeit, Wochenplanarbeit oder Projektunterricht entwickelt und umgesetzt, die Differenzierung fördern sollen. Die Frage ist, ob diese Konzepte angesichts heutiger Heterogenität so weiterentwickelt werden können, dass Teilhabe individuell und gemeinschaftlich gelernt werden kann. Kann innere Differenzierung auch das Ziel sozialer Integration verfolgen?

Kulturelle Unterschiede und besondere Bedarfe sind nicht erst seit dem Inklusionsdiskurs Teil didaktischer Überlegungen. Es gibt eine kontinuierliche Auseinandersetzung mit heterogenen Lernvoraussetzungen. Duncker fasst dies wie folgt zusammen:

> »Die Argumentation geht dabei sowohl über den Erfahrungsbezug wie über das Prinzip der Perspektivität: Die unterschiedlichen biographischen und lebensweltlichen Hintergründe, in denen interkulturell differierende Erfahrungen enthalten sind, bilden ebenso substanzielle Voraussetzungen für die Gestaltung des Grundschulunterrichts wie die (mehr-)perspektivische Rekonstruktion interkultureller Zugänge zum Verständnis von Wirklichkeit. Eine Verbindung scheint gerade hier didaktisch sinnvolle Wege zu öffnen: Das Prinzip der Perspektivität, gebunden an kulturell identifizierbare Standpunkte, kann für die Klärung von Erfahrungen der Differenz produktiv zur Anwendung kommen. Einheitlichkeit und Vereinheitlichung verbieten sich hier schon aus Gründen des Taktes und der Achtung der Würde des einzelnen Kindes« (Duncker, 2007, S. 247).

Offen bleibt in der grundschuldidaktischen Forschung bislang die Frage, wie das Prinzip der Beachtung kultureller Identität durch einen dialektischen Gegenpart begrenzt bzw. relativiert werden kann: Während die Berücksichtigung kultureller Identität als bedeutsam erachtet wird, bleibt unklar, in welcher Weise sie didaktisch eingeordnet und mit allgemeinen Bildungszielen in Beziehung gesetzt werden kann. Ein dialektischer Gegenpart erscheint erforderlich, um zu verhindern, dass Unterricht in beliebige Formen von Pluralisierung zerfällt und dadurch seine orientierende Funktion im Sinne einer Legitimationsfunktion von Schule infrage steht. Wie kann die Grundschule dem Anspruch auf Anerkennung kultureller Vielfalt und gleichzeitig auf gemeinsame Bildungsziele gerecht werden? Differenzierung ist eine zentrale Strategie zur Förderung individueller Kompetenzen. Doch sie bedarf einer didaktischen Rahmung, die auch den gemeinschaftlichen Bildungsprozess strukturiert. Perspektivenvielfalt und interkulturelle Erfahrungen bieten Potenziale für die Unterrichtsgestaltung. Gleichzeitig erfordern sie eine reflektierte Einordnung, um Beliebigkeit zu vermeiden. Eine Bearbeitung des Desiderats, wie kulturelle Identität didaktisch produktiv gemacht werden kann, ohne dabei die Orientierung an gemeinsamen Bildungszielen aus den Augen zu verlieren, wäre in Anbetracht einer immer diverseren Gesellschaft dringend geboten.

Teilhabe durch die Festlegung auf Wissen und das Offenhalten von Wahrheit

Wenn Grundschulunterricht das Ziel verfolgt, Wissen zu vermitteln, rückt die Wahrheitsfrage in den Fokus (Duncker, 2007, S. 247). Die Vermittlung von Wissen setzt eine Auseinandersetzung mit der Frage voraus, was als gültiges Wissen betrachtet wird. Dabei ergibt sich die Herausforderung, einerseits Orientierung zu bieten und andererseits Raum für Reflexion und Perspektivenvielfalt offenzuhalten. Insbesondere wenn Gelerntes von den Schülerinnen und Schülern abrufbar ist und von Lehrkräften abgefragt wird, manifestiert sich eine eindeutige Festlegung auf bestimmtes Wissen, was potenziell zur Ausblendung alternativer Sichtweisen führen kann. Die Strukturierung von Wissen im Unterricht mag notwendig sein, um Komplexität zu reduzieren und Klarheit zu schaffen, birgt jedoch die Gefahr, alternative Perspektiven zu vernachlässigen. In didaktischer Absicht verbirgt sich hinter dieser Vereinfachung oft ein wohlmeinender Zugriff auf komplexe Zusammenhänge – sichtbar etwa in standardisierten Hefteinträgen. Dennoch bleibt die Frage bestehen, wie stark diese Reduktion die Offenheit für alternative Deutungen einschränkt.

Um einer didaktischen Engführung entgegenzuwirken, »bedarf es einer didaktischen Professionalität, die selbstbewusst Spielräume für das offene Denken, Suchen und Fragen erzeugt, sichert und verteidigt« (Duncker, 2007, S. 248). Offenheit im Unterricht stellt einen zentralen Aspekt von Teilhabe dar: Sie ermöglicht es Lernenden, sich aktiv an Aushandlungsprozessen zu beteiligen und eigene Sichtweisen einzubringen. Didaktische Konzepte wie das Philosophieren mit Kindern (z. B. Brüning, 2015; Michalik & Schreier, 2006) oder die Arbeit mit moralischen Dilemmata (z. B. Müller & Pfrang, 2022a; Applis, 2016) bieten hier bereits etablierte Modelle. Sie verdeutlichen, wie Lernprozesse offen gestaltet werden können, und fördern dabei die Rekonstruktion von Wirklichkeit aus unterschiedlichen Perspektiven. Dabei bleibt zu prüfen, wie sich solche Ansätze in den regulären Unterricht integrieren lassen. In diesen didaktischen Settings ist Raum für eine Substanz für vielperspektivische Rekonstruktionen von Wirklichkeit, da subjektive Wege ermöglicht werden und sich so didaktische Fantasie entfalten kann. Die Möglichkeit zur Rekonstruktion von Wirklichkeit aus unterschiedlichen Perspektiven kann dazu beitragen, dass Lernende nicht nur Wissen aufnehmen, sondern auch dessen Entstehung und Kontextualisierung reflektieren.

Gleichzeitig gilt es zu vermeiden, dass Unterricht in vollständiger Offenheit verbleibt. Nicht alle Themen lassen sich in der Grundschule multiperspektivisch und ohne strukturelle Orientierung vermitteln. Es bedarf daher didaktischer Zugänge, die Erkenntnisprozesse initiieren und Wege aufzeigen, die »erklärungskräftig, überzeugend und stichhaltig sind und den Aufbau des Weltbildes zuverlässig abstützen können« (Duncker, 2007, S. 248). Die Auswahl und Vermittlung von Wissen im Grundschulunterricht erfolgen nicht nur unter inhaltlichen, sondern auch unter epistemologischen Gesichtspunkten. Dabei stellt sich die Frage, welche Kriterien zur Bestimmung von ›erklärungskräftigem‹ Wissen herangezogen werden können. Das heißt, dass »Wahrheiten gesucht und gefunden, aber doch wieder der dialogischen Verständigung, dem philosophischen Zweifel und möglicher Infragestellung ausgesetzt werden müssen. Im Wechsel des Fixierens und Verflüssigens der Wahrheitsfrage kann die Didaktik deshalb einen wesentlichen Beitrag zur Einlösung des Bildungsauftrags leisten« (Duncker, 2007, S. 248). Diese Perspektive verweist auf das Spannungsfeld zwischen Stabilität und Veränderlichkeit von Wissen. Die Herausforderung besteht darin, einerseits Orientierung zu bieten und andererseits Raum für kritische Reflexion zu ermöglichen. Die Auseinandersetzung mit der Wahrheitsfrage bewegt sich im Spannungsverhältnis zwischen notwendiger Wissensstrukturierung und reflexiver Offenheit. Während stabile Wissensbestände für die Orientierung essenziell sind, braucht es zugleich Räume, in denen Schülerinnen und Schüler zur kritischen Reflexion angeregt werden. Didaktische Konzepte, die multiperspektivisches Denken fördern, bieten die Chance, sowohl kognitive Klarheit als auch reflexive Kompetenz zu stärken – eine zentrale Anforderung an eine inklusive Grundschuldidaktik, die an Bildung durch Teilhabe ausgerichtet ist.

Teilhabe durch neue Erfahrungen

Die Berücksichtigung von Erfahrungen stellt in der Grundschuldidaktik ein zentrales Prinzip zur Gestaltung und Auswahl von Unterrichtsinhalten dar (Dewey, 2011). Dabei ist die Anknüpfung an vorhandene Wissensbestände und Interessen der Lernenden ebenso bedeutsam wie die Frage, inwieweit diese Erfahrungsbezüge erweitert werden müssen, um über individuelle Sichtweisen hinauszugehen. Insbesondere im Hinblick auf die Erfahrungsqualität von Inhalten und Lernformen rücken Dimensionen in den Fokus, welche die Subjektivität der Lernenden beeinflussen und in deren Lernbiografie als bedeutsam erkennbar sind. Dies verdeutlicht, dass Lernprozesse nicht nur kognitiv, sondern auch biografisch, emotional und leiblich geprägt sind. Eine zentrale didaktische Herausforderung ist es, Erfahrungen so einzubinden, dass sie nicht nur an Bekanntes anknüpfen, sondern neue Deutungsmöglichkeiten eröffnen. Persönliche Ansprache und lebensweltliche Bezüge gelten dabei häufig als Ausgangspunkt für Unterrichtsplanung und -gestaltung. Gleichwohl lässt sich diese Annahme im Kontext von Teilhabe kritisch reflektieren: Lernen erfolgt auch durch Irritation, durch das Unbekannte und durch die Konfrontation mit Fremdem. Ein ausschließlich erfahrungsbasierter Zugang kann dazu führen, dass Lernprozesse auf Bekanntes beschränkt bleiben, während Bildung auch eine Relativierung und Erweiterung von Vorerfahrungen verlangt.

Bildung im Sinne einer Horizonterweiterung erfordert somit die bewusste Auseinandersetzung mit bislang unbekannten Sichtweisen. Lernprozesse sollten daher über die Reproduktion bestehender Deutungsmuster hinausgehen und Räume für Reflexion und Perspektivübernahme eröffnen. Die gezielte didaktische Gestaltung von Irritationen kann hierbei als Möglichkeit verstanden werden, Lernende für andere Sichtweisen zu sensibilisieren. Die Herausforderung besteht darin, didaktische Zugänge zu schaffen, die eine produktive Balance zwischen Vertrautem und Neuem ermöglichen. Auch wenn erste Annäherungen an neue Inhalte naiv sein mögen, können sie durch Irritation, Provokationen, Relativierungen, Vergleiche und Kontrastierung erweitert werden. Erkenntnisprozesse vollziehen sich dabei im Wechselspiel zwischen subjektiver Erfahrung und externen Deutungsangeboten. Offen bleibt, inwieweit Lernende solche Reflexionsprozesse eigenständig vollziehen oder gezielte Impulse benötigen. Die Einsicht in die Begrenztheit von Vorerfahrungen und Vorurteilen kann erst dann erlangt werden, wenn Bezugspunkte herangezogen werden, die einen Blick von außen zulassen:

> »Sachliche Begründungszusammenhänge, objektiv-kulturelle Standpunkte, wissenschaftliche Deutungen, usw. können – medial in Texten aller Art repräsentiert – dazu beitragen, Interpretationshorizonte zu gewinnen, die es erlauben, von sich selbst abzusehen und einen von den Zufällen und Befangenheiten der eigenen Biographie losgelösten Standpunkt zu finden. Dass dies nur partiell und nicht absolut gelingen kann, ergibt sich schon aus erkenntnistheoretischen Verortungen« (Duncker, 2007, S. 249).

Hier wird auf die Grenzen subjektiver Erfahrung verwiesen. Gleichzeitig bleibt für die didaktische Gestaltung des Lernens von Teilhabe die Frage bestehen, wie Lernende zwischen subjektiven und objektivierten Wissensbeständen vermitteln können, um Erkenntnisprozesse nicht als statisch, sondern als dynamisch und kontextabhängig zu verstehen. Das Wechselspiel zwischen persönlicher Erfahrung und distanzierter Reflexion lässt sich auch methodisch herausfordern. Hierzu bietet sich die didaktische Methode der Verfremdung an (Spahr, 2017). Sie impliziert einen Perspektivwechsel und eröffnet die Möglichkeit, Lerngegenstände aus ungewohnten Blickwinkeln zu betrachten. Dies wirft die Frage auf, inwieweit solche Perspektivwechsel durch Eigenaktivität entstehen oder durch didaktische Arrangements angestoßen werden. Rauschenberger (1967, S. 86) hebt hervor, dass über Distanzierung als Methode Lernen als Erkenntnisprozess erfahren werden kann: Nicht Identifikation, sondern das bewusste Zurücktreten vom Gegenstand eröffnet neue Einsichten. Lehrpersonen können durch gezielte Impulse dazu beitragen, dass Lernende Lerngegenstände aus verschiedenen Perspektiven betrachten oder gar deren gewohnte Deutung hinterfragen (Rauschenberger, 1967, S. 95). Mit einem fremden Blick (Rumpf, 1986) schaffen Lernende einen Wechsel von einem subjektiven Zugang zu einer distanzierten, reflexiven Haltung.

Der Wechsel zwischen subjektiven Erfahrungen und distanzierten Reflexionen ist eine Möglichkeit, um Teilhabe nicht nur als individuelles Erleben, sondern auch als gemeinschaftliche Auseinandersetzung mit Wissen und Deutungsmöglichkeiten zu verstehen. Die Bearbeitung des Spannungsverhältnisses zwischen subjektivem Deutungsmuster und der Erweiterung des Erfahrungshorizonts ist eine didaktische Aufgabe im Unterricht der Grundschule. Lernprozesse knüpfen entsprechend nicht nur an vorhandene Deutungsmuster an, sondern tragen auch zur Relativierung und Reflexion bei. Der Einsatz von Verfremdung bietet hierbei ein methodisches Instrument, das zum Perspektivwechsel anregt. Entscheidend ist, dass Lernprozesse so strukturiert werden, dass sie sowohl Anschlussfähigkeit als auch kritische Distanz ermöglichen.

Teilhabe durch die Förderung von Fantasie und die Sicherung von Realitätsbezügen

Vor dem Hintergrund eines pädagogisch-phänomenologischen Lernverständnisses (z.B. Meyer-Drawe, 2019) lässt sich die Aufgabe der Didaktik präzisieren. Ein phänomenologischer Zugang betont den Vollzug von Lernen als erfahrungsbasierten Prozess. Daraus ergibt sich die Frage, wie Lernangebote gestaltet werden können, um Erfahrungen nicht nur zu ermöglichen, sondern auch zur Reflexion zu öffnen. Ein solcher Zugang erscheint vielversprechend, da er es erlaubt, den Vollzug des Lernens unter besonderer Berücksichtigung des Erfahrens zu fokussieren (Koch, 2002, S. 85; Künkler, 2008, S. 33). Die Bedeutung von Erfahrung für Lernprozesse ist vielfach diskutiert worden. Offen bleibt jedoch, wie erfahrungsbasiertes Lernen mit strukturierten, didaktischen Vermittlungsformen zusammenhängt und wie die Erfahrungen der Lernenden produktiv für Bildungsprozesse genutzt werden können. In Anlehnung an Meyer-Drawe (2003, S. 508) lässt sich das Augenmerk auf das »Wie« des Lernvollzugs richten, beispielsweise auf die Aushandlungsprozesse zwischen Teilnehmenden und Teilgebenden (Müller & Pfrang, 2022b, S. 524). Der Fokus auf den Vollzug betont, dass Lernen nicht allein auf Ergebnisse zielt, sondern dass die Aneignungsweise selbst einen Bildungswert besitzt – insbesondere für die Gestaltung teilhabeorientierter Lernprozesse.

Nach Prange (1978, S. 15) berührt dies eine zentrale pädagogische Frage: In welchem Verhältnis stehen Erfahrung (z.B. Teil-Nahme oder Teil-Gabe) und der Vollzug des Lernens (z.B. Aushandlungen zwischen Teil-Gebenden und Teil-Nehmenden)? Diese Perspektive verweist auf das Wechselspiel zwischen individueller Erfahrung und gemeinschaftlicher Aushandlung. Dabei stellt sich die Frage, inwieweit solche Prozesse bewusst gestaltet werden können oder ob sie primär aus den Interaktionen der Lernenden entstehen. Zusammenfassend lässt sich sagen, dass Lernen (z.B. von Teilhabe) erst durch Erfahrung (z.B. von Teil-Gabe und Teil-Nahme) möglich – und zugleich notwendig – wird. Buck (1989, S. 17) erweitert diese Annahmen um die Idee des Umlernens: Lernen bedeutet, dass Vorerfahrungen, Erwartungen oder Antizipationen auf Neues treffen, dabei negiert, enttäuscht oder auch korrigiert werden. Lernen zielt somit nicht allein auf die Erweiterung von Wissen, sondern auf die Transformation von Deutungsmustern. Dies wirft die Frage auf, wie didaktische Arrangements gestaltet sein müssen, um solche Prozesse zu fördern. Müller und Pfrang betonen, dass bei »diesem Lernen […] nicht nur neue Erfahrungen über einen Gegenstand oder ein Phänomen gemacht [werden], sondern auch über den Lernenden selbst sowie die Art des Erfahrens« (Müller & Pfrang, 2022b, S. 524). Erfahrungen sind immer durch frühere Erfahrungen gerahmt, bestätigen sich an diesen oder setzen sich von ihnen ab. Es vollzieht sich ein Wandel des Erfahrungshorizonts, beeinflusst durch Bestätigung oder Widerlegung von Antizipationen. Aus dieser Perspektive ergibt sich, dass Lernende im Prozess des Erfahrens auch mit ihren eigenen Antizipationen konfrontiert sind – Lernen umfasst also mehr als Wissensaneignung, es ist auch Selbstbegegnung.

Für eine inklusive Grundschuldidaktik, die auf Bildung durch Teilhabe ausgerichtet ist, stellt sich die Aufgabe, vielfältige Lernangebote zu gestalten, die Wirklichkeitsvielfalt abbilden, Vorstellungskraft anregen und einen spielerischen Zugang zur Realität ermöglichen. Die Förderung von Fantasie und Imagination verweist darauf, dass Lernen nicht nur der Wissensaneignung dient, sondern auch der Entwicklung alternativer Perspektiven und Zukunftsentwürfe – gerade im Hinblick auf kreative und problemlösende Kompetenzen. Duncker (2007, S. 251) hebt hervor, dass Lernprozesse im Wechselspiel von passivem Aufnehmen und aktivem Aneignen nicht nur Neues über den Lerngegenstand, sondern auch über das eigene Erfahren hervorbringen. Da Antizipationen immer durch frühere Erfahrungen geprägt sind, müssen sie sich an neuen Erfahrungen bewähren oder sich korrigieren lassen. Im konstruktiven Charakter des Erkennens wird sichtbar, dass Vorstellungen nicht lediglich aus Erfahrung abgeleitet sind. Deshalb lässt sich Lernen auch nicht vollständig durch didaktische Arrangements determinieren. Vielmehr bedarf es Konzepte, die sowohl Orientierung bieten als auch Freiräume für eigenständige Deutung eröffnen (ebd.). Kinder brauchen Gelegenheiten zur aktiven Auseinandersetzung mit Lerninhalten – nicht nur rezeptiv, sondern auch explorativ. Dies wirft die Frage auf, wie diese Offenheit strukturiert werden kann. Dabei können die Perspektivenvielfalt und die Vorstellungskraft helfen, sowohl faktische als auch mögliche Bedeutungen zu erschließen. Ein besonderes Potenzial liegt in der Erweiterung realer und wahrscheinlicher Bedeutungen hin zu utopischen Vorstellungen (ebd.). Solche Vorstellungen können Lernenden neue Sichtweisen auf die Welt eröffnen. Entscheidend ist dabei, wie solche Ansätze in den Unterricht eingebunden werden können, ohne in abstrakte Überforderung zu kippen.

Ein solches »Konzept utopischer Vorstellungen« kann als Möglichkeit gesehen werden, um Lernenden neue Perspektiven auf die Welt zu eröffnen. Das Anliegen einer inklusiven, Grundschuldidaktik, die auf Bildung durch Teilhabe ausgerichtet ist, wäre es, über gegenwärtige Zustände hinaus auch Möglichkeitsräume zu eröffnen – Lernräume, in denen Schülerinnen und Schüler sich mit dem befassen, was sein könnte. Dies erfordert ein inspirierendes Lernumfeld, das sowohl Imagination als auch Fantasie fördert. Ein solches Umfeld könnte dazu beitragen, dass Kinder nicht nur vorhandenes Wissen reflektieren, sondern auch eigenständige Ideen und neue Deutungen entwickeln. Offene Lernumgebungen bedürfen allerdings einer sorgfältigen didaktischen Rahmung, um sowohl Offenheit als auch Struktur zu gewährleisten. Die Auseinandersetzung mit Lernen als phänomenologischem Prozess hebt die Bedeutung subjektiver Erfahrung, Antizipation und deren Wandel hervor. Während Erfahrungen den Ausgangspunkt von Lernprozessen bilden, bleibt offen, wie diese gezielt angestoßen und erweitert werden können. Die Förderung von Vorstellungskraft und utopischem Denken eröffnet Potenziale für eine kreative, reflexive Auseinandersetzung mit der Welt. Die Herausforderung einer inklusiven Grundschuldidaktik, die auf Bildung durch Teilhabe ausgerichtet ist, besteht darin, Strukturen zu schaffen, die Offenheit und didaktische Rahmung miteinander verbinden.

Teilhabe durch das Lehren und Lernen aus und als Erfahrung

Die Schule beruht auf der grundlegenden Vorstellung, dass Schülerinnen und Schüler Lernprozesse in einem überschaubaren, zeitlich festgelegten Rahmen bewältigen können. Dies impliziert ein Lernen, das auf methodisch-systematischer Grundlage basiert und nicht primär dem Prinzip von Versuch und Irrtum folgt. Lernprozesse sind in diesem Verständnis zielgerichtet und in einzelne Schritte gegliedert. Die Aufgabe der Didaktik besteht entsprechend darin, effizientes Lernen zu ermöglichen, etwa durch die Entwicklung von Lehrgängen oder Trainingsprogrammen, die in geschlossenen Unterrichtsformen umgesetzt werden und eine Orientierung an Lernzielen bzw. Lernergebnissen voraussetzen. Effizienz im Lernen zielt darauf ab, Prozesse zu optimieren und Fortschritte gezielt zu steuern. Dabei stellt sich die Frage, wie sich diese Steuerung mit individuellen Aneignungsprozessen und einer reflexiven Auseinandersetzung mit Lerninhalten vereinbaren lässt. Ebenso ist zu bedenken, inwiefern rigide Lernstrukturen Anpassung erschweren – und welche Rolle explorative Lernformen hierbei einnehmen können.

Bereits die Vertreterinnen und Vertreter der Reformpädagogik (z. B. Montessori, 1922) wandten sich gegen ein ausschließlich linear angelegtes Verständnis von Lernen. Kinder benötigen Räume, in denen sie eigene Erfahrungen machen, Dinge ausprobieren und eigenständig nach Lösungen suchen können. Es wurden Lernumgebungen geschaffen, in denen Wissen nicht »vermittelt«, sondern in hohem Maße selbst angeeignet werden konnte. Dabei wurde anerkannt, dass Lernen nicht als permanentes Dazulernen verstanden werden kann, sondern vom Erfahrungshorizont der Lernenden ausgeht. So spricht beispielsweise Meyer-Drawe (2019) von der Produktivität des Umlernens: Lernen ist nicht die bloße Akkumulation von Wissen, sondern ein Prozess der Neuverknüpfung und Rekontextualisierung von Erfahrungen. Gegen die Vorstellung stetiger Wissensanhäufung wird die Qualität des Nachdenkens und Erkundens gesetzt:

> »Verzögerung, Innehalten, Nach-Denken schaffen Raum für etwas Neues, das sich dem Gewohnten widersetzt und sich nicht in das Gängige einfügen lässt. […] Lernen bezeichnet eine Verwicklung mit Welt, in der wir stets riskieren, uns, die Sache sowie unsere Beziehung zum anderen umstrukturieren zu müssen« (Meyer-Drawe, 2019, S. 202 ff.).

Diese Überlegungen betonen auch die Relevanz ästhetischer Momente – etwa Staunen, Innehalten oder das Erleben von Überraschung –, insbesondere für das Lernen in der Grundschule. Zugleich darf dabei die kognitive Dimension des Nachdenkens und Erkundens nicht vernachlässigt werden, etwa wenn sich Lernen in Irritationen oder offenen Such- und Findungsbewegungen manifestiert. Die Einbindung ästhetischer Aspekte verweist auf die Rolle von Wahrnehmung, Emotion und Atmosphäre in Bildungsprozessen. Daraus ergibt sich die Frage, wie Lernarrangements gestaltet werden können, die sowohl spontane als auch strukturierte Erkenntnisprozesse ermöglichen. Reflexionsphasen und Pausen können dabei zu produktiven Momenten der Erkenntnisbildung werden. Gleichzeitig ist zu fragen, ob und wie schulische Strukturen solche Offenheit zulassen. Einschränkend ist mit Duncker jedoch darauf zu verweisen, dass sich

> »ein Lernen durch Erfahrung nicht zum alleinigen didaktischen Prinzip erhoben werden [kann]. Die Grundschule benötigt beides, nämlich das Angebot des Lehrens effizient und kalkulierbar zu machen und die Möglichkeit, Erfahrungsräume auszugestalten, in denen Lernumwege zugelassen sind und selbsttätig erprobt werden können« (Duncker, 2007, S. 252).

Hier wird ein didaktisches Spannungsfeld deutlich: Einerseits ist die strukturierte Aneignung von Wissen unverzichtbar, andererseits bedarf es Freiräume für individuelle Aneignungsprozesse. Daraus folgt die Frage, wie solche Erfahrungsräume systematisch in die Unterrichtsgestaltung integriert werden können. Es zeigt sich ein Spannungsfeld zwischen der Steuerung von Lernprozessen durch methodisch-systematische Ansätze und der Ermöglichung offener, erfahrungsbasierter Lernwege. Während klare Lernstrukturen Orientierung und Effizienz bieten, ermöglichen offene Erkundungsphasen Reflexion, Umwege und Neubewertungen. Die Herausforderung für eine inklusive Grundschuldidaktik, die auf Bildung durch Teilhabe ausgerichtet ist, besteht darin, ein Gleichgewicht zwischen diesen Polen zu finden, sodass sowohl strukturierte als auch explorative Lernprozesse Raum finden. Die Begriffe Reflexion, Nachdenken und Teilhabe ließen sich in diesem Zusammenhang als dynamische Prozesse begreifen, die didaktisch weiter zu differenzieren wären – mit dem Ziel, ein Modell zu entwickeln, das sowohl die individuellen Bedürfnisse der Lernenden als auch die institutionellen Rahmenbedingungen berücksichtigt.

Teilhabe durch die Förderung von Dialog und die Anbahnung von Grundhaltungen

Für eine inklusive Grundschuldidaktik, die auf Bildung durch Teilhabe ausgerichtet ist, ergibt sich auf der Grundlage eines pädagogisch-phänomenologischen Verständnisses von Lernen als Erfahrung die Notwendigkeit, aber auch die Möglichkeit, die Bereitschaft zu Dialog und Verständigung gezielt zu fördern. Ziel ist es, Schülerinnen und Schülern unterschiedliche Perspektiven und Erfahrungshorizonte sichtbar zu machen und so die Voraussetzung für die Anerkennung von Vielfalt und Pluralität zu schaffen. Diese Ausrichtung betont den dialogischen Charakter von Lernen und hebt die Bedeutung von Perspektivwechseln hervor. Dabei stellt sich die Frage, inwieweit solche Dialogprozesse gezielt angeregt und zugleich mit den curricularen Vorgaben der Grundschule vereinbart werden können. Die Anerkennung der Erfahrungen anderer bildet dabei sowohl Voraussetzung als auch Ergebnis eines Dialogs, der didaktisch inszeniert werden kann (Duncker, 2007, S. 253). Gleichzeitig lässt sich festhalten, dass es im Unterricht nicht allein um die Förderung von Dialog und Auseinandersetzung gehen kann. Es ist von zentraler Bedeutung, pädagogische Räume zu schaffen, in denen grundlegende Haltungen und Überzeugungen thematisiert werden können, die nicht zur

Disposition stehen – etwa ethische und moralische Werte einer demokratischen Gesellschaft sowie identitätsstiftende Merkmale von Personen. Die Auseinandersetzung mit individuellen Sinnorientierungen kann dazu beitragen, diese für ein gemeinsames Verstehen zugänglich zu machen, um so Erfahrungshorizonte miteinander zu klären und argumentativ zu vertreten. Daraus folgt: Während Offenheit und Perspektivwechsel zentrale didaktische Prinzipien darstellen, existieren dennoch grundlegende Werte, die nicht infrage gestellt werden. Die Herausforderung besteht darin, diese Werte zu vermitteln, ohne die Offenheit von Lernprozessen zu beschneiden. Vielmehr sollten auch solche »nicht-verhandelbaren« Grundwerte diskursiv eingeordnet und reflektiert werden, sodass Schülerinnen und Schüler nicht nur Werte übernehmen, sondern sie auch begründen und vertreten können.

Die Grenzen des Erfahrungsbezugs im Kontext grundschuldidaktischer Überlegungen zeigen, dass auch der Belehrbarkeit durch Unterricht Grenzen gesetzt sind. Unterricht kann Wissen und Kenntnisse vermitteln – wenn es jedoch um die Aneignung und Klärung von Erfahrungen geht, bleibt er in vielerlei Hinsicht ein Angebot, das angenommen, aber auch abgelehnt oder verweigert werden kann. Daraus folgt: Lernprozesse und damit Bildung durch Teilhabe sind nicht ausschließlich das Ergebnis didaktischer Planung, sondern werden auch durch individuelle Deutungen und subjektive Bereitschaft geprägt. Selbst das durchdachteste didaktische Konzept kann nicht garantieren, dass ein erfahrungsbasierter Lernfortschritt tatsächlich eintritt. Erfahrungen können sich der didaktischen Steuerung entziehen oder sich gegen Veränderung durch Begegnung und Dialog immunisieren (Duncker, 2007, S. 254). Diese Einsicht reflektiert die Grenzen didaktischer Einflussnahme – auch auf Teilhabeprozesse. Erfahrungen sind nicht linear steuerbar, sondern an subjektive Wahrnehmungs- und Deutungsmuster gebunden. Erfahrungen des Teil-Seins bilden den Ausgangspunkt für die Gestaltung von Teilhabe – je nachdem, wie diese Erfahrungen verlaufen sind, kann dies sowohl Teilhabe als auch deren Verweigerung grundlegen. In grundschuldidaktischen Debatten stehen häufig Offenheit und selbstständiges Lernen im Zentrum. Perspektivität und Erfahrung (Duncker, 2007) eröffnen hingegen eine alternative Zugangsweise, die den Blick auf das individuelle Kind und das gemeinsame Lernen innerhalb der Klasse richtet. Diese Perspektive verweist auf ein Spannungsverhältnis zwischen individueller Erfahrung und gemeinschaftlichem Bildungsprozess. Die Herausforderung besteht darin, eine Balance zwischen personalisierten Bildungswegen und der Förderung gemeinschaftlicher Lernräume zu finden.

Erfahrung und Perspektivität sind für das Lernen von Teilhabe in der Grundschule zentral. Zugleich machen sie deutlich, dass Erfahrungsprozesse nicht vollständig didaktisch gesteuert werden können. Während Wissen gezielt vermittelt werden kann, bleibt die Aneignung von Erfahrungen ein offener Prozess, der nicht vollständig vorhersehbar ist. Daraus ergibt sich für Lehrkräfte die Aufgabe, Lernumgebungen so zu gestalten, dass Erfahrungen von Teilhabe als Teil-Sein ermöglicht, aber nicht erzwungen werden. Neben Offenheit und Perspektivwechsel wird auch die Vermittlung grundlegender Werte als Orientierungshilfe bedeutsam. Die inklusive Grundschuldidaktik steht vor der Aufgabe, Lernprozesse so zu gestalten, dass sie individuelle Erfahrungen berücksichtigen und gleichzeitig eine gemeinsame Auseinandersetzung mit Wissen und Werten ermöglichen. Bildung durch Teilhabe realisiert sich dort, wo pädagogische Beziehungen Offenheit für Perspektiven ermöglichen und Differenz als Ausgangspunkt gemeinsamen Lernens anerkannt wird. Der Bildungsprozess liegt nicht im Erwerb vorgegebener Inhalte, sondern im dialogischen Entstehen von Bedeutung – in jenem Spannungsfeld von Selbst- und Welterfahrung, das pädagogisches Handeln konstituiert. Teilhabe ist damit keine Methode, sondern eine Haltung: Sie beschreibt den Kern dessen, was Grundschulbildung im inklusiven Sinn meint.

4 Werte, Anerkennung und Aushandlung als Leitprinzipien einer inklusiven Grundschuldidaktik

Grundschulen sind nicht nur Orte der Wissensaneignung, sondern auch soziale Räume, in denen Kinder lernen, mit Vielfalt umzugehen, Perspektiven zu wechseln und gemeinsam Werte zu gestalten. Ein inklusiver Unterricht geht dabei über die reine Vermittlung normativer Leitlinien hinaus: Er setzt auf Anerkennung, Dialog und gemeinsames Erleben. Ein zentraler Ausgangspunkt ist die Anerkennung des Anderen (▶ Kap. 4.1). Bildung bedeutet nicht nur den Erwerb von Wissen, sondern auch die Entwicklung eines Verständnisses für sich selbst in Relation zu anderen. Kinder machen früh die Erfahrung, dass ihre eigenen Perspektiven nicht exklusiv sind, und stehen damit vor der Herausforderung, Unterschiedlichkeit als potenzielle Bereicherung sozialer und gemeinschaftlicher Zusammenhänge zu begreifen. Daran schließt sich die Wertebildung im Unterricht an (▶ Kap. 4.2). Sie ist kein abstrakter, separater Prozess, sondern vollzieht sich im alltäglichen Miteinander. Dabei stellen sich zentrale Fragen: Welche Werte werden im Unterricht fokussiert? Welche Haltung nehmen Lehrkräfte ein? Und wie können Kinder aktiv in die Aushandlung von Werten eingebunden werden? Werte werden jedoch nicht nur gezielt thematisiert, sondern vor allem im Erfahrungsraum Unterricht auch erlebt (▶ Kap. 4.3). Der Unterricht fungiert als sozialer Erfahrungsraum, in dem Kinder Wertvorstellungen im Miteinander erproben – etwa in kooperativen Lernprozessen, im Umgang mit Konflikten oder in partizipativen Entscheidungsfindungen. Die Art und Weise, wie Lehrkräfte diesen Raum gestalten, prägt, welche Werte im schulischen Alltag gelebt und erfahrbar werden. Abschließend werden didaktische Prinzipien einer teilhabeorientierten Unterrichtskultur beleuchtet (▶ Kap. 4.4). Im Zentrum steht die Frage, welche methodischen und strukturellen Bedingungen ein Unterricht braucht, in dem Wertebildung nicht belehrend, sondern dialogisch und erfahrungsbezogen erfolgt. Wie können Lehrkräfte eine Lernkultur schaffen, die Kinder ermutigt, sich als aktive Mitgestaltende ihres sozialen und schulischen Umfelds zu erleben? Dieses Kapitel zeigt, dass Wertebildung in der Grundschule weit über die Vermittlung von Normen hinausgeht. Sie ist ein lebendiger Prozess, in dem Anerkennung, gemeinsames Erleben und reflektierte didaktische Entscheidungen zusammenwirken.

4.1 Die Anerkennung des Anderen

Die didaktische Bedeutung eines gemeinsamen Lernens in der Grundschule ergibt sich bereits aus der gesetzlichen Einführung einer undifferenzierten Elementarschule für alle schulpflichtigen Kinder durch die Weimarer Verfassung (1920). Seither steht die Grundschuldidaktik vor der Aufgabe, Teilhabe an institutionalisierter Bildung für alle Kinder zu ermöglichen. Insbesondere im schulischen Kontext kommt Anerkennung eine zentrale Rolle für die Entwicklung von Identität und Selbstbewusstsein zu. Sie verweist auf den Anspruch, Bildung durch Teilhabe gerecht zu gestalten. Gerade in institutionalisierten Bildungssettings ist die Anerkennung des Anderen jedoch eine besondere Herausforderung: Einerseits prägen asymmetrische Beziehungsstrukturen das pädagogische Verhältnis, andererseits ist stets auch die Welt als »das Andere« mitzudenken. Taylor betont in diesem Zusammenhang, dass Identitätsentwicklung »notwendigerweise an die dialogisch strukturierte, praktische Anerkennung durch andere gebunden« (Taylor, 1993, S. 21) sei.

Die erziehungswissenschaftlichen Anerkennungsdebatten liefern wichtige Grundlagen für eine inklusive Grundschuldidaktik, die auf Bildung durch Teilhabe ausgerichtet ist. So verweist Heitmeyer (2002) auf einen »Anerkennungszerfall«, der Bildungsdefiziten zugrunde liege. Demnach seien pädagogische Kontexte, insbesondere Schulen, zu wenig von Anerkennung geprägt – mit negativen Folgen für Selbstwert und Bildungserfolg. Annedore Prengel nimmt mit ihrer »Pädagogik der Vielfalt« (1993) eine der ersten systematischen theoretischen Fundierungen dieses Anspruchs vor. In Anlehnung an Axel Honneth rückt sie die drei Formen der Anerkennung – Liebe, rechtliche Achtung und soziale Wertschätzung – als normative Orientierungen pädagogischen Handelns in den Fokus. Dabei versteht sie intersubjektive Anerkennung nicht nur als theoretisches Leitprinzip, sondern als praxisrelevante Dimension, die in pädagogischen Beziehungen konkret erfahrbar und gestaltbar ist. Besonders die Honneth'sche dritte Anerkennungsform der sozialen Wertschätzung fokussiert Prengel (1993) und interpretiert diese zugleich als Ausdruck einer »egalitären Differenz«, als »Anerkennung zwischen soziokulturell unterschiedlich individuellen Personen« (Prengel, 2001, S. 26). Sie geht hierbei nach Mecheril (2005, S. 324) davon aus, dass die symmetrische Wertschätzung »gegebener Differenzen« und nicht die Abschaffung von Differenzen eine gerechtere Teilhabe am Bildungsgeschehen gewährleistet.

Auch Krassimir Stojanov liefert mit seinen bildungsphilosophischen Studien wichtige Impulse für teilhabeorientierte Bildungsprozesse. Im Zentrum steht bei ihm nicht die gerechte Verteilung von Gütern, sondern die Qualität sozialer Beziehungen als Voraussetzung gerechter Teilhabe (Stojanov, 2007, S. 42). Daraus ergibt sich die Notwendigkeit, dass allen Kindern im inklusiven Unterricht Erfahrungen mit moralischem Respekt und sozialer Wertschätzung ermöglicht werden. Bildung und die Fähigkeit zur sozialen Partizipation (Stojanov, 2006, S. 224) hängen unmittelbar mit Anerkennung zusammen. Im Sinne Honneths wird letztere hier als Anerkennung der Fähigkeit aller Individuen verstanden, ihre »persönlichen und unverwechselbaren, biographisch eingebetteten Eigenschaften und

Kompetenzen so zu artikulieren, dass sie als ein potentieller Beitrag und/oder als Bereicherung für die Gesamtgesellschaft gelten können« (Stojanov, 2007, S. 43). Kinder dürfen nicht als »determiniert durch ihre Herkunft bzw. als Produkte einer kulturell-abweichend postulierten Familiensituation behandelt werden« (Stojanov, 2008, S. 256). Vielmehr ist ihnen das Potenzial zuzusprechen, über ihre »entkulturierten Selbst- und Wirklichkeitsdeutungsmuster« (Stojanov, 2006, S. 199) hinauszuwachsen bzw. sie »transformierend zu artikulieren« (ebd.). Anerkennungsverhältnisse, wie z. B. Liebe, Recht oder Solidarität, die die kulturelle biografische Anerkennung mit umfasst, sind demnach nicht das »Ziel der Bildung, [...] keine objektive gesellschaftliche Gegebenheit, die durch Bildung angeeignet werden soll, sondern vielmehr Voraussetzung und Triebwerk von Bildung« (ebd., S. 168 f.). Zusammenfassend ist Anerkennung für Stojanov nicht Ziel, sondern Bedingung und Triebkraft von Bildung (ebd.).

Während Prengel und Stojanov Anerkennung vor allem als interpersonale Beziehung denken, betont Ricken (2006, S. 224), dass in diesen Ansätzen die »Verwiesenheit auf Andere, die immer auch entzogen sind« unzureichend berücksichtigt wird. Gerade im Kontext eines Teilhabe-Lernens in einem gemeinsamen Mit- und Voneinander-Lernen (▶ Kap. 2.3) wird aber genau auf die Bedeutung dieser dialektischen Verwobenheit verwiesen. Ricken argumentiert diesbezüglich, dass Anerkennung immer sowohl Bestätigung bereits konstituierter Subjekte als auch eine Stiftung von Subjekten impliziert. Anerkennung zeige sich nämlich »als ein transformatorischer Prozess andauernder Bezugnahmen, Rückverweise und Verwerfungen, als ein Geschehen der ineinander gefalteten Unterwerfung und Überschreitung zugleich« (Ricken, 2009a, S. 125). Balzer (2020, S. 59) ergänzt, dass Anerkennungspraxen in Machtverhältnisse eingebettet sind und zugleich selbst Macht ausüben – nicht einseitig positiv oder negativ, sondern ambivalent und produktiv.

Im Anschluss an Judith Butler wird Anerkennung als »performatives Adressierungs- und Subjektivierungsgeschehen« (Ricken, 2006, S. 78) verstanden. Dies wirft die Frage auf, wer überhaupt als Subjekt der Anerkennung gelten kann (Butler, 2003, S. 32). In Anlehnung an Butler konstatieren Balzer und Ricken, dass Normen der Anerkennbarkeit immer schon anwesend sind. Das Subjekt wird nicht anerkannt, ohne sich »zuvor zu den gesellschaftlichen Kategorien« einer »anerkennungsfähigen sozialen Existenz« (Balzer, 2020; Ricken, 2009a) zu beugen bzw. zu unterwerfen. Aber nie ist Anerkennung durch die einseitige Bewegung der Unterwerfung zu betrachten, ebenso ist eine Überschreitung möglich: Die Normen, denen Anerkennung zu Teil wird, können infrage gestellt werden, es ist im Sinne »subversiver Resignifikationen« (Butler, 2006) möglich, sich gegen sie zu wenden (Balzer, 2020; Ricken, 2009a). Dieser Ansatz macht deutlich, dass Anerkennung stets in Machtverhältnisse eingebettet ist. Pädagogisches Handeln ist daher als widersprüchliches, performatives Geschehen zu verstehen, das ein Bewusstsein für die Machtstrukturen und Ambivalenzen von Anerkennungsprozessen voraussetzt. Vor diesem Hintergrund darf auch das Moment des (Wieder-)Erkennens als Teil von Anerkennung nicht ausgeblendet werden. Die Anerkennung des Anderen in Bildungsprozessen erfordert nicht nur den Anderen als Person wahrzunehmen, sondern auch das Andere der Welt. Anerkennung beinhaltet immer auch die »intelligible Leistung des Wissenserwerbs« (Gerhardt, 2004, S. 16). Vor dem Hintergrund von Dietrich Benners Unterscheidung einer erziehungstheoretischen Andersheit zwischen Ich und Du und einer bildungstheoretischen Andersheit zwischen Ich und Welt ist die »Trias von Ich, Du und Welt« (Benner, 1999, S. 324) für Bildungsprozesse konstitutiv.

Die »Ansprüche der Welt« (Meyer-Drawe, 1999, S. 329) werden als »Antwortgeschehen« in Bildungsprozessen Berücksichtigung erfahren. In diesem Kontext hat Meyer-Drawe in Rückgriff auf Merleau-Ponty auf die »Herausforderung durch die Dinge« (Meyer-Drawe, 1999; Benner; 1999) und ihren Appellcharakter verwiesen. Es geht nicht um eine funktionalisierende Wirkung der Dinge, sondern darum, dass die Dinge »unser Wahrnehmen, Sprechen, Handeln und Denken« (Meyer-Drawe, 1999, S. 332) evozieren und Anlass sind, unsere Erfahrungen an sie zu knüpfen. Anerkennung ist dabei nicht nur als ein Bedingungsmoment subjektiver Autonomie zu verstehen, sondern auch als die »Bedingungsmöglichkeit eines jeden Weltverhältnisses« (Ricken, 2009b, S. 82). Anerkennung wird so zur Bedingung eines jeden Weltverhältnisses (ebd.) – nicht im Sinne kohärenter Identitätsbildung, sondern als unabgeschlossener Prozess: Es ist vor allem diese praktische Dimension des Erkennens, um die es dabei geht. Dieses Sich-Erkennen bedarf »auf jeder Stufe der Hilfe anderer« (ebd., S. 97). Es geht also nicht um die harmonische Erkenntnis einer ungebrochenen, kohärenten Identität, sondern um einen unabgeschlossenen Vorgang (Meyer-Drawe, 1993). Die in diesem Aspekt von Anerkennung begründete Herausforderung von Bildungsprozessen besteht darin, Bildung nicht einseitig als »Versöhnungszustand« (ebd., S. 197) zu verstehen, der – reflektiert oder unreflektiert – in Aussicht stellt, »dass ein individueller Werdensprozess schlummernde Potentiale entfaltet, die gegen das Negative gesellschaftlicher Krisen gerichtet werden« (Meyer-Drawe, 2007, S. 84) können. Entscheidend ist dabei das Moment der Fremdheit – auch im Eigenen. Bildung beginnt in Momenten der Irritation, des Nicht-Wissens oder Nicht-Verstehens. Gerade in den Momenten des Gewahrwerdens der Fragwürdigkeit des eigenen Wissens und des eigenen Selbst (Meyer-Drawe, 1984; 1988; 1993; 2007), in der Begegnung angesichts der eigenen Unverfügbarkeit werden Bildungsprozesse in Gang gesetzt. Nicht allein die Erfahrung des Fremden außer mir, sondern die der in meinem Eigenen innewohnenden Fremdheit, ist von großer Bedeutung für Bildungsprozesse. »Der Andere« – und das kommt in den pädagogischen Anerkennungstheorien von Prengel und Stojanov zu kurz – ist in den Worten Benners »zugleich als ein dem Ich und Du Unverfügbarer und Unbekannter in den Blick« (Benner, 1999, S. 316) zu nehmen.

Diese »originäre Asymmetrie« (Ricœur, 2006, S. 201) darf nicht vernachlässigt werden. Anerkennung kann von ihrem Wesen her immer nur fragmentarisch sein, denn »jedes Begreifenwollen [ist] ein Verfügenwollen« (Meyer-Drawe, 1984, S. 32), gewissermaßen die »Domestizierung der Andersheit des Anderen«. Anerkennung bedeutet in diesem Sinne, dass der Andere ein Recht auf den unverfügbaren Rest seiner Andersheit hat, da in unserer »realfaktischen Koexistenz […] eine Verwobenheit von Ich und Nicht-Ich, von Anderem und Nicht-Anderem« (ebd.) vorliegt. Der Andere ist immer auch unverfügbar, ein Recht auf Andersheit bleibt bestehen (ebd.). Anerkennung schließt daher auch das Fragmentarische und das Verkennen mit ein. Bildungsprozesse leben gerade von Brüchen, Irritationen und Enttäuschungen – und diese sind als integrale Bestandteile didaktisch aufzugreifen.

Zur Anerkennung gehört daher nicht nur ein Wissen um die Gemeinsamkeiten, sondern auch ein Wissen um Unerkanntes und Unverstandenes, das sich im Eigenen wie im Fremden ereignet. Wie ist ein Umgang mit der Andersheit des Anderen zu denken, der bereit ist, sich in ein produktives Verhältnis zur Unverfügbarkeit des Anderen zu setzen? Die Andersheit des Anderen darf nicht geleugnet, ignoriert bzw. durch »Aneignung« oder auch durch »Auslieferung an das Fremde« bewältigt werden (ebd., S. 277). Meyer-Drawe plädiert für ein pädagogisches Verstehen zwischen Aneignung und Enteignung. Der Andere bleibt und ist uns fremd und nah zugleich, Momente des Nicht-Verstehens bleiben bestehen. Aber gerade diese Momente des Nicht-Verstehens fordern die Anerkennung heraus. Zu berücksichtigen ist weiterhin, dass im Geschehen der Anerkennung auch die Möglichkeit des Verkennens impliziert ist. Vor diesem Hintergrund erscheint es als didaktisch bedeutsam, die Erfahrung der »Negativität« (Benner, 2003b; 2003c; 2005) – verstanden als Nicht-Wissen, Nicht-Können, Nicht-Kennen sowie als Erfahrungen von Enttäuschung, Irritation, Brüchen und Diskontinuitäten – sowohl aufseiten der Lernenden als auch der Lehrenden als integralen Bestandteil von Anerkennungsprozessen mitzudenken. Sie bildet ein konstitutives Moment pädagogischer Interaktion (gerade im Kontext von Teilhabe), das nicht ausgeblendet, sondern im Sinne reflexiver Anerkennung produktiv aufgegriffen werden kann, wenn dieser Kategorie in Bildungsprozessen Relevanz zugesprochen wird. Eine Pädagogik der Anerkennung wird daher im Anerkennungsbegriff immer auch das Moment verfehlter Anerkennung sowie das Ausbleiben reziproker Anerkennung mitdenken und zwar auf allen Ebenen, auf denen Bildungsprozesse stattfinden.

Eine inklusive Grundschuldidaktik, die auf Anerkennung basiert, denkt nicht nur Reziprozität und Interdependenz mit, sondern auch das Dritte – sei es im Verständnis des Dritten als »das Andere« (Benner, 1999, S. 316), als »Dinge« (Meyer-Drawe, 1999, S. 329 ff.) oder als »›Lehrgut‹ bzw. ›Welt‹« (Benner, 1999, S. 316). Jenseits einer Verhältnisbestimmung des pädagogischen Handelns als »pädagogischer Bezug« (Nohl, 1979), als Verhältnis zwischen zwei Subjekten, ist die Anwesenheit Dritter für pädagogische Konstellationen von Bedeutung:

> »[M]an zeigt nie nur etwas, sondern man zeigt anderen etwas vor Anderen. Erst mit diesen Anderen aber kommen bestimmte, die Praktiken radikal betreffende Verschiebungen in den Blick: sei es, weil die anderen – als Dritte – als mögliche Verbündete, als Konkurrenten, Begünstigte oder Sündenböcke sowie bloße Zuschauer oder gar Schiedsrichter bedeutsam werden und das Problem des ›Sich-Zeigens‹ für alle Beteiligten erst anschärfen; oder sei es, weil bestimmte pädagogische Problemstellungen der Differenzierung ebenso wie der Gerechtigkeit etc. erst mit Blick auf Dritte überhaupt entstehen« (Ricken, 2009b, S. 89).

Bildungsprozesse leben von asymmetrischen Anerkennungsverhältnissen. Die These von Micus-Loos (2012) im Anschluss an Ricœur lautet, »dass es für die wechselseitige Gestalt der Anerkennung im Gegenteil ein Segen ist, wenn das Vergessen der originären Asymmetrie aufgedeckt wird« (Ricœur, 2006, S. 321). Dies ist mit der Erkenntnis verbunden, dass beide einerseits durch eine grundlegende Andersheit getrennt sind – dies »schützt die Wechselseitigkeit vor den Fallen der Verschmelzungseinheit« (ebd.) – andererseits sind jene aber in dieser Andersheit auch aufeinander angewiesen. So schützt die Asymmetrie die Anerkennung vor den Fallen der Herrschaft. Dadurch würde im pädagogischen Handeln in aller Nähe die nötige Distanz erhalten und in allem Abstand die nötige Nähe und Achtung gesichert.

Bildungsprozesse sind nicht auf das pädagogische Dyadensetting beschränkt. Wie Ricken (2009b, S. 89) beschreibt, bringen Dritte – als Mitlernende, Beobachtende, Bewertende – neue Dynamiken in das Anerkennungsgeschehen. Die Anerkennung des Dritten schützt die Reziprozität vor Vereinnahmung und die Asymmetrie vor Herrschaft (Ricœur, 2006, S. 321). Inklusive Grundschuldidaktik, die auf Bildung durch Teilhabe ausgerichtet ist, bedeutet daher: Die Spannungen und Widersprüche, die im Prozess gemeinsamen Lernens auftreten, nicht zu nivellieren, sondern vielmehr produktiv zu nutzen. Anerkennung richtet sich gleichermaßen auf den Anderen wie auf das Andere – auf das Kind wie auf die Welt. Und sie schafft den Raum, in dem sich jedes Kind in seiner Einzigartigkeit entfalten kann.

4.2 Wertebildung im Unterricht der Grundschule

In Abgrenzung zu den Begriffen »Wertevermittlung« und »Werteerziehung« wird im Folgenden der Begriff Wertebildung verwendet. Während erstere primär die Aktivitäten der Erziehenden fokussieren, richtet sich der Begriff Wertebildung auf die Lernenden, die im Rahmen von Erziehung Werte erwerben (Schubarth, 2010). Wertebildung ist somit als bidirektionaler Prozess zu verstehen, der gleichermaßen von Lehrpersonen wie auch von Kindern beeinflusst wird (Erbes, 2013). Im Zentrum steht die aktive Auseinandersetzung des Individuums mit einer vielfältigen, teils widersprüchlichen Umwelt und deren Wertangeboten (Schubarth, 2010). Individuen stehen dabei vor der Herausforderung, zwischen konkurrierenden Wertvorstellungen abzuwägen, was häufig mit Konflikten verbunden ist (Schwartz, 2012).

Der Prozess der Wertebildung manifestiert sich in der reflektierten Priorisierung relevanter Werte in konkreten Situationen. Entsprechend bezeichnet Wertebildung die individuelle Herausbildung, Weiterentwicklung und Integration von Werten im Verlauf der Persönlichkeitsentwicklung (Speck, 2010; Standop, 2005). Dabei umfasst sie nicht nur die Aneignung von Werten im sozialen Kontext, sondern auch deren Veränderung im Lebensverlauf – ein komplexer und lebenslanger Prozess (Speck, 2010). Diese Prozesse können implizit und beiläufig oder aber explizit und intentional durch gezielte pädagogische Interventionen angestoßen werden (Kopp, 2017). Eine direkte Steuerung der Werteübernahme durch Lehrpersonen ist nicht möglich. Entscheidend sind die individuellen Wahrnehmungen, Erfahrungen sowie die reflexive Verarbeitung durch die Kinder selbst (Erbes, 2013). Ziel der Wertebildung ist die Entwicklung moralischer Urteilsfähigkeit und die Internalisierung ethischer Haltungen (Schubarth, 2010), zusammengefasst im Begriff der Wertkompetenz (Kopp, 2017). Diese beschreibt die Fähigkeit zur kritischen Auseinandersetzung mit unterschiedlichen Werten, zum Umgang mit Wertekonflikten sowie zur Anwendung wertorientierten Denkens, Urteilens und Handelns (Deutsches Rotes Kreuz, 2014, S. 8). Dieser Handlungsaspekt manifestiert sich nicht nur durch einen verstärkten kognitiven Fokus der Wertebildung, der sich in einer tiefgehenden Auseinandersetzung und Reflexion von Werten manifestiert, sondern insbesondere in der Konkretisierung der Wertebildung durch wertorientiertes Handeln (Kopp, 2017). Wertkompetenz geht über kognitive Einsichten hinaus und umfasst Motivation, Volition und Sozialkompetenz: Das Individuum verfügt über Werthaltungen (Kognition) und ist bereit sowie auch fähig, entsprechend zu handeln (Motivation und Volition) – stets im Einklang mit sozialen Normen und Erwartungen des jeweiligen Kontexts (Kopp, 2017). Werte und wertorientiertes Verhalten stehen in einer engen Verbindung zueinander (Bardi & Schwartz, 2003), insbesondere dann, wenn Individuen ein Bewusstsein für ihre eigenen Werte entwickeln (Kristiansen & Hotte, 1996). Das Verhalten wird dabei maßgeblich von situativen Bedingungen beeinflusst. Neben individuellen Überzeugungen spielen allgemeine gesellschaftliche Normen sowie gruppenspezifische Regeln eine entscheidende Rolle (Bardi & Schwartz, 2003). So kann das Verhalten eines Kindes auf dem Spielplatz erheblich von seinem Verhalten im schulischen Kontext abweichen.

Giesecke (2004) hebt hervor, dass schulische Inhalte stets normative Implikationen aufweisen. Die konzeptuelle Ausgestaltung der Wertebildung im schulischen Umfeld konkretisiert sich in der Intention, die werthaltigen Aspekte von Sachverhalten im Unterricht erneut verstärkt zu fokussieren (Giesecke, 2004, S. 237). Dies geschieht insbesondere in reflexiven und dialogischen Settings, in denen grundlegende Fragestellungen der Moralphilosophie und Ethik argumentativ erörtert und verhandelt werden. Diese methodologische Herangehensweise ermöglicht es den Lernenden, direkt mit den im fachspezifischen Unterricht präsentierten normativen Wertvorstellungen und sozialen Normen konfrontiert zu werden, etwa beim sozialen Lernen im Sachunterricht (Giesecke, 2004). In den sprach- und sozialwissenschaftlichen Domänen offenbart sich der Wertaspekt eher implizit, während in den Fächern Ethik oder Religion eine explizitere Erörterung normativer Wertvorstellungen erfolgt. In den naturwissenschaftlichen Fächern bleibt die Thematik der Werte hingegen marginalisiert (Kopp, 2017).

In der schulischen Praxis wird der primäre Fokus meist auf den kognitiven Aspekt der Wertebildung gelegt, nämlich die reflexive Auseinandersetzung mit behandelten Wertvorstellungen und Normen. Eine tatsächliche Transition in konkretes, wertorientiertes Handeln bleibt jedoch tendenziell rar (ebd., 2017). Dabei spielen Lehrpersonen eine zentrale Rolle: Sie beeinflussen die Werteentwicklung der Schülerinnen und Schüler sowohl durch ihre persönliche Haltung (Riemer, 2011) als auch durch ihre didaktischen Entscheidungen. Als Vorbilder vermitteln sie Werte über ihr Verhalten, ihre Kommunikationsweise, den Umgang mit Konflikten, die Gestaltung des Unterrichts sowie durch ihren Umgang mit der Individualität der Kinder (Giesecke, 2004, S. 238). Die Qualität der interpersonalen Beziehung zwischen Lehrperson und Lernenden beeinflusst maßgeblich die Wirksamkeit von Wertebildung (ebd., S. 239). Ausschlaggebend ist, inwieweit Lehrpersonen als authentisch, glaubwürdig und empathisch wahrgenommen werden. Faktoren wie Status, Sympathie, Anerkennung der kindlichen Bedürfnisse sowie pädagogische Kompetenz bestimmen die Vorbildfunktion. Gleichzeitig spielen aufseiten der Schülerinnen und Schüler persönliche Merkmale wie Selbstvertrauen, emotionale Bindung, Interesse und Stimmungslage eine Rolle. Eine positiv wahrgenommene Beziehung sowie die erlebte Ähnlichkeit zur Lehrperson fördern die Bereitschaft zur Identifikation und Nachahmung. Auch die Konsequenzen beobachteten Verhaltens wirken sich aus: Verhalten, das belohnt wird, wird häufiger übernommen, während bestraftes Verhalten seltener imitiert wird.

4.3 Werteerleben im Erfahrungsraum Unterricht

Ausgangspunkt der Überlegungen zur Bedeutung von Werten für eine inklusive Grundschuldidaktik ist, dass sich Lernen von Teilhabe in einem Spannungsfeld von Vermittlung, Erfahrung und eigenaktiver Umsetzung wertgeleiteter Handlungsweisen durch Schülerinnen und Schüler vollzieht. Voraussetzung einer erfolgreichen Implementierung im Unterricht ist eine Lernumwelt, die einer wertgebundenen Entwicklung der Kinder Rechnung trägt. Eine wesentliche Ausgangsbedingung für die gelingende Umsetzung im Unterricht ist eine Lernumgebung, die die wertbezogene Entwicklung der Kinder unterstützt. Standop (2010, S. 138) betont, dass diese drei Aspekte stets in engem Zusammenhang mit den Beziehungen zwischen Heranwachsenden, Lehrpersonen, Unterrichtsgegenständen und Motivation stehen. Die Verwobenheit von Lehrpersonen, Lernenden und der jeweiligen Lernsituation bzw. dem jeweiligen Lerngegenstand verweist auf die Bedeutung der Lernatmosphäre, die weder eindeutig im Voraus bestimmbar noch geplant herstellbar ist. Vielmehr entsteht sie im Zusammenspiel aller Beteiligten sowie der räumlichen Gestaltung, der eingesetzten Lehr- und Lernformen, Materialien und Medien (Pfrang, 2018). Didaktische Überlegungen zur Wertebildung im Unterricht lassen sich damit begründen, dass moralisch herausfordernde Situationen – etwa Konflikte oder Dilemmata – sowohl die moralische Kognition als auch die moralische Sensibilität anregen können. In der Auseinandersetzung mit solchen Herausforderungen eröffnen sich für Schülerinnen und Schüler Gelegenheiten zu moralischen Erfahrungs-, Erlebens- und Verarbeitungsprozessen. Oser (1997) begründet dies damit, dass Lernende in konkreten Situationen Verantwortung übernehmen können. Durch die Erfahrung des Konflikthaften werden ihre selbstorganisierenden und entwickelnden Kräfte aktiviert.

Eine inklusive Grundschuldidaktik, die auf Bildung durch Teilhabe ausgerichtet ist, fasst Werte methodisch weniger als Know-that im Sinne deklarativen Wissens auf, sondern vielmehr als Know-how im Sinne praktischer Handlungskompetenz. Werte erschöpfen sich nicht in verbalen Bekenntnissen; ihre Bedeutung entfaltet sich in der gelebten Praxis und in wiederkehrenden Formen gemeinschaftlichen Handelns (Höffe, 2005, S. 63). Für eine gelingende Persönlichkeitsentwicklung sind das Übernehmen von Verantwortung, die Erfahrung des Gebrauchtwerdens und die Möglichkeit, wirksam zu handeln, von zentraler Bedeutung. Eine zentrale pädagogisch-didaktische Aufgabe inklusiven Unterrichts besteht darin, Situationen zu schaffen, in denen das Handeln der Lernenden sowohl für sie selbst als auch für andere bedeutsam ist. Liebau bringt dies pointiert auf den Punkt:

> »Erst durch die Erfahrung verantwortlichen Handelns kann sich gegenseitiges Vertrauen und schließlich auch Selbstvertrauen entwickeln: Verantwortung und Vertrauen hängen eng zusammen. Erst durch die Erfahrung verantwortlichen Handelns können auch stabile Interessen an bestimmten geistigen oder körperlichen Tätigkeiten an Dingen, an anderen Menschen, an der sozialen, natürlichen und technischen Um- und Mitwelt entstehen« (Liebau, 1999, S. 171).

Der inklusive Grundschulunterricht bietet hierfür zahlreiche Möglichkeiten, abhängig vom Alter und Entwicklungsstand der Kinder. Normkenntnis und das Verständnis kategorischer Gültigkeit entstehen sowohl durch bewusste Auseinandersetzung als auch durch alltägliche Erfahrungen. Vor allem diese impliziten Lernprozesse prägen moralisches Verstehen nachhaltig. Nunner-Winkler hebt hervor, dass Kinder komplexe soziale Situationen intuitiv erfassen und daraus Orientierung gewinnen – auch ohne sie explizit benennen zu können.

> »Dies wird insbesondere in der Spracherwerbsforschung belegt. Entgegen behavioristischen Lerntheorien hat sich gezeigt, dass Kinder eigenständig die dem Sprachgebrauch ihrer Umwelt zugrunde liegenden Regelhaftigkeiten ablesen bzw. implizit rekonstruieren [...]. In ähnlicher Weise erwerben Kinder auch ihr moralisches Wissen. Sie lesen Norminhalt und das Konzept kategorischer Sollgeltung an ihren Interaktionserfahrungen ab. Kinder lesen ihr Wissen aber auch am moralischen Sprachspiel ab, indem sich [...] die Praktiken der Gruppe niederschlagen. Die Bezeichnung moralischer Vergehen als solche enthält nämlich als unhintergehbar konstitutiven Bestandteil ihrer Bedeutung die Verwerflichkeit der Tat. Nicht nur an der Sprache, auch an den Sitten und Gebräuchen ihrer Umwelt lesen Kinder ihr inhaltliches Wissen um herrschende Normierungen ab« (Nunner-Winkler, 2005, S. 181 f.).

Bezogen auf den Unterricht bedeutet dies, dass Regeln und Rituale nicht nur explizite Orientierungen darstellen, sondern auch implizite Lernanlässe bieten. Vor diesem Hintergrund unterstützen Formen des Lernens, die auf aktive Beteiligung, Selbststeuerung, Reflexion und lebensweltliche Einbettung zielen, die Entwicklung von Wertorientierungen. Reinmann und Mandl (2006, S. 638 f.) betonen, dass Lernen dann besonders bedeutsam ist, wenn es situiert, vernetzt und in reale Erfahrungen eingebunden erfolgt.

4.4 Didaktische Prinzipien einer teilhabeorientierten Unterrichtskultur

Die im Folgenden dargestellten Prinzipien sind keine verbindlichen Standards oder Qualitätskriterien. Sie bieten Orientierungsrahmen für professionelles pädagogisches Handeln, das auf Verantwortung und Reflexion gründet. Ihre Geltung entsteht aus pädagogischer Plausibilität und ethischer Begründung – nicht aus empirischer Evidenz. Grundlage hierfür ist eine Lernatmosphäre, die auf Wertschätzung, Anerkennung und auf einem konstruktiven Umgang mit Fehlern basiert. Wird Lernen als aktiver Prozess des Entdeckens und Rekonstruierens von Welt verstanden, so sind Fehler im Prozess des Entstehens, Entwickelns und Erfindens unvermeidbar. Sie dürfen im Lernkontext nicht defizitär interpretiert werden. Vielmehr bedarf es einer lernförderlichen Haltung gegenüber Fehlern, die im Rahmen des Situationsansatzes durch spezifische Interaktionen im Unterricht unterstützt werden (Standop, 2010, S. 143). Ziel ist es, Schülerinnen und Schüler unterschiedlicher sozialer und kultureller Herkunft dabei zu begleiten, ihre Lebenswelt sowohl zu verstehen als auch aktiv und verantwortungsvoll mitzugestalten. Fehler ermöglichen durch Abgrenzung und Ordnung kognitive Klärungsprozesse, die zur Erkenntnis der zugrunde liegenden Norm beitragen. Weiterhin können so Fehler gruppiert werden, was es den Schülerinnen und Schülern ermöglicht, Einord nungen vorzunehmen:

> »Abgrenzbarkeit und Ordnung sind zwei Dimensionen ohne die das beliebend Richtige nicht aus dem Falschen herausgearbeitet werden kann. Ein Teil des episodischen Gedächtnisses muss darauf gerichtet werden, dass Kinder sich an Situationen erinnern, damit das, was dort im Zentrum stand, abgrenzbar und geordnet behalten werden kann« (Oser & Spychiger, 2005, S. 120).

Die hier angesprochene »Fehlerermutigungsdidaktik« findet nach Standop (2010, S. 143 f.) von den Lehrpersonen Beachtung: Während »positive Beschämer« (Schülerinnen und Schüler ärgern sich selbst über einen Fehler oder werden von einer vertrauten Person darauf hingewiesen) zu einer weiterführenden Auseinandersetzung mit dem Inhalt des Fehlers führen, sind »negative Beschämer« (die z. B. durch Bloßstellen oder Vorwürfe Außenstehender entstehen) zu vermeiden, da die erlebte Situation und die sie auslösende Person das episodische Gedächtnis negativ beeinflussen und so versucht wird, zukünftig ähnlichen Situationen aus dem Weg zu gehen. Während eine persönliche Auseinandersetzung mit Fehlern Lernprozesse anregen kann, wirken Bloßstellungen kontraproduktiv.

Zusammenfassend lässt sich festhalten, dass Schülerinnen und Schüler beim Lernprozess im Kontext moralischer Urteils- und Handlungsfähigkeit Fehler machen und von den Lehrpersonen dafür nicht verurteilt werden dürfen. Standop (2010, S. 144) fordert hier einen Vertrauensvorschuss von Lehrpersonen in eine positive zukünftige Entwicklung der Schülerinnen und Schüler. Für einen teilhabeorientierten Grundschulunterricht ist neben einer positiven Fehlerkultur ein differenziertes Unterstützungssystem notwendig, das sich am jeweiligen Lernstand orientiert. Das Konzept des »Scaffolding« (Wood et al., 1976), basierend auf der »Zone der nächsten Entwicklung« (Vygotskij, 1971), hebt die Bedeutung von gezielter Unterstützung durch kompetentere Personen hervor. Lehrpersonen gestalten Lernprozesse so, dass Schülerinnen und Schüler neue Lernniveaus erreichen können. Dies erfordert eine durchdachte didaktische Struktur, die sowohl individuell anschlussfähig als auch ko-konstruktiv angelegt ist.

Das zugrunde liegende Lernverständnis orientiert sich an kommunikativen didaktischen Ansätzen (z. B. Winkel, 1986) und distanziert sich von behavioristischen Lernmodellen. Lernen wird als selbstgesteuerter, kooperativer und sinnstiftender

Prozess verstanden. Lehrerinnen und Lehrer haben diesem Verständnis zufolge die Aufgabe, Lernprozesse zu initiieren und zu koordinieren sowie die Schülerinnen und Schüler in ihren Entwicklungsprozessen zu unterstützen, indem sie für eine lernförderliche Atmosphäre Sorge tragen und als Lernpartnerinnen und Lernpartner fungieren. Neben klassischen didaktischen Prinzipien wie Fach- oder Handlungsorientierung betont Aregger (1994) zusätzlich das Klassenklima sowie die Rolle des Spiels für Motivation und Wissenserwerb. Gleichzeitig berücksichtigt er die Theorie der antinomischen Struktur von Lehr-Lernprozessen in seiner Gegenüberstellung von Gegenprinzipien und betont die Offenheit und Prozessstruktur von Lernprozessen durch die Unterscheidung der Dimensionen Ziele, Handlungen und Diskurse (Pfeiffer, 2008, S. 47). Pfeiffer konkretisiert ihre Überlegungen diesbezüglich wie folgt:

> »Didaktische Ziele sind untrennbar mit den Handlungen verbunden, die ihre Realisierung ermöglichen, vorausgesetzt der Lehr- Lernprozess basiert insgesamt auf einem mehr oder weniger weitgreifenden Konsens aller Beteiligten. Ein solcher Konsens bedarf des Diskurses, d. h. der Reflexion von Interessen, Bedürfnissen, Notwendigkeiten etc., die um Unterrichtsgeschehen im Idealfall in einem ausgewogenen Verhältnis zueinander stehen« (Pfeiffer, 2008, S. 47).

Es lässt sich folgern, dass in einem so verstandenen Lernprozess die Interessen der Schülerinnen und Schüler, aber auch die von Gruppen berücksichtigt werden. Es wird weiterhin davon ausgegangen, dass Anschaulichkeit ein Verstehen ermöglicht und in der Auseinandersetzung mit dem Lerngegenstand zur Abstraktion führen kann. Letztlich wird impliziert, dass die Sachlogik des Lerngegenstandes mit dem Anspruch ganzheitlichen Lernens verknüpft wird, was sich z. B. in spielerischen Formen realisieren lässt. Unter Berücksichtigung des didaktischen Dreiecks (Lehrpersonen – Schülerinnen bzw. Schüler – Inhalt) wird im Kontext didaktischer Implikationen der Fokus auch auf die Inhaltsfrage gerichtet. Wird Unterricht als gemeinsamer Prozess von Lehrpersonen und Schülerinnen und Schülern verstanden, dann dient als Grundlage der Auseinandersetzung der jeweilige Lerninhalt, der im Unterricht zu bearbeiten ist. Alle didaktischen Entscheidungen (z. B. bzgl. der Inhalte, Methoden oder Medien) beeinflussen sich gegenseitig und werden auch vom Handeln und Verhalten der beteiligten Personen sowie den institutionellen Rahmenbedingungen beeinflusst.

Auch der Unterrichtsstoff besitzt eine eigene Sachlogik, die nach Wiater (2010, S. 156 f.) sowohl Lehrkräfte als auch Lernende respektieren müssen: Er erfordert eine angemessene fachliche Vermittlung, die verbal, nonverbal oder medial erfolgen kann. Unterrichtsinhalte sind stets vielschichtig und nicht vollständig plan- oder steuerbar; sie können bei den Lernenden ungeplante Wirkungen auslösen. Zudem sind sie historisch gewachsen – sie gehen auf konkrete Fragen und Probleme zurück – und müssen didaktisch legitimierbar sein: schülernah, kulturbezogen und lebensweltlich relevant. Inhalte können kognitive, emotionale oder normative Aspekte umfassen und haben erzieherische Bedeutung, da sie Lernende herausfordern, sich ernsthaft und engagiert mit ihnen auseinanderzusetzen. Eine didaktische Analyse macht diese Inhalte zugänglich, indem sie deren innere Struktur in geeignete Lernschritte übersetzt (ebd.). Die didaktische Analyse macht sowohl deren fachlichen Gehalt als auch deren bildungstheoretische Bedeutung sichtbar. Die Fähigkeit, Inhalte durch Resubjektivierung zu erschließen, wird hierbei als wesentlich angesehen.

Teilhabeorientierter Unterricht bedeutet auch, Schülerinnen und Schüler für die Werthaftigkeit ihrer Lebenswelt zu sensibilisieren. Inhalte werden dann als wertvoll wahrgenommen, wenn sie für die Lernenden persönlich bedeutsam sind. Diese Wertorientierung bildet die Grundlage dafür, moralisch relevante Situationen zu erkennen und zu reflektieren. Einige Werte erschließen sich dabei unmittelbar durch das Erleben, andere erfordern Anstrengung und reflexive Arbeit. Von zentraler Bedeutung ist die Haltung der Lehrperson. Diese beeinflusst maßgeblich, wie Lernende Inhalte wahrnehmen, welche Kommunikationsformen etabliert werden und wie eine gemeinsame Reflexion gelingt (Pfeiffer, 2010, S. 162). Insbesondere ist es von Bedeutung, eine Lernatmosphäre zu gestalten, die es allen ermöglicht, ihre Sichtweisen zu äußern und gemeinsam in der Klassengemeinschaft darüber zu diskutieren bzw. zu reflektieren. Im Gegensatz zum traditionellen Unterricht, der überwiegend auf die Vermittlung geschlossener Wissenssysteme abzielt, gibt es in einem Unterricht, dem eine teilhabeorientierte Didaktik zugrunde liegt, weniger »richtig« und »falsch«.

Pfeiffer (2010, S. 162ff.) stellt dabei folgende Aspekte einander gegenüber, die in einem wertorientierten Unterricht Eingang finden:

1. *Das Herstellen von Offenheit und Verbindlichkeit:* Lehrpersonen haben die doppelte Aufgabe, einerseits grundlegende gesellschaftliche Werte zu vermitteln, die für ein humanes Zusammenleben zentral sind, und andererseits Räume für weiterführende, über diesen moralischen Horizont hinausführende, individuelle Fragen der Schülerinnen und Schüler zu eröffnen. Ziel ist es, nicht nur Wissen zu vermitteln, sondern Kinder für moralisches Handeln zu sensibilisieren und zu motivieren. Dies kann mit Nunner-Winkler (2005, S. 190) vertieft werden:

   > »Zum einen, dass die bedeutsamen Bezugspersonen [...] dem Kind warm und akzeptierend begegnen, zum anderen, dass sie selbst der Dimension des Moralischen eine große Bedeutung beimessen. Letzteres zeigt sich in dem Ausmaß, in dem ihre Beziehungen – untereinander wie auch zu den Kindern – getragen sind von wechselseitiger Achtung der Person, der Anerkennung der je konkreten Bedürfnisse und der Bereitschaft, in Konflikten zustimmungsfähige Lösungen auszuhandeln«.

2. *Anstreben von Systematik, Spontanität und Ganzheitlichkeit:* Die zentrale Herausforderung besteht darin, angemessen auf die Fragen und Ideen der Schülerinnen und Schüler einzugehen. Lehrpersonen sind gefordert, das Unterrichtsgeschehen auf Grundlage ihres fachlichen und didaktischen Wissens zu strukturieren und die Lernenden aktiv in diesen Prozess einzubeziehen. Dafür benötigen sie nach Prechtl und Burkard (1994/2008, S. 244) Gesprächs- und Introspektionsfähigkeit – insbesondere die Fähigkeit zur Selbstbeobachtung in der Kommunikation sowie zur unmittelbaren Wahrnehmung eigener mentaler Zustände und Erlebnisse im Bewusstsein. Die Entwicklung dieser Fähigkeiten setzt ein breit gefächertes Methodenrepertoire voraus.

3. *Initiieren kognitiver und sozial-emotionaler Lernumwelten:* Ob sich Schülerinnen und Schüler im Unterricht auf Lerninhalte einlassen, hängt maßgeblich davon ab, ob Lehrpersonen Lernumwelten schaffen, die von den Heranwachsenden als bedeutsam erlebt werden. Vertrauen ist hierfür zentral. Das Vertrauen zur Lehrperson beeinflusst die Lernmotivation, den Lernerfolg, aber auch die Selbstständigkeit sowie das Wohlbefinden von Schülerinnen und Schülern, was auf die Qualität pädagogischer Beziehungen verweist (Fischer & Richey, 2021). Daraus folgt, dass die Förderung emotionaler Kompetenzen im Unterricht ebenso bedeutsam ist wie der Erwerb kognitiver Fähigkeiten und daher integrativ in didaktische Überlegungen einbezogen werden muss. Lehrpersonen haben die Aufgabe, Lernumgebungen zu gestalten, in denen Kinder lernen, eigene sowie fremde Gefühle und emotionale Eigenschaften wahrzunehmen. Dazu zählen das Einüben von Empathie und Rücksichtnahme, die Übernahme von Verantwortung, das gemeinsame Nachdenken über Probleme und deren Lösungen, die Entwicklung von Leistungsbereitschaft sowie die Mitgestaltung einer konstruktiven Fehlerkultur (Pfeiffer, 2010, S. 164). Um Bildung durch Teilhabe für alle Kinder gleichermaßen zu ermöglichen, sind Lehrpersonen gefordert, bei der Unterrichtsplanung und -gestaltung Aspekte wie Macht, soziale Normen, Rollen, Funktionen, Anerkennung, Ansehen und Status mitzudenken.

Ziel ist die Entwicklung einer fundierten Urteilskompetenz, die es den Schülerinnen und Schülern ermöglicht, moralische Entscheidungen kontextsensibel und reflektiert zu treffen (Oser & Althoff, 1992, S. 419 ff.). Heid (2010) betont in diesem Zusammenhang die Fähigkeit, eigene Bewertungspraktiken zu hinterfragen und auf neue Erfahrungen hin neu auszurichten. Urteilsfähigkeit wird damit zur Schlüsselkompetenz wertebildender Bildungsprozesse. Neben impliziten Formen der Wertebildung – etwa über das Vorbildverhalten von Lehrpersonen – lassen sich auch explizite Formate im Unterricht implementieren. Beispiele sind moralische Dilemmageschichten (Kopp, 2017), Service Learning-Projekte (Seifert & Zentner, 2010) oder das Philosophieren mit Kindern (Bernasconi, 2021). Diese methodischen Ansätze unterstützen die Entwicklung ethischer Sensibilität, die Fähigkeit zur Perspektivübernahme sowie die Bereitschaft zur aktiven Mitgestaltung von sozialen und kulturellen Zusammenhängen.

5 Blitzlichter zu Teilhabe-Lernen und Teilhabe-Lehren in der Unterrichtspraxis

Die im Reflexionsmodell skizzierten Phasen des Teilhabeprozesses im Kontext von Teilhabe-Lehren und Teilhabe-Lernen lassen sich in der schulischen Praxis oftmals nicht eindeutig voneinander trennen – sie greifen vielmehr ineinander und verlaufen mitunter fließend. Gerade deshalb ist es aus didaktischer Perspektive sinnvoll, bestehende Unterrichtsmethoden und -formate gezielt daraufhin zu reflektieren und weiterzuentwickeln, inwiefern sie zur Gestaltung von Lernräumen beitragen können, in denen Teilhabe erfahrbar und lernbar wird. Das folgende Kapitel widmet sich der Frage, wie Bildung durch Teilhabe in unterschiedlichen didaktischen Methoden und Formaten Gestalt gewinnt. Aufbauend auf den theoretischen Überlegungen der vorhergehenden Kapitel werden fünf Ansätze vorgestellt, die zeigen, wie Unterricht zu einem Raum gemeinsamer Erfahrung und Reflexion werden kann. Mit jedem dieser Ansätze entfaltet beispielhaft eine spezifische Form von Teilhabe: Antizipation (► Kap. 5.1), Aushandlung (► Kap. 5.2), Integration und Aneignung (► Kap. 5.3), Partizipation (► Kap. 5.4) sowie Reflexion (► Kap. 5.5). Gemeinsam ist ihnen die Überzeugung, dass Bildung dort entsteht, wo Kinder nicht nur Adressatinnen und Adressaten von Lernprozessen sind, sondern aktiv an deren Deutung, Gestaltung und Bewertung beteiligt werden. Bildung wird somit als dialogischer Prozess verstanden, in dem Wissen, Erfahrung und Verantwortung zusammenwirken. »Bildung durch Teilhabe« bezeichnet dabei kein additives Konzept zur Inklusion, sondern eine pädagogische Grundfigur: Sie verweist auf die Qualität von Lernprozessen, in denen Kinder als Subjekte des Verstehens und Handelns anerkannt werden. Die folgenden Kapitel zeigen exemplarisch, wie diese Anerkennung in der didaktischen Praxis erfahrbar wird – in der Planung, Durchführung und Reflexion gemeinsamen Lernens.

Die folgenden Beispiele verstehen sich nicht als Anleitungen oder evidenzbasierte Modelle, sondern als explorative Annäherungen an pädagogisch gestaltete Erfahrungsräume, in denen Bildung durch Teilhabe sichtbar wird. Sie zeigen, wie gemeinsames Handeln, Aushandeln und Reflektieren zu Lernprozessen führen, die sowohl individuelle als auch gemeinschaftliche Erfahrungen eröffnen. Ziel ist es nicht, Methoden zu normieren, sondern die Vielfalt möglicher Teilhabepraktiken sichtbar zu machen, in denen Kinder als aktive Mitgestaltende von Bildung erscheinen. Mit den ausgewählten Beispielen wollen wir zeigen, wie sich Bildung durch Teilhabe in unterschiedlichen didaktischen Formaten entfalten kann. Mit jeder Methode fokussieren wir eine spezifische Form gemeinsamer Teilhabe-Erfahrung – als Antizipation, Aushandlung, Integration, Partizipation und Reflexion. Diese Formen sind aber keine isolierten Strategien, um die jeweilige Teilhabe-Erfahrung zu erzeugen. Vielmehr möchten wir ein pädagogisches Grundprinzip in der Bildung durch Teilhabe zum Ausdruck bringen: Bildung geschieht dort, wo Menschen gemeinsam Bedeutung herstellen.

5.1 Didaktische Kindernetze – die Vernetzung von Unterrichtsplanung und Kinderfragen

Didaktische Idee

Bereits in der Phase der Unterrichtsplanung kann die Teilhabe aller Beteiligten – insbesondere der Schülerinnen und Schüler – systematisch berücksichtigt und realisiert werden. Eine hilfreiche Grundlage hierfür bietet das Konzept der (Inklusions-)Didaktischen Netze von Kahlert und Heimlich (2012), das durch die Integration von Kinderfragen erweitert werden kann. Die Relevanz von Schülerinnen- und Schülerfragen ist in der Schul- und Unterrichtsforschung, insbesondere in Bezug auf erkenntnis- und bildungstheoretische Perspektiven, umfassend belegt (Hummels & Stets, 2024, S. 1 f.). Daraus ergibt sich der weitgehende Konsens, »dass der Stellenwert von Schülerfragen im didaktischen Diskurs für die Anbahnung von Lern- und Bildungsprozessen unumstritten ist« (Pallesen & Hörnlein, 2019, S. 11 f.). Didaktische Konzepte würdigen Schülerinnen- und Schülerfragen unter anderem als diagnostisches Instrument zur Erfassung des Vorwissens (Kaiser, 2013; Krapp, 2018). Im Kontext der Grundschulpädagogik und Sachunterrichtsdidaktik gelten sie als Ausgangspunkt forschenden Lernens (Krauß, 2019), während sie in der allgemeinen Unterrichtsforschung als Indikator für kognitive Aktivierung betrachtet werden (Lipowsky & Hess, 2019). Zusätzlich wird ihr Potenzial sowohl hinsichtlich der Interessensentwicklung (Krapp, 2018) als auch als Ausdruck von Mitbestimmung (Tänzer & Klammt, 2016, S. 18) hervorgehoben. Trotz dieser Erkenntnisse ist der Forschungsstand zur Umsetzung in der Grundschule bislang begrenzt (Brinkmann, 2019). In der Praxis zeigt sich, dass Kinderfragen häufig zugunsten lehrseitiger Zielvorgaben vernachlässigt werden (Niegemann, 2004; Schneider et al., 2024).

> »Dies widerspricht den Prinzipien nachhaltiger Lernprozesse, die auf Partizipation und intrinsischer Motivation beruhen. Die Selbstbestimmungstheorie nach Deci und Ryan (1993) betont, dass das Empfinden von und das Bedürfnis nach Autonomie, Kompetenz und sozialer Eingebundenheit zentrale Voraussetzungen für eine nachhaltige Lernmotivation sind. Das Unterdrücken von Kinderfragen führt zu einem Mangel an diesen Bedingungen, langfristig zu Passivität und einer Reduktion kreativer Potentiale« (Schneider et al., 2024, S. 84).

Brinkmann (2019, S. 134) weist ergänzend darauf hin, dass der Fokus auf standardisierte Unterrichtsverfahren die Partizipation und Motivation der Kinder einschränkt.

Zur Förderung kindlicher Teilhabe bietet sich das Planungsmodell der Didaktischen Netze (Kahlert, 2001) an. Es eröffnet die Möglichkeit, verschiedene fachliche Perspektiven systematisch miteinander zu vernetzen und gleichzeitig Freiräume für die Einbindung kindlicher Sichtweisen zu schaffen (Schneider et al., 2024, S. 85). Das Ziel besteht darin, Unterrichtsinhalte in authentischen, vielperspektivischen Zusammenhängen zu erschließen, wobei das Konzept primär auf eine Erweiterung der Lehrerinnen- und Lehrerperspektive fokussiert. Für eine inklusive Grundschuldidaktik, die auf Bildung durch Teilhabe ausgerichtet ist, genügt dies jedoch nicht: Lebensweltliche und fachliche Perspektiven der Kinder müssen gleichermaßen berücksichtigt werden (Nießeler, 2022; Müller & Schneider, 2022). Teilhabe beginnt bereits in der Planungsphase und wird hier als gemeinsamer Prozess des Antizipierens verstanden. Mit den Didaktischen Kindernetzen wird das Ziel verfolgt, Lernumgebungen so zu planen, dass sie Wissen und zu erwerbende Kompetenzen mit den Erfahrungsräumen der Kinder vernetzen. Dies impliziert gemeinsames Fragen und Zweifeln (Schneider et al., 2019) oder auch »Zwischenreiche des Dialogs« (Waldenfels, 1971), in denen sich ›Netze des Wissenswollens‹ auswerfen lassen. Bereits Bruner (1981) betrachtete nachhaltiges Lernen als Entdeckungsprozess, in dem induktive, explorative Zugänge erschlossen werden (Kunter & Voss, 2011). Entscheidend ist dabei, dass Kinder nicht nur Lernende sind, sondern aktiv an der Unterrichtsplanung teilhaben können, indem ihre Fragen gezielt einbezogen werden. Dafür bedarf es struktureller Maßnahmen, die Kinderfragen systematisch integrieren (Schneider et al., 2024).

Für die Entwicklung eines Didaktischen Kindernetzes (ebd.) sind mehrere Aspekte zentral: Zunächst werden Kinderfragen, Interessen und Ideen systematisch erfasst – z. B. durch Kreisgespräche oder partizipative Beobachtungen. Sie werden als Ausgangspunkte für die Unterrichtsplanung genutzt. Ein vielperspektivischer Planungsansatz ermöglicht es, fachliche und lebensweltliche Zugänge zu verknüpfen. Eine interdisziplinäre Herangehensweise bei der Unterrichtsplanung mit Didaktischen Netzen lässt es zu, die Vernetzung zwischen unterschiedlichen Perspektiven herzustellen und den Lerngegenstand umfassend zu betrachten bzw. zu verstehen. Das Konzept der Didaktischen Kindernetze erweitert diesen Ansatz um den Aspekt der Antizipation: Lehrkräfte planen nicht für Kinder, sondern mit ihnen. Sie schaffen offene Strukturen, die sich durch die Fragen und Deutungen der Kinder verändern dürfen. Ein Ziel im Prozess der Entwicklung von Didaktischen Netzen hin zu Didaktischen Kindernetzen liegt darin, das Konzept für eine Unterrichtsplanung bereitzustellen, die eine flexible Unterrichtsgestaltung zulässt und Raum gibt, »auf die sich verändernden Fragen und Interessen der Kinder reagieren zu können. Dies erfordert ein hohes Maß an Anpassungsfähigkeit seitens der Lehrperson sowie die Bereitschaft, den Unterricht kontinuierlich zu reflektieren und immer wieder im Sinne der Kinder nachzusteuern« (Schneider et al., 2024, S. 86). Unterricht wird so als ein dynamischer, dialogischer Prozess verstanden, verbunden mit dem Ziel, diesen immer wieder in ein Passungsverhältnis zu den Interessen und Bedürfnissen der Kinder zu bringen (Hummel & Schneider, 2017).

Praxisbeispiel: Ein Didaktisches Kindernetz zum Thema »Sicherheit«

Zentral bei der Entwicklung Didaktischer Kindernetze ist das Zur-Sprache-Bringen oder Sichtbarmachen der kindlichen Perspektiven bei der Unterrichtsplanung. Dabei stellt sich insbesondere die Frage, wie die unterschiedlichen Weltverständnisse, Wahrnehmungen und Deutungen aller Beteiligten als Ausgangspunkt gemeinsamen Lernens gefasst werden können, um ein Passungsverhältnis zwischen der Kind- und Erwachsenenperspektive zu gewährleisten (Schneider et al., 2024, S. 86). In der Unterrichtspraxis hat es sich als hilfreich erwiesen, wenn Lehrerinnen und Lehrer mithilfe Didaktischer Netze zunächst aus Erwachsenensicht Themen des Unterrichts vorbereiten und anhand dessen im Anschluss daran diese mit den Kindern gemeinsam zu einem Didaktischen Kindernetz entwickeln (Ergler, 2017). Vor der Erarbeitung des Themas im Unterricht eruieren die Lehrerinnen und Lehrer bspw. in Kreisgesprächen Fragen, Überlegungen, Ideen und Verknüpfungen der Kinder zu dem Thema ihres zuvor entwickelten Didaktischen Netzes. Hier empfiehlt es sich, die in den Gesprächen angefertigten Mitschriften, Skizzen oder Mindmaps der Kinderperspektiven als Planungsgrundlage für ein Didaktisches Kindernetz zu nutzen. Zur Einstimmung auf das Thema kann ein Explorationstisch angeboten werden, damit die Kinder darin unterstützt werden, »in Anknüpfung an ihre unterschiedlichen lebensweltlichen Erfahrungen inhaltliche Verbindungen herstellen zu können« (Schneider et al., 2024, S. 87). Ein Beispiel für ein solches Vorgehen ist das Thema »Sicherheit«: Ein Explorationstisch mit symbolischen Gegenständen wie einem Helm, einer Warnweste oder einem Vogelnest regte Kinder dazu an, eigene Fragen zu formulieren und Zusammenhänge zu entdecken. Ein solches Arrangement von Gegenständen eröffnet den Kindern einen

> »Raum, um ihre Gedanken, Vermutungen und Fragen zu äußern und Zusammenhänge, Gemeinsamkeiten, Widersprüche oder Nichtverbindbares aufzudecken und zur Sprache zu bringen. Die Vielfältigkeit der Perspektiven auf die Facetten […] [von Sicherheit] bilden den Ausgangspunkt für die Zugänglichkeit und Möglichkeit des Be-Fragens und Ent-Rätselns und sind ein erster Schritt zu einem Ver-Binden. Dieser Zugang stellt u. E. die Voraussetzung für die Entwicklung einer am Kind orientierten systematischeren Vernetzung dar« (Schneider et al., 2024, S. 87).

Die Vielfalt an Perspektiven diente als Ausgangspunkt für ein Didaktisches Kindernetz. Ziel ist, kindliche Sichtweisen strukturiert in die Unterrichtsplanung einzubinden, sodass Kinder aktiv am Unterricht teilhaben können.

Im Prozess der gemeinsamen Entwicklung entsteht ein transformiertes Didaktisches Kindernetz, das in der folgenden Grafik in Anlehnung an Schneider et al. (2024, S. 89) dargestellt ist (▶ Abb. 4).

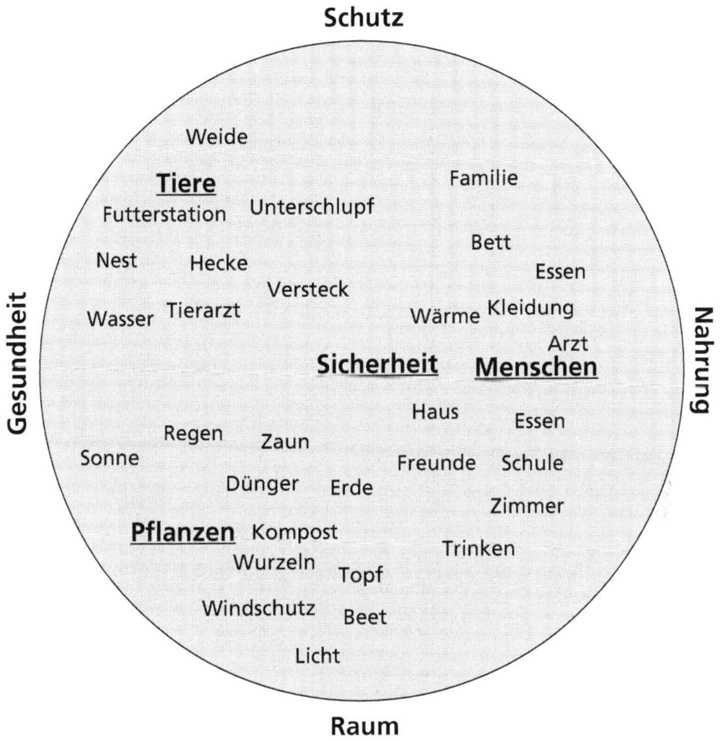

Abb. 4: Didaktisches Kindernetz (in Anlehnung an Schneider et al., 2024, S. 89)

Bildung durch Teilhabe – pädagogische Bedeutung

Der methodische Zugang zeigt, wie sich kindliche Potenziale im sozialen Austausch entfalten: Explorative Prozesse führen über selbstständige Strukturierungsleistungen zu fachlich anschlussfähigen Systematisierungen. Teilhabe wird hier als gemeinsames Antizipieren verstanden – als wechselseitiges Vorausdenken und Mitgestalten von Lernwegen. Lehrerinnen und Lehrer stehen dabei vor der Herausforderung, Kindernetze nicht aus reiner Erwachsenensicht zu entwerfen, sondern durch dynamische, kindorientierte Gesprächsführungen im Sinne Michaliks (2016, S. 44) zu entwickeln. Dabei steht die Annäherung an Phänomene der Welt im Mittelpunkt, ebenso wie die Wertschätzung lebensweltlicher Erklärungsversuche. Schrittweise erfolgt eine strukturierte Auseinandersetzung durch analysierende, ordnende, vergleichende und systematisierende Tätigkeiten, die schließlich zu methodischen Vorgehensweisen führen, die sich fachlichen Anforderungen und Begrifflichkeiten annähern. Für die Praxis bedeutet dies, dass Lehrpersonen ihre Planung um Kinderfragen erweitern und beides kontinuierlich reflektieren. Rückmeldungen der Kinder dienen dabei als Korrektiv zur Weiterentwicklung des Unterrichts. Didaktische Kindernetze ermöglichen die Gestaltung von Lernumgebungen, die Exploration, Analyse und Reflexion verbinden. Bildung durch

Teilhabe zeigt sich hier als Antizipationsprozess: Kinder denken Lernprozesse voraus, bringen eigene Deutungen ein und erfahren, dass ihre Perspektiven für den weiteren Verlauf des Unterrichts bedeutsam sind. In der gemeinsamen Planung und Reflexion werden sie zu Mitgestaltenden eines lebendigen, dialogischen Bildungsraums. Solche Angebote fördern nicht nur kognitive und soziale Fähigkeiten, sondern eröffnen die Erfahrung, dass Bildung ein gemeinsames Werden ist – ein Prozess, der aus Teilhabe entsteht und zugleich Teilhabe ermöglicht. Ziel ist die nachhaltige Förderung kognitiver, sozialer und leiblicher Fähigkeiten der Kinder (Schneider et al., 2019, S. 98).

> »Didaktische Kindernetze können ein vielversprechender Ansatz sein, um die Fragen und Sichtweisen der Kinder systematisch in die Unterrichtsplanung zu integrieren. Dies erfordert eine methodische Anpassung der Unterrichtsplanung, die partizipative und explorative Lernprozesse ermöglicht und die Lernenden aktiv in die Gestaltung ihrer Lernprozesse einbindet« (Schneider et al., 2024, S. 89 f.).

5.2 Moralische Dilemmata-Geschichten

Didaktische Idee

Die didaktische Integration moralischer Dilemmata in den Grundschulunterricht zielt auf eine wertebezogene Bildung, die Kinder zur aktiven Auseinandersetzung mit ihrer Umwelt und deren pluralen, mitunter widersprüchlichen Wertvorstellungen anregt (Schubarth, 2010). Dabei werden nicht nur moralische, sondern auch kognitive und soziale Entwicklungsprozesse adressiert. Oser und Althof begründen die Moralerziehung wie folgt:

> »Moralerziehung ist, wenn sie der Förderung von Urteilsfähigkeit und Handlungsbereitschaft dienen soll, nur dann vertretbar, wenn sie als ›Lernen am Gegenstand‹ konzipiert wird. […] Bereits Kinder müssen in Fälle ›verwickelt‹ werden, in denen von ihnen eine moralische Entscheidung, eine Begründung, eine Verantwortungsübernahme gefordert ist« (Oser & Althof, 1992, S. 143).

Oser (2001, S. 67) ergänzt, dass »[…] das Gute […] uns nicht einfach so [umgibt]; wir können es nicht einfach produzieren. Vielmehr können wir vermutlich nur durch Auseinandersetzung mit dem Gegebenen dieses befragen und neu gestalten und so eine Moralität konstruieren, die beides ermöglicht, eine Identität stiftende moralische individuelle Selbstbestimmung, und die moralische Verständigung mit anderen durch die Anerkennung geteilter (shared) Normen«. Heid (2010, S. 394) betont, dass es dabei nicht allein um »Wertkonflikte« geht, sondern um »Konflikte praktischer Handlungsmöglichkeiten«. Der Fokus liegt somit auf der Umsetzung von Werten durch wertorientiertes Handeln. Dieses beinhaltet die Anwendung individueller Werte in konkreten Entscheidungssituationen.

Ein Ziel moralischer Dilemmata-Geschichten im Unterricht besteht darin, Kinder zur Entwicklung wertbasierter Haltungen (Kognition), zur Handlungsbereitschaft (Volition) und zu angemessener sozialer Reaktion im Kontext gesellschaftlich akzeptierter Normen und Werte zu befähigen (Kopp, 2017, S. 3). Entscheidend ist dabei die Konzeption der Dilemmata: Jede denkbare Handlungsalternative soll mit der Verletzung eines moralischen Prinzips einhergehen, sodass ein moralisches Urteil erforderlich wird (Lind, 2006, S. 2). Lind beschreibt ein Dilemma als eine Situation, in der eine Person aufgefordert ist, zwischen zwei Handlungsalternativen zu wählen, von denen jede mit der Verletzung eines moralischen Prinzips einhergeht, sodass eine Entscheidung unabhängig vom gewählten Weg mit einem normativen Konflikt verbunden ist (Lind, 2011). Dies macht es erforderlich, ein moralisches Urteil zu fällen, indem konkurrierende Werte abwägend einander gegenübergestellt und gegebenenfalls in eine Rangfolge gebracht werden. Schubarth (2020, S. 23 f.) weist darauf hin, dass die Lebenswelt heutiger Grundschulkinder durch Wertepluralismus geprägt ist. Gaubitz (2022, S. 217) sieht hierin eine didaktische Chance: Die Reflexion über moralische Dilemmata kann einen Beitrag zur Wertorientierung in komplexen Lebenswelten leisten. Gerade in solchen Situationen wird Teilhabe als Aushandlungsprozess erfahrbar – Kinder lernen, dass Werte nicht vorgegeben, sondern in der Gemeinschaft verhandelt werden. Die aktive Diskussion unterschiedlicher Handlungsoptionen soll Kinder für verschiedene Werte sensibilisieren (Kopp, 2017, S. 12 f.). In Anlehnung an Mandl et al. (2015) schlägt Kopp (2017, S. 13) sechs didaktische Schritte vor: 1) Methodische Vorbereitung der Diskussion, 2) Problemerschließung, 3) Klärung wertebezogener Positionen, 4) Dokumentation der Argumente, 5) Entwicklung geeigneter Handlungsoptionen im Unterrichtsgespräch, 6) Ergebnissicherung. Auf Grundlage dieser didaktischen Schritte entfalten sich folgende didaktische Potenziale für moralische Dilemmata-Geschichten in der Unterrichtspraxis:

1. *Förderung moralischer Urteilsfähigkeit:* Die Auseinandersetzung mit moralischen Dilemmata-Geschichten fordert von Schülerinnen und Schülern die Fähigkeit, unterschiedliche moralische Handlungsoptionen zu bewerten. Die wiederholte Reflexion und Gewichtung konkurrierender moralischer Prinzipien im Rahmen solcher Geschichten kann die Entwicklung der moralischen Urteilsfähigkeit unterstützen. Durch die kognitive Verarbeitung der dargestellten Konflikte erhalten Kinder die Gelegenheit, eigene moralische Überzeugungen zu entwickeln und diese argumentativ zu begründen.
2. *Entwicklung von Empathie und sozialer Kompetenz:* Die Arbeit mit moralischen Dilemmata-Geschichten fördert die Fähigkeit von Schülerinnen und Schülern, sich in die Perspektiven anderer empathisch einzufühlen. Dabei geht es nicht nur um die Reflexion eigener Standpunkte, sondern auch um das Verständnis und die Nachvollziehbarkeit abweichender Sichtweisen im gemeinsamen Diskurs. Empathie bildet einen zentralen Bestandteil sozialer Kompetenzen und leistet einen Beitrag zur Entwicklung toleranter und respektvoller Haltungen gegenüber anderen.
3. *Förderung kritischen Denkens und ethischer Reflexion:* Moralische Dilemmata-Geschichten regen zur Auseinandersetzung mit ethischen Fragestellungen an und fördern die Analyse konkurrierender moralischer Prinzipien. Sie unterstützen

die Entwicklung kritischen Denkens, indem Schülerinnen und Schüler lernen, begründete ethische Urteile zu fällen und rationale Argumente zu formulieren. Die Fähigkeit zur ethischen Reflexion gilt dabei als zentrale Voraussetzung für ein reflektiertes und verantwortungsbewusstes Handeln.

4. *Förderung von Kommunikationsfähigkeiten:* Die Arbeit mit moralischen Dilemmata-Geschichten fördert die Artikulationsfähigkeit zu Gedanken, Gefühlen, Überlegungen und Wertvorstellungen. Im Rahmen dialogischer Austauschformate entwickeln Schülerinnen und Schüler ihre mündlichen Ausdrucksfähigkeiten weiter und erwerben die Fähigkeit, moralische Positionen nachvollziehbar und überzeugend zu kommunizieren. Dies stärkt nicht nur die sprachliche Kompetenz, sondern auch die Fähigkeit zur differenzierten Darstellung und Begründung moralischer Prinzipien.

Die didaktische Relevanz moralischer Dilemmata im Kontext von Teilhabe ergibt sich daraus, dass Werte und Normen nicht als feststehende Orientierungen vermittelt, sondern als gemeinsame Orientierungsleistungen erfahren werden. Teilhabe bedeutet hier, sich aktiv in diesen Aushandlungsprozess einzubringen, zuzuhören, zu widersprechen und eigene Begründungen einzubringen. Im herkömmlichen Fachunterricht werden beispielsweise christliche Werte, die Bedeutung der Menschenrechte oder die Prinzipien des demokratischen Regierungssystems zwar vermittelt, jedoch »die Bedeutung einer konkreten, erlebbaren, buchstäblich am eigenen Leib erfahrbaren Handlungskompetenz [...]« (Lind, 2006, S. 2) weniger einbezogen. Ziel ist es, durch die Aufarbeitung moralischer Dilemmata partizipative Lernsituationen zu moralischen Urteilen und demokratischem Handeln erfahrbar zu machen (Müller & Pfrang, 2022a, S. 292).

Praxisbeispiel: Eine moralische Dilemmata-Geschichte zum Teilhabe-Lernen

Die folgende Dilemmata-Geschichte dient als Ausgangspunkt für eine Unterrichtseinheit nach der Konstanzer Methode der Dilemma-Diskussion (Lind, 2019). Sie orientiert sich an Kohlbergs Theorie moralischer Entwicklung (Kohlberg, 1996) und verfolgt das Ziel, die Urteilsfähigkeit der Kinder zu fördern (Kahlert & Multrus, 2012). Anhand einer moralischen Dilemmata-Geschichte zu Teilhabe erhalten die Kinder die Gelegenheit, sich mit Teilhabe auseinanderzusetzen, sich Gegenargumente anzuhören und darüber nachzudenken. Gleichzeitig können die Schülerinnen und Schüler sich mit konkurrierenden Wertvorstellungen auseinandersetzen und einen eigenen Standpunkt finden (Pfeifer, 2003, S. 23). Dabei kommt es aber weniger auf die eigene Meinung an als vielmehr auf die Art und Begründung der eigenen Meinung (Kesselring, 2014, S. 12).

Für die Lehrperson ist der Ausgangspunkt der Planung die Formulierung, das Aufgreifen eines Dilemmas aus dem Alltag der Kinder oder gegebenenfalls auch das Finden einer geeigneten moralischen Dilemmata-Geschichte zum Themenkomplex Teilhabe. Folgende Fragestellungen können helfen, eine geeignete Situation zu bestimmen:

- Liegt ein moralischer Konflikt im Kontext von Teilhabe vor, d.h., finden sich zwei bis drei Wertvorstellungen, die sich unauflöslich gegenüberstehen?
- Werden Neugier, Empathie und Interesse geweckt, d.h., gibt es einen Auslöser für eine emotionale Reaktion bei den Kindern, ohne dass sie überfordert werden?
- Gibt es keine einfache Lösung, d.h. keine richtige Lösung, und hat die moralische Dilemmata-Geschichte einen offenen Ausgang?
- Entstammt der Inhalt aus dem unmittelbaren Erfahrungsbereich der Kinder?

Unter Berücksichtigung dieser Kriterien wird folgende Dilemmata-Geschichte für Schülerinnen und Schüler der 3. Jahrgangsstufe entwickelt und eingesetzt:

> Laura spielt den ganzen Nachmittag mit ihrem kleinen Bruder Tim. Dann klingelt ihre Freundin Lilly und fragt: »Gehst du mit mir auf den Spielplatz?« Laura fragt ihre Mutter und diese antwortet: »Du kannst gehen, aber nur, wenn ihr Tim mitnehmt und ihn mitspielen lasst. Versprichst du mir das?« Laura antwortet: »Kein Problem, Tim kann mitkommen und auch mitspielen.« Auf dem Spielplatz sind noch andere Kinder in Lauras und Lillys Alter. Sie wollen zusammen ein Spiel spielen, für das Tim noch zu klein ist. Laura würde so gerne mitspielen, aber sie denkt auch an das Versprechen, das sie ihrer Mutter gegeben hat (vgl. Müller & Pfrang, 2022, S. 292).

Die Erarbeitung kann in folgenden Phasen (vgl. Lind, 2011) stattfinden, die insbesondere über Reflexion ein Lernen von Teilhabe fördern können:

In der Phase des *Stillen Nachdenkens* erhalten die Kinder die Gelegenheit, sich ihrer Gefühle zum Dilemma bewusst zu werden, einen eigenen Standpunkt zu gewinnen und sich darauf vorzubereiten, ihn auch gegenüber anderen zu vertreten. In der sich anschließenden *Dilemma-Klärung* legen die Kinder ihre Wahrnehmung der Geschichte dar, erfahren und reflektieren, dass die Wahrnehmung anderer (sehr) verschieden sein kann und dass sich die eigene Wahrnehmung und die der anderen durch den Austausch verändern kann.

Während der Gruppendiskussionen werden Teilhabeprozesse im eigentlichen Sinn erfahrbar: Kinder hören einander zu, widersprechen, verändern ihre Positionen und entdecken, dass moralisches Verstehen im Miteinander entsteht. In der *Vorbereitung der Diskussion* können die Schülerinnen und Schüler lernen, andere Teilnehmende (auch Nicht-Freunde) als Quelle der Unterstützung anzusehen, Begründungen für die getroffene Entscheidung zusammen mit anderen zu formulieren und zu entdecken, dass Argumente eine unterschiedliche (moralische) Qualität haben können. Im Rahmen einer abschließenden Reflexion können sich die Kinder über den eigenen Lernprozess bewusst werden und sich in der erlebten Form in der Diskussion kontroverser Themen üben. Wie auch beim Einsatz Philosophischer Gespräche im Grundschulunterricht erfordert die Auswahl bzw. das Verfassen moralischer Dilemmata-Geschichten die Berücksichtigung der kognitiven, sozialen, sprachlichen und moralischen Fähigkeiten der Kinder, die Zusammensetzung der Klasse, sowie der pädagogischen Kompetenzen, einschließlich möglicher Voranahmen der Lehrperson.

Bildung durch Teilhabe – pädagogische Bedeutung

Zusammenfassend lässt sich festhalten, dass die Integration moralischer Dilemmata-Geschichten im Grundschulunterricht eine mögliche methodische Herangehensweise darstellt, um gezielt Reflexionsprozesse anzuregen und die Entwicklung kritischen Denkens, moralischer Urteilsfähigkeit und verantwortungsbewussten Handelns zu fördern (Kahlert & Multrus, 2012). Teilhabe wird hier als Aushandlungsprozess verstanden, in dem Kinder lernen, unterschiedliche moralische Perspektiven wahrzunehmen, zu vertreten und miteinander in Beziehung zu setzen. Bildung entsteht in diesem gemeinsamen Aushandeln – nicht durch die Vermittlung von Wertwissen, sondern durch die gemeinsame Erprobung und Begründung moralischer Urteile. Ziel ist es, grundlegende Werte wie Gleichberechtigung, Gleichwertigkeit und Gleichwürdigkeit insbesondere im Kontext von Teilhabe zu stärken. Die Schülerinnen und Schüler setzen sich aktiv mit moralischen Dilemmata auseinander, entwickeln eigene Argumentationslinien und lernen, diese fundiert zu begründen (Pfeifer, 2003, S. 23; Pfrang & Müller, 2021). Dabei steht nicht allein die individuelle Meinungsbildung, sondern auch die argumentative sowie empathische Auseinandersetzung mit unterschiedlichen Perspektiven im Vordergrund.

Moralische Dilemmata-Geschichten eröffnen einen praxisnahen Zugang zu Themen wie Kinder- und Menschenrechte sowie zu normativen Fragen über Gerechtigkeit. Die Auseinandersetzung erfolgt in konkreten Handlungssituationen, in denen moralisches Urteilen, Verhalten und demokratisches Handeln im Miteinander erfahrbar werden. Auf diese Weise wird nicht nur theoretisches Wissen aufgebaut, sondern die Entwicklung am eigenen Handeln orientierter Kompetenzen ermöglicht. Solche didaktischen Settings fördern sozio-moralische Kompetenzen, die für ein gelingendes, teilhabeorientiertes Zusammenleben und -lernen zentral sind. Bildung durch Teilhabe wird hier konkret erfahrbar – als gemeinsames Aushandeln von Verantwortung, Perspektive und Gerechtigkeit.

5.3 Lernaufgaben im inklusiven Unterricht

Didaktische Idee

Ziel dieses Kapitels ist es nicht, eine umfassende Darstellung des Forschungsstands zu Lernaufgaben oder eine Diskussion ihrer Qualitätsmerkmale zu liefern – dies ist in der fachdidaktischen Literatur bereits vielfach erfolgt (Schomaker & Tänzer, 2020; Meggendorfer, 2020; Metzger, 2008). Vielmehr wird – anschlussfähig an die Kapitel 5.1 und 5.2 (► Kap. 5.1 und ► Kap. Kap. 5.2) sowie aktueller theoretischer und empirischer Befunde – herausgearbeitet, wie (Lern-)Aufgaben im inklusiven Grundschulunterricht als Ermöglichungsformen für Bildung durch Teilhabe fungieren können. Im Mittelpunkt steht dabei Teilhabe als Integrations- und Aneignungsprozess: Lernaufgaben eröffnen gemeinsame Zugänge zum Gegenstand, an denen sich unterschiedliche Perspektiven der Kinder begegnen, verbinden und in der Auseinandersetzung weiterentwickeln. Den Ausgangspunkt bildet eine Strukturierung in Anlehnung an Kiel (2019, S. 118), die folgende zentrale Fragen formuliert:

1. Was ist eine Aufgabe?
2. Welche Funktionen erfüllt sie im inklusiven Grundschulunterricht?
3. Wie gestaltet sich das gegenwärtige Standardparadigma im Aufgabenverständnis?
4. Welche alternativen Konzepte existieren?
5. Lassen sich divergierende Positionen zusammenführen?

(1) Funktionen von Lernaufgaben im Unterricht

Lernaufgaben lassen sich als ein unterrichtliches Angebot (Kiel, 2019), aber auch als eine Aufforderung zum Denken und Handeln in Bezug auf einen bestimmten Gegenstand (Jordan et al., 2006) bestimmen. Sie sind in komplexe Lernsituationen eingebettet, die darauf abzielen, anwendungsbezogenes Wissen zu entwickeln (Tulodziecki et al., 2004). Voraussetzung für eine erfolgreiche Bearbeitung ist dabei die Anknüpfung an das Vorwissen und die individuellen Lernvoraussetzungen der Schülerinnen und Schüler (Terhart, 2006; Cole et al., 1978). Zusammenfassend beschreibt Kiel (2019, S. 120) Aufgaben als Elemente, die sowohl der Lernförderung als auch der Leistungsmessung dienen und in denen Schülerinnen und Schüler möglichst selbstständig und problemorientiert agieren können. Für eine teilhabeorientierte Perspektive kommt hinzu: Aufgaben bieten Anschlussstellen für Deutung, Mitgestaltung und gemeinsame Erschließung.

(2) Das Standardparadigma der Aufgabenentwicklung

Das gegenwärtig dominierende Paradigma in der empirischen Unterrichtsforschung betont problemorientiert-herausfordernde Aufgabenformate. Diese sollen fachbezogene Kompetenzen fördern, kognitiv aktivieren und als Instrumente der Leistungsüberprüfung dienen – etwa im Kontext der TIMSS-Studie (Davier et al., 2024) oder COACTIV-Studie (Jordan et al., 2011).

> »Dieser Typus von Aufgaben hat eine hohe normative Kraft. Er bildet den Kern der Bildungsstandards […]. Üblicherweise […] liegen den Aufgaben gestufte Kompetenzmodelle zugrunde, die unterschiedliche Niveaus von Lösungen operationalisieren. Die gegenwärtige Aufgabenkultur ist damit geprägt von der Rückbindung der Aufgaben an Taxonomien, Kompetenzen und Bildungsstandards. […] gute Aufgaben seien kontextgebunden, auf eine konkrete Situation bezogen, in aktiv konstruktiver Weise, selbstgesteuert oder in sozialer Ko-Konstruktion bearbeitbar […]« (Kiel, 2019, S. 121).

Bereits Bloom (1956) stellte ein niedriges kognitives Anspruchsniveau von Aufgaben fest und entwickelte daraufhin eine Taxonomie kognitiver, affektiver und psychomotorischer Ziele für gelungenen Unterricht. Im kognitiven Bereich unterscheidet er die Stufen *Wissen, Verständnis, Anwendung, Analyse, Synthese* und *Beurteilung*. Insbesondere wird damit das Anliegen verfolgt, Niveaustufen von Wissen und kognitiven Prozessen zu operationalisieren, um einfache von komplexen Aufgaben zu unterscheiden. Wendet man sich ab von der quantitativen Beforschung von Lernaufgaben und dem damit verbundenen Bildungsmonitoring und hin zur Allgemeinen Didaktik, um das kognitive Potenzial von Aufgaben zu bestimmen, orientiert sich die Analyse des kognitiven Potenzials von Aufgaben bzw. deren Qualität an den Bloom'schen Überlegungen. Beispielsweise entwickeln Maier et al. (2010) ein offenes System der Kategorisierung, was in der Unterrichtspraxis dabei helfen kann, einerseits das Potenzial gestellter Aufgaben zu analysieren und andererseits anspruchsvolle Aufgaben zu entwickeln bzw. zu gestalten.

> »Aufgaben sind in diesem Kontext ein Mittel zum Zwecke der Verwirklichung von Zielen auf immer höheren Niveaus, wobei die Feststellung eines höheren Niveaus auf einer Operationalisierung im Zusammenhang mit Punktwerten beruht. Trotz der Freiheit im Methodischen geht es besonders um die Kontrolle von Prozessen, also ein »Bildungsmonitoring« zwecks individueller Förderung als Kommunikationsgrundlage für Lehrkräfte zu einer systematischen Verbesserung oder als Berichtgrundlage für vorgesetzte Schulbehörden oder die Bundesländer« (Kiel, 2019, S. 128).

Die Debatte zeigt: Individuelles Lernen lässt sich über Aufgaben adressieren – der Anspruch eines gemeinsamen, teilhabeorientierten Lernens im Klassenverband bleibt jedoch häufig unterbelichtet. Genau hier setzt die folgende Erweiterung an.

(3) Alternative Aufgabenformate und der Ansatz des »Komplexen Unterrichts«

Alternativ zu dieser Logik existieren Konzepte, die Lernenden größere Freiheitsgrade in der Auseinandersetzung mit fachlichen Fragestellungen einräumen. Diese zielen auf heterogene Zugänge und fokussieren weniger auf standardisierte Zielerreichung als vielmehr auf subjektive und gemeinsame Erschließungsprozesse – unterstützt durch lehrseitige Begleitung im Sinne begründeten Argumentierens (Kiel, 2019, S. 128). Als ein möglicher Gegenentwurf wird der »Komplexe Unterricht« (Schmalenbach & Lotan, 2022), ein aus dem anglo-amerikanischen Sprachraum stammendes pädagogisches Konzept, exemplarisch herangezogen. Dieses Konzept fokussiert auf das Zusammenspiel von (veränderten) Aufgabenstrukturen, (veränderten) Normen im Sinne einer expliziten Thematisierung und Einübung kooperativer Verhaltensweisen sowie auf eine Zuweisung von Rollen an die Schülerinnen und Schüler mit dem Ziel, Gruppenproduktivität zu steigern. Insgesamt steht hier eine »Restrukturierung von Lernsettings« im Zentrum (ebd., S. 212 ff.). Ein zentrales Merkmal sind »gruppenwürdige Aufgaben«, die sich durch folgende Aspekte auszeichnen:

- Offenheit und Ungewissheit: Es existieren mehrere Lösungswege, die Diskussion und Analyse erfordern. Lehrkräfte treten dabei als alleinige Wissensautorität zurück.
- Vielfältige Beiträge: Unterschiedliche Kompetenzen und Verhaltensweisen der Lernenden werden gezielt eingebunden.
- Fachliche Relevanz: Aufgaben greifen authentische, herausfordernde Inhalte auf – etwa durch Originaldaten oder Primärquellen.

- Positive Interdependenz: Die Lösung ist nur durch Kooperation erreichbar, wobei die individuelle Verantwortung klar definiert wird.
- Transparente Bewertung: Kriterien zur Beurteilung von Gruppenprodukten sind allen Beteiligten von Beginn an bekannt.

Zudem betonen Schmalenbach und Lotan (2022), dass veränderte Aufgabenstrukturen durch eine entsprechende Unterrichtskultur flankiert werden müssen. Dazu zählt die Einführung von Normen und Rollen in der unterrichtlichen Zusammenarbeit. So können die Rahmenbedingungen für eine gleichberechtigte, -würdige und -wertige Teilhabe geschaffen werden.

Die Etablierung solcher Normen, wie sie bereits von Morris (1977, zit. nach Cohen & Lotan, 2014, S. 54) beschrieben wurden, kann dazu beitragen, Dominanzstrukturen in Gruppen abzubauen. Auch wenn dadurch nicht unmittelbar Kompetenzzuschreibungen verändert werden, können soziales Lernen ermöglicht und eine Grundlage für gleichberechtigte Teilhabe gelegt werden. Gruppenprozesse werden dabei nicht durch Aufgabenverteilung im klassischen Sinn, sondern durch Rollenzuweisungen strukturiert – mit dem Ziel, eine aktive Beteiligung aller Lernenden zu sichern (Cohen & Lotan, 2014, S. 116).

(4) Zusammenführung beider Perspektiven

Das evidenzbasierte Paradigma misst Unterrichtsqualität an der Zielerreichung auf verschiedenen Niveaus, wobei Aufgaben der Steuerung und Rückmeldung dienen (Kiel, 2019, S. 128). Im Gegensatz dazu rückt der »Komplexe Unterricht« die gemeinsame Lernerfahrung ins Zentrum. Lernen wird hier als offener, rekonstruktiver Prozess verstanden, bei dem fachliche Zugänge miteinander entwickelt und hinterfragt werden. Dabei steht nicht die Hierarchie von Kompetenzen im Vordergrund, sondern die Ermöglichung subjektiver Zugänge im Rahmen fachlich begründeter Auseinandersetzungen (ebd., S. 129). Beide Ansätze zielen darauf, fachliches Denken und Lernen zu fördern – unterscheiden sich jedoch im Verständnis von Fachlichkeit. Während das Standardparadigma Fachlichkeit aus standardisierten Wissensdomänen ableitet, versteht der Komplexe Unterricht Fachlichkeit als Prozess gemeinsamer Erschließung. Eine ausschließliche Orientierung an einem der beiden Ansätze greift zu kurz. Vielmehr gilt es, beide Perspektiven produktiv miteinander zu verschränken. Für eine inklusive Grundschuldidaktik, die auf Bildung durch Teilhabe ausgerichtet ist, ist eine produktive Verschränkung sinnvoll: standardbezogene Transparenz und offene, kooperative Erschließung. So werden Aufgaben zu Orten, an denen individuelle Lernwege in gemeinsame Deutungsprozesse integriert werden.

Praxisbeispiel: Zum Lernen des gemeinsamen Mit- und Voneinander-Lernens durch Broken Circles (nach Cohen & Lotan, 2014)

Aufgabenformate, die individuelle Zugänge ermöglichen, verschiedene Zugangsweisen implizieren oder unterschiedliche Lösungswege zulassen, sind im Grundschulunterricht über die Fächer hinweg erprobt und etabliert. Der Anspruch eines gemeinsamen Mit- und Voneinander-Lernens wird darin jedoch nicht automatisch eingelöst. Deshalb wird im Folgenden ein Aufgabenformat fokussiert, bei dessen Bearbeitung die Schülerinnen und Schüler im Rahmen einer gemeinsam zu bearbeitenden Aufgabe lernen können, Bedürfnisse anderer wahrzunehmen, Beiträge zu integrieren und Verantwortung füreinander zu übernehmen.

Beschreibung der Aufgabenbearbeitung:
Das Unterrichtsbeispiel bezieht sich auf die Bearbeitung einer Aufgabe mit einer 3. Klasse, ist jedoch prinzipiell auch in anderen Jahrgangsstufen durchführbar, wobei insbesondere in Jahrgangsstufe 1 die Lesefähigkeit der Schülerinnen und Schüler zu berücksichtigen ist. Für die Bearbeitung der Aufgabe wird die Klasse in Kleingruppen von drei bis vier Kinder eingeteilt. Jedes Kind erhält einen Umschlag mit mehreren, in Teile zerschnittenen Kreisen. Ziel ist es, dass am Ende des Spiels jedes Kind einen vollständigen Kreis vor sich liegen hat. Um dies zu erreichen, tauschen die Schülerinnen und Schüler die Kreisfragmente untereinander aus. Es gelten stille Kooperationsregeln: nicht sprechen, nichts wegnehmen, nur eigene Teile freiwillig weitergeben. Anweisungen der Lehrperson u. a.: Umschläge erst auf Signal öffnen; während der Übung nicht sprechen; nicht auf Teile anderer zeigen; eigenständig puzzeln; pro Runde ein Teil freiwillig weitergeben; Zeitrahmen: zehn Minuten. Im Anschluss findet ein Kreisgespräch mit allen Kindern statt, um ihre Erfahrungen zu reflektieren. Als Gesprächsimpulse dienen die von Cohen und Lotan (2014, S. 194) vorgeschlagenen Fragen:

- Worum ging es bei der Übung aus deiner Sicht?
- Was hast du zum Gelingen der Aufgabe beigetragen?
- Gab es etwas, das die Zusammenarbeit in deiner Gruppe erschwert hat?
- Was könnte deine Gruppe beim nächsten Mal besser machen?

Besonders die letzte Frage stärkt die Einsicht, dass erfolgreiche Zusammenarbeit auf der Aufmerksamkeit füreinander und der Anerkennung individueller Beiträge beruht.

Aufgabenvorbereitung:

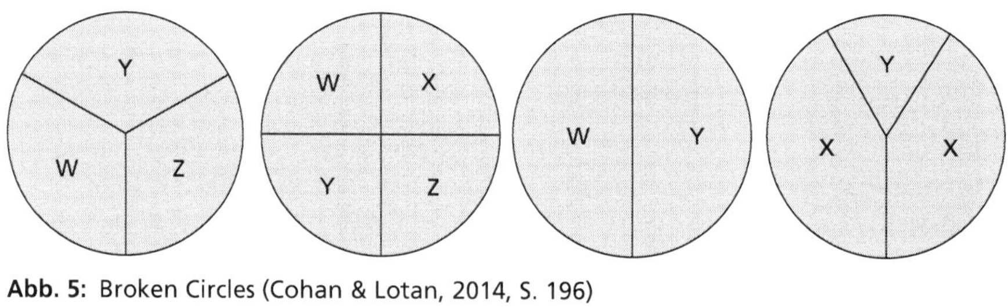

Abb. 5: Broken Circles (Cohan & Lotan, 2014, S. 196)

Bei den Kreispuzzeln ist auf die Größe der Kreise (Durchmesser ca. 20 cm) zu achten und darauf, dass alle Kreise dieselbe Größe haben. Für die Grundschulkinder wurden Farbkreise gewählt und jeder Gruppe wurde eine andere Farbe zugeteilt.

Ziel des gemeinsamen Mit- und Voneinander-Lernens im Rahmen der Gruppenarbeit ist es, dass die Kinder sowohl kognitive, sozial-emotionale wie auch soziomoralische Fähigkeiten weiterentwickeln können. Dabei darf von Lehrpersonen nicht vorausgesetzt werden, dass Kinder per se effektiv gemeinsam in Gruppen zusammenarbeiten können. Für diesen Lernprozess braucht es im Unterricht Zeit, Raum und passende Lerngelegenheiten, um entsprechende Fähigkeiten (z. B. Empathie, Rücksichtnahme, Toleranz) einüben zu können. Dabei ist entscheidend, dass Kinder die Relevanz von Gruppenarbeiten und Kooperation verstehen lernen. Die Berücksichtigung sozialer Normen und Werte im Rahmen von Gruppenarbeitsprozessen wird nach Horster v. a. auch dadurch belegt, dass »eine Reihe von Untersuchungen zeigt, dass Kinder mit einer guten soziomoralischen Bildung kognitiv ein höheres Bildungsniveau erreichen und dasselbe gilt umgekehrt« (2011, S. 17). Die anschließende Reflexion zum eigenen Agieren wird zum zentralen Moment der Aneignung: Kinder deuten ihr Handeln, stellen Bezüge her und integrieren Erfahrungen in ihr Verständnis gemeinsamen Lernens. Man kann annehmen, dass die sensible Gestaltung sozial-ethischer Bildungsgelegenheiten Kinder in ihrer soziomoralischen und kognitiven Entwicklung gleichermaßen anregt und stärkt. Dies bedeutet in Konsequenz für die Weiterentwicklung von Aufgabenstellungen, dass die moralischen Dispositionen der Lernenden bei der Erstellung aktiv miteinzubeziehen und zu berücksichtigen sind. Aufgaben »übersetzen« den Gegenstand so, dass Beiträge anschlussfähig werden – für alle.

Bildung durch Teilhabe – pädagogische Bedeutung

In teilhabeorientierten Lernaufgaben wird Bildung als Integrations- und Aneignungsprozess erfahrbar: Kinder erschließen Inhalte nicht isoliert, sondern im Miteinander, indem sie eigene Zugänge einbringen, Beiträge anderer aufnehmen und zu gemeinsamen Deutungen verdichten. Aufgaben fungieren hier als Orte des Zusammenführens – zwischen fachlichen Anforderungen, lebensweltlichen Erfahrungen und sozialen Beziehungen. Damit verschiebt sich der didaktische Blick: Nicht die Überprüfung vorab definierter Niveaus steht im Zentrum, sondern die Qualität der gemeinsamen Erschließung – Erfahrung, Dialog, Verständigung und Kooperation. So entsteht Bildung durch Teilhabe: als gemeinsames Arbeiten am Gegenstand, in dem Unterschiedlichkeit integriert und Weltverständnis angeeignet wird.

Während Lernaufgaben Teilhabe vor allem als Prozess der Integration und Aneignung sichtbar machen, in dem sich individuelle und gemeinsame Lernwege miteinander verschränken, richtet sich der Blick im folgenden Kapitel auf die gesellschaftliche Dimension von Teilhabe. Mit dem Konzept des Service Learning wird Lernen nicht allein als schulischer, sondern als sozialer Prozess verstanden, der Bildung mit Engagement verbindet. Hier öffnet sich die Schule nach außen und schafft Erfahrungsräume, in denen Kinder lernen, Verantwortung zu übernehmen, sich einzubringen und das eigene Wissen in Beziehung zu gesellschaftlichen Fragestellungen zu setzen. Teilhabe wird so zur Praxis gelebter Partizipation – sie verbindet Wissen, Handeln und ethisches Bewusstsein im gemeinsamen Tun.

5.4 Service Learning – Lernen durch Engagement

Didaktische Idee

Service Learning (Lernen durch Engagement) bezeichnet eine Unterrichtsmethode, die gesellschaftliches Engagement von Schülerinnen und Schülern mit fachlichem Lernen verknüpft. Zentral ist dabei das Prinzip der Partizipation: Kinder werden nicht als Adressat:innen pädagogischer Maßnahmen, sondern als handelnde Subjekte verstanden, die ihr schulisches Wissen in realen sozialen Kontexten wirksam werden lassen. Die Schülerinnen und Schüler engagieren sich beim Lernen durch Engagement nicht zusätzlich oder losgelöst von schulischem Lernen, sondern im Rahmen des Unterrichts – eingebettet in Bildungs- und Lehrpläne (Seifert & Zentner, 2010, S. 5; Zentner, 2020). Auf diese Weise wird fachliches Lernen mit sozialem Handeln verbunden und Teilhabe als gesellschaftliche Mitgestaltung erfahrbar. Dieses Verständnis von Service Learning impliziert die Durchführung von Projekten, die reale Bedarfe adressieren und den Lernenden zugleich ermöglichen, ihr Wissen durch praktische Erfahrungen zu erweitern und zu vertiefen (Sliwka, 2004). Die Besonderheit liegt darin, dass Lernen und Engagement sich wechselseitig durchdringen: Kinder erfahren, dass schulisches Wissen Bedeutung gewinnt, wenn es in konkrete Lebenszusammenhänge eingebracht wird – und dass gesellschaftliches Handeln Lernprozesse vertiefen kann. Zugleich werden in dieser Konzeption grundlegende didaktische Prinzipien (Godfrey et al., 2005; Reinders, 2015, S. 23) deutlich:

- *Realitätsbezug:* Die Projekte finden im Alltag statt und reagieren auf tatsächliche Unterstützungsbedarfe.
- *Reziprozität:* Lernende und unterstützte Personen interagieren auf Augenhöhe, lernen voneinander und nehmen die Bedürfnisse der jeweils anderen ernst.
- *Reflexion:* Kinder erhalten Gelegenheit, über das Verhältnis von theoretischem Wissen und alltäglicher Lebenspraxis nachzudenken.

Damit versteht sich Service Learning als Lernform, in der Bildung durch Partizipation stattfindet: Kinder gestalten gesellschaftliche Wirklichkeit aktiv mit und erfahren sich zugleich als Teil eines größeren sozialen Zusammenhangs. Entscheidend ist ein ausgewogenes Verhältnis von Lernen und Engagement. Dieses erfordert eine enge Verbindung von Fachinhalten, Praxis und sozialem Handeln im Sinne eines wechselseitigen Prozesses (Sigmon, 1994).

Kernziele von Service Learning sind, dass sowohl Lehrerinnen und Lehrer als auch Schülerinnen und Schüler ihre Demokratie- und Sozialkompetenz (weiter-)entwickeln können. Die Kinder können lernen, ihr Wissen praktisch anzuwenden sowie in der und für die Gesellschaft nutzbar zu machen. Anliegen ist es, dass sie Motivation, Selbstbewusstsein und Leistungsstärke sowie eine positive Haltung gegenüber der Schule entwickeln, und letztlich, dass sich die Schule als Bildungsinstitution nach außen öffnet. Damit verbunden soll ein Klima der Kooperation geschaffen werden, um alle Schülerinnen und Schüler dabei zu unterstützen, am Schul- und Unterrichtsleben teilhaben zu können (Seifert & Zentner, 2010, S. 11).

Unter Berücksichtigung internationaler Forschungsergebnisse (zusammenfassend RMC Research Corporation, 2008) und anhand von Praxiserfahrungen mit Service Learning in Schulen hat das Netzwerk Lernen durch Engagement sechs wesentliche Qualitätsstandards für Service Learning entwickelt (Seifert et al., 2019):

1. *Curriculare Einbindung:* Das Engagement der Kinder wird bewusst mit Unterrichtsinhalten didaktisch verknüpft. Lernen durch Engagement ermöglicht den Schülerinnen und Schülern die praktische Anwendbarkeit ihrer Kenntnisse und Fähigkeiten zu erfahren und umgekehrt auch zu erkennen, dass sie mit ihren individuellen praktischen Erfahrungen Lernprozesse im Unterricht positiv beeinflussen können.
2. *Realer Bedarf:* Die Schülerinnen und Schüler erleben, dass sie mit ihrem Wissen und Können gebraucht werden. So können sie Selbstwirksamkeit und Anerkennung erfahren. Dies setzt voraus, dass der reale Bedarf gemeinsam mit den Kindern eruiert bzw. analysiert wird und diese aktiv bei der Problemlösung einbezogen werden.
3. *Schülerpartizipation:* Voraussetzung für einen positiven Verlauf von Service Learning ist, dass die Kinder an der Planung, Vorbereitung und Durchführung ihres Engagements aktiv beteiligt sind, selbstständig Aufgaben wahrnehmen und Entscheidungen treffen können. Von den Lehrerinnen und Lehrern verlangt dies, dass sie ihre eigene Rolle und Haltung reflektieren und ggf. auch Kontrolle abgeben.
4. *Reflexion:* Durch Reflexion werden Wissen und Erfahrungen in einen Zusammenhang miteinander gebracht, was zu einem fundierten Verständnis der Unterrichtsinhalte führen kann. Ein durch gezielte Fragen angeleitetes Nachdenken über die eigene Erfahrung kann den Kindern den Sinn von Engagement deutlich machen, sie eigene Kompetenzen und individuelle Stärken erkennen lassen, den Transfer fachlichen Wissens erleichtern sowie metakognitive Kompetenzen (weiter-)entwickeln.
5. *Engagement außerhalb der Schule:* Da es beim Service Learning um die Öffnung von Schule geht, findet dies auch (zumindest phasenweise) außerhalb der Schule statt. Die Schülerinnen und Schüler werden so z. B. mit Situationen konfrontiert, die sie im Schulalltag nicht erleben können. Diese Möglichkeit schafft Raum für den Transfer von in der Schule erlerntem Wissen, erworbenen Fähigkeiten oder Kompetenzen in das »Alltagsleben«. Auch können sie durch ihr Engagement lernen, einen nützlichen Beitrag für die Gesellschaft zu leisten, und so zusätzlich die Sinnhaftigkeit ihres Lernens und Handelns erfahren. Bedeut-

sam ist, dass die Lehrperson von Beginn an Sorge dafür trägt, dass die Schülerinnen und Schüler am ganzen Prozess des Service Learning teilhaben können.

6. *Engagement und Leistungen würdigen:* Im Verlauf des Projekts ist es bedeutsam, kontinuierlich das Engagement der Kinder zu würdigen und regelmäßig Rückmeldung zu geben, da die Schülerinnen und Schüler so ihre eigene Wirksamkeit erfahren können. Zusätzlich kann so eine *Anerkennungskultur* (Zentner, 2020, S. 200) geschaffen werden, die alle Beteiligten (auch Lehrerinnen und Lehrer sowie Projektpartnerinnen und Projektpartner) mitberücksichtigt.

Diese Qualitätsmerkmale zeigen, dass Service Learning nicht nur ein methodischer Ansatz, sondern ein ganzheitliches Bildungsprinzip sein kann, das Teilhabe, soziale Verantwortung und fachliches Lernen integriert – und dabei individuelle wie gemeinschaftliche Lernprozesse gleichermaßen stärkt.

Praxisbeispiel: Lernpaten für Kinder mit Fluchterfahrung in Kooperation mit dem Kinder- und Jugendzentrum

Die Schülerinnen und Schüler der 4. Klasse engagieren sich als Lernpaten für geflüchtete Grundschulkinder der Jahrgangsstufen 1–3. Sie besuchen ihr Patenkind einmal unter der Woche und, wenn möglich, einmal am Wochenende. Auch wird das Kind mit Fluchterfahrung vom Lernpaten zu sich nach Hause eingeladen. Im Mittelpunkt der Zusammenarbeit stehen z. B. das gemeinsame Erledigen von Hausaufgaben, das gemeinsame Lernen (auch der deutschen Sprache), gemeinsames Lesen und Rechnen, gemeinsames Spielen und die gemeinsame Gestaltung von Freizeitaktivitäten. Während der ganzen Projektphase finden im Jugendzentrum Workshops für die Viertklässler statt, in denen sie Tipps erhalten und auch ihre Gedanken, vielleicht auch Sorgen, aufgrund der anstehenden Aufgabe besprechen können. Zusätzlich werden von den Mitarbeiterinnen und Mitarbeitern des Jugendzentrums gemeinsam mit allen Kindern Ausflüge (z. B. in den Botanischen Garten) und Aktionen (z. B. gesundes Frühstück) geplant und durchgeführt. Am Ende des Projektes wird ein gemeinsames Abschlussfest mit allen Beteiligten (Kinder, Eltern, Lehrpersonen, Mitarbeiterinnen und Mitarbeiter des Jugendzentrums) geplant und gefeiert. Im Rahmen einer Plakatausstellung wird der Projektverlauf noch einmal reflektiert und erbrachte Leistungen werden gewürdigt.

Das Projekt, bei dem Schülerinnen und Schüler der 4. Klasse als Lernpaten für geflüchtete Grundschulkinder der Jahrgangsstufen 1 bis 3 fungieren, verfolgt mehrere Ziele und kann verschiedene Ergebnisse erzielen:

Durch die Lernpatenschaften kann eine soziale Integration geflüchteter Kinder in die Schulumgebung gefördert werden. Die älteren Schülerinnen und Schüler übernehmen eine unterstützende Rolle, um den jüngeren, geflüchteten Kindern beim Einleben und Verstehen des schulischen Umfelds zu helfen (soziale Integration). Das Projekt fördert interkulturelles Verständnis und Toleranz, indem es

Schülerinnen und Schüler unterschiedlicher Hintergründe zusammenbringt. Es ermöglicht den Lernpaten, Einblicke in die Lebenswelt der geflüchteten Kinder zu gewinnen (interkulturelles Verständnis). Die Lernpatenschaften können die Verantwortungsbereitschaft und Empathie der älteren Schülerinnen und Schüler stärken. Sie lernen, sich für andere einzusetzen und ihre Hilfe aktiv anzubieten (Förderung von Verantwortung und Empathie). Das gemeinsame Erledigen von Hausaufgaben und das gemeinsame Lernen unterstützen nicht nur die geflüchteten Kinder, sondern bieten auch den Lernpaten Möglichkeiten, ihre eigenen akademischen Fähigkeiten zu festigen und zu vertiefen (Akademische Unterstützung). Letztlich können die Lernpaten den geflüchteten Kindern eine zusätzliche Gelegenheit bieten, ihre Deutschkenntnisse zu verbessern, indem sie gemeinsam spielen, Hausaufgaben erledigen, lesen und rechnen. Das Projekt kann zu einem gestärkten Gemeinschaftsgefühl in der Schule beitragen, da es auf Zusammenarbeit und Solidarität zwischen den verschiedenen Jahrgangsstufen abzielt (Stärkung des Gemeinschaftsgefühls). Die gemeinsamen Lernaktivitäten und Freizeitgestaltungen können die Lernmotivation und das Interesse der geflüchteten Kinder und der Lernpaten an schulischen Aktivitäten steigern (Förderung von Lernmotivation und -interesse). Die Lernpaten erhalten möglicherweise positives Feedback von Lehrkräften, Eltern und der Schulgemeinschaft für ihr Engagement, was zu einem gesteigerten Selbstwertgefühl führen kann (positives Feedback und Anerkennung). Insgesamt kann das Projekt dazu beitragen, eine unterstützende Lernumgebung zu schaffen, die sowohl die akademische als auch die soziale Entwicklung der beteiligten Schülerinnen und Schüler fördert.

Zusammenfassend kann resümiert werden, dass Service Learning ein Lehr-Lernformat darstellt, das Engagement schulisch verankert, aber nach außen öffnet: Die Patenschaften finden z. B. in Kooperation mit einem Kinder- und Jugendzentrum statt. Die Lernpaten treffen ihre »Patenkinder« regelmäßig – sowohl in der Schule als auch außerhalb. Sie unterstützen beim Lernen, beim Erwerb der deutschen Sprache, beim Spielen und in der Freizeitgestaltung. Ergänzend werden Workshops angeboten, in denen die Paten ihre Erfahrungen reflektieren, Strategien besprechen und von Fachkräften begleitet werden. Dieses Arrangement ermöglicht Teilhabe auf mehreren Ebenen:

- Soziale Teilhabe – durch Begegnung und Beziehung zwischen Kindern unterschiedlicher Herkunft.
- Kognitive Teilhabe – durch die Anwendung und Weitergabe schulischer Kompetenzen in authentischen Kontexten.
- Emotionale Teilhabe – durch das Erleben von Verbundenheit, Verantwortung und gegenseitiger Anerkennung

Die begleitende Reflexion in Form von Gruppengesprächen oder Plakatausstellungen am Ende des Projekts vertieft diese Erfahrungen. Kinder erhalten die Möglichkeit, ihr Engagement sichtbar zu machen, es zu deuten und in den schulischen Lernprozess zu integrieren. In der Gesamtschau zeigt sich, dass Service Learning hier nicht nur soziales Lernen ist, sondern eine Form von partizipativer Bildungspraxis: Kinder übernehmen Verantwortung, gestalten aktiv, erfahren

Selbstwirksamkeit – und lernen dadurch, dass sie Teil eines demokratischen Gemeinwesens sind.

Bildung durch Teilhabe – pädagogische Bedeutung

Service Learning verdeutlicht exemplarisch, wie Bildung durch Teilhabe als Partizipationsprozess verstanden werden kann. Kinder sind nicht bloß Empfänger von Wissen oder Hilfsleistungen, sondern Mitgestaltende gesellschaftlicher Lernprozesse. Sie handeln, reflektieren und übernehmen Verantwortung – und erfahren so, dass Bildung nicht allein kognitiv, sondern sozial und ethisch verankert ist. Partizipation erhält hier eine doppelte Bedeutung: Zum einen beteiligen sich Kinder aktiv am gesellschaftlichen Leben, zum anderen werden sie im Lernprozess selbst gehört, ernst genommen und in Entscheidungen eingebunden. Teilhabe wird so zum pädagogischen Prinzip – zur Form, in der Bildung entsteht. Service Learning eröffnet damit Erfahrungsräume, in denen Kinder lernen, wie persönliches Lernen und gesellschaftliches Engagement einander bedingen. Bildung durch Teilhabe zeigt sich hier als wechselseitiger Prozess von Selbstbildung und Mitverantwortung: Kinder erweitern ihr Wissen, indem sie handeln, und sie verändern ihre Welt, indem sie verstehen.

Nach den Überlegungen zum Service Learning, das Teilhabe vor allem als praktisches und gesellschaftsbezogenes Handeln begreift, rückt das folgende Kapitel eine weitere Dimension von Bildung durch Teilhabe in den Fokus: die Reflexion. Im Philosophieren mit Kindern wird Teilhabe nicht als äußere Beteiligung, sondern als innerer Dialog erfahrbar – als gemeinsames Nachdenken über Fragen, die keine fertigen Antworten kennen. Damit erweitert sich der Blick auf Bildung: Sie erscheint nun als wechselseitiger Prozess des Fragens, Zweifelns und Deutens, in dem Kinder lernen, die Welt – und sich selbst – im Gespräch mit anderen zu verstehen.

5.5 Philosophieren mit Kindern

Mit der Bedeutung des Philosophierens im Kontext von Erziehung und Bildung setzte sich bereits Immanuel Kant (1997) in seiner Logik-Vorlesung auseinander, in der er vier grundlegende philosophische Fragen formulierte:

1. Was kann der Mensch? (Erkenntnistheorie)
2. Was soll ich tun? (Ethik)
3. Was darf ich hoffen? (Metaphysik)
4. Was ist der Mensch? (Anthropologie)

Kant (1803) versteht Erziehung als einen Prozess, der dem Menschen ermöglichen soll, über sich selbst zu bestimmen, sich eigene Ziele zu setzen und sein Verhalten entsprechend zu steuern. Zugleich schränkt er ein, dass Kinder »nicht dem gegenwärtigen, sondern dem zukünftigen möglichen besseren Zustand des menschlichen Geschlechts, das ist: der Idee der Menschheit und deren ganzer Bestimmung angemessen, erzogen werden [sollen]« (Kant, 1803, S. 17). Erziehung zielt in Kants Verständnis nicht nur auf individuelle Autonomie, sondern auch auf die Vermittlung allgemeinverbindlicher moralischer Prinzipien. Entsprechend gliedert er den Bildungsprozess in vier Stufen: (1) Disziplinierung, (2) Kultivierung, (3) Zivilisierung und (4) Moralisierung (Kant, 1803, S. 20). Im Rahmen der Moralisierung ist das Ziel, dass der Mensch eine innere Haltung entwickelt, die ihn zum moralischen Handeln befähigt – nicht aufgrund äußerer Zwänge, sondern aus Einsicht in das moralisch Gute (ebd., S. 21). Damit rücken das Erlernen und Verinnerlichen zentraler Werte wie Empathie, soziale Verantwortung oder Gerechtigkeit in den Fokus. Erziehung zielt in diesem Verständnis nicht allein auf Wissensaneignung, sondern auf die Entwicklung von Vernunft, Selbstbestimmung und moralischer Orientierung. Diese Zielperspektive gilt auch für die Grundschule: Bildung soll Kinder dazu befähigen, über sich, über andere und über die Welt nachzudenken – also reflexiv zu werden.

Philosophieren mit Kindern knüpft an diese Idee an. Es geht nicht darum, Philosophie als fertiges Wissen zu vermitteln, sondern darum, das Denken selbst zum Gegenstand des Lernens zu machen. Die Frage, ob Grundschulkinder überhaupt philosophieren können, wird häufig – auch von Pädagoginnen und Pädagogen – kritisch diskutiert. Zentral ist hier die Unterscheidung zwischen »Philosophie lernen« und »Philosophieren lernen«. Kant (1919, S. 690) betont, dass es nicht darum gehe, Philosophie als fertiges Wissen zu lernen, sondern das »Talent der Vernunft« im Denken zu üben – stets mit dem Vorbehalt, die Prinzipien der Vernunft kritisch zu überprüfen. Damit ist Philosophieren eine Tätigkeit des gemeinsamen Nachdenkens und Suchens, in der Kinder lernen, Begriffe zu bilden, Bedeutungen zu hinterfragen und Sinn zu erzeugen. Dies verweist auf die Differenz von Philosophie als Vermittlung von Wissen und Philosophieren als Tätigkeit. Während sich für Philosophie als Wissensvermittlung konstatieren lässt, dass es für junge Kinder nicht geeignet erscheint, kann dies für das Philosophieren nicht pauschal festgestellt werden. Wenn Philosophieren verstanden wird als »sich Fragen stellen, keine Denkverbote kennen, sich einlassen, abwägen, mitgehen, zuhören können und hartnäckig an einem Wort, an einem Gedanken oder Gespräch dranbleiben [können]« (Bernasconi, 2021, S. 187), ist es durchaus als eine Tätigkeit zu verstehen, die von den Grundschulkindern ausgeführt werden kann. In dieser Offenheit liegt der Bildungswert philosophischer Gespräche: Kinder erfahren, dass Denken nicht das Finden von Gewissheiten, sondern das gemeinsame Erproben von Möglichkeiten ist. Bernasconi folgert diesbezüglich weiterhin, dass

> »Kinder und das Philosophieren […] eine große Gemeinsamkeit [haben]: Fragen stellen. Stellt ein Mensch – egal ob erwachsen oder Kind – eine Frage, so verweist diese auf ein Problem. Fragen sind immer mehrdeutig, Antworten eindeutig. Fragen öffnen Horizonte, Antworten begrenzen den Weg. Die Vieldeutigkeit der Frage wird mit der Antwort eindeutig« (Bernasconi, 2021, S. 188).

Bernasconi betont hier, dass Fragen auf Probleme verweisen. Sie sind mehrdeutig, während Antworten meist auf Eindeutigkeit zielen. Fragen eröffnen Horizonte, Antworten begrenzen sie. Philosophieren setzt daher Neugier, kritisches Denken und die Bereitschaft voraus, Mehrdeutigkeit auszuhalten. Philosophieren ist eine zutiefst dialogische Praxis. Kinder treten dabei in einen Prozess gemeinsamer Reflexion ein, in dem sie lernen, Ambiguität auszuhalten und durch Austausch ihre Sicht auf die Welt zu erweitern. Es verlangt zudem Zeit, Aufmerksamkeit und methodisches Vorgehen. Die Befähigung zum Philosophieren erfordert darüber hinaus das Einüben konkreter Kompetenzen: differenziertes Wahrnehmen, aktives Zuhören, Reflektieren sowie den Umgang mit abstrakten, lebensweltlichen oder existenziellen Fragestellungen. Diese Fähigkeiten ermöglichen es Kindern, sich selbst und ihre Umwelt bewusster zu verstehen und komplexe Probleme zu bearbeiten (Bernasconi, 2021, S. 195).

Ein Praxisbeispiel: Können Gräser traurig sein?

Die Frage, ob Gräser traurig sein können – also ob Pflanzen emotionale Empfindungen haben –, entstand aus einer spontanen Äußerung eines Kindes während eines Unterrichtsgangs im Sommer, als eine Phase großer Trockenheit herrschte. Die Lehrperson nahm diese Frage zum Anlass, sie im Rahmen eines philosophischen Gesprächs mit einer dritten Klasse aufzugreifen. Vorausgehend stellte sie folgende Überlegung an: Die kindliche Frage bietet einen anregenden Ausgangspunkt für philosophische Reflexionen im Kontext kindlicher Denkprozesse. Ein experimenteller Zugang zur Thematisierung kann in mehreren methodischen Schritten realisiert werden:

- *visuelle Stimulation:* Den Kindern werden Bilder gezeigt, die Pflanzen in unterschiedlichen Umweltsituationen darstellen. Diese visuellen Impulse regen zur Identifikation und Assoziation von Emotionen an. Ein Beispiel: Ein Bild zeigt einen Regentropfen auf einem Grashalm. Dazu wird gefragt: »Was glaubt ihr, fühlt das Gras, wenn es vom Regen berührt wird?« Ziel ist es, die Vorstellungskraft der Kinder zu aktivieren und sie zur empathischen Auseinandersetzung mit der »Erlebniswelt« von Pflanzen anzuregen.
- *narrative Elemente:* In erzählerischer Form – etwa durch Geschichten über »Abenteuer« von Gräsern – lassen sich emotionale und soziale Aspekte veranschaulichen. Szenarien wie Trockenheit oder Sturm können thematisiert werden, wobei die Kinder überlegen, wie die Gräser sich dabei »fühlen« könnten.
- *offene Fragen:* Durch gezielte Fragen wie »Wie fühlen sich Gräser, wenn es sehr windig ist?« oder »Können Gräser in unterschiedlichen Umgebungen verschieden empfinden?« wird das Nachdenken angeregt. Diese Form des gemeinsamen Philosophierens ermöglicht die Entwicklung und den Austausch vielfältiger Gedanken. Es entsteht ein dialogischer Raum, in dem unterschiedliche Gedanken gleichberechtigt nebeneinanderstehen dürfen.
- *explorative Beobachtung:* Das gemeinsame Beobachten von Gräsern in ihrer natürlichen Umgebung erlaubt es den Kindern, äußere Veränderungen zu doku-

mentieren und als Ausgangspunkt für weiterführende Reflexionen zu nutzen. So können z.B. Rückschlüsse auf mögliche »Reaktionen« der Pflanzen auf Umweltreize gezogen werden.

Insgesamt kann die Frage »Können Gräser traurig sein« einen anregenden Weg für Philosophische Gespräche mit Kindern darstellen, der nicht nur Kreativität und Phantasie fördert, sondern auch dazu beiträgt, ein Bewusstsein für die Vielfalt von Empfindungen in der Natur zu schaffen. Welcher methodische Weg für ein Philosophisches Gespräch gewählt wird, ist von der jeweiligen Lehrperson mit Blick auf die jeweiligen Schülerinnen und Schüler, die Rahmenbedingungen und ihr eigenes didaktisch-methodisches Wissen zu treffen. Das Beispiel verdeutlicht, dass Philosophieren nicht die Vermittlung abstrakter Theorien meint, sondern ein gemeinsames Nachdenken über Erfahrungen, Phänomene und Bedeutungen. In solchen Gesprächen wird das Denken selbst zum Lerngegenstand. Die Lehrperson agiert hier nicht als Wissensvermittlerin, sondern als Mitdenkende – sie moderiert, spiegelt und öffnet den Raum für Fragen. So werden Machtverhältnisse zwischen Lehrenden und Lernenden neu geordnet: Kinder werden als gleichwertige Gesprächspartner:innen wahrgenommen, deren Gedanken ernst genommen und in den kollektiven Denkprozess integriert werden.

Bildung durch Teilhabe – pädagogische Bedeutung

Philosophische Gespräche im Unterricht ermöglichen Bildung durch Teilhabe als Reflexionsprozess. Kinder erleben sich als Teil eines gemeinsamen Denkens, das auf gegenseitigem Zuhören, Deuten und Hinterfragen basiert. Teilhabe zeigt sich hier nicht im Mitwirken an Entscheidungen, sondern im Mitdenken und Mitdeuten – in der Anerkennung, dass jede Perspektive zum gemeinsamen Verstehen beiträgt. Philosophische Gespräche unterscheiden sich grundlegend von traditionellen, auf Gewissheiten basierenden Lehr-Lernformaten. Sie gelten als »counter-cultural practice« (O'Riordan, 2016, S. 658), da sie offene Fragen in den Mittelpunkt rücken und vielfältige Interpretationen zulassen. Ziel ist es nicht, eindeutige Antworten oder einen Konsens zu erreichen. Vielmehr lernen Schülerinnen und Schüler – ebenso wie Lehrpersonen –, mit Ungewissheit umzugehen und Ambiguitäten auszuhalten (Michalik, 2021, S. 144). Gemäß Lipman (2003) verfolgt das Philosophieren mit Kindern das Ziel, verantwortungsvolles, kritisches, kreatives und kooperatives Denken zu fördern. Kinder üben sich darin, Argumente zu formulieren, zu hinterfragen und reflektiert Stellung zu beziehen. Sie lernen, unterschiedliche Positionen zu respektieren, Zusammenhänge zu erkennen und ethisch zu bewerten. Dabei geht es nicht nur um kognitive Fähigkeiten, sondern auch um die Entwicklung sozialer und ethischer Urteilskraft (Sharp, 2018) – insbesondere mit Blick auf komplexe Entscheidungsprozesse (Lyle, 2018). Zudem wird Kindern durch philosophische Gespräche eine Stimme gegeben: Ihre Gedanken und Sichtweisen werden als gleichwertige Beiträge zum kollektiven Verstehen anerkannt (Haynes, 2016). In diesem Kontext verändert sich die Rolle der Lehrperson. Sie wird nicht mehr als Wissensvermittelnde verstanden, sondern als Mitdenkende, die bzw. der offen für eigene Fragen bleibt. Dadurch wird auch das Machtverhältnis zwischen Lehrenden und Lernenden neu justiert: Auch die Rolle der Kinder ändert sich: Philosophieren ist somit eine Form reflexiver Partizipation: Kinder werden zu Mitgestaltenden eines gemeinsamen Bedeutungsraums, in dem Sprache, Erfahrung und Urteilskraft miteinander verschränkt sind. Sie lernen, ihre eigenen Gedanken zu formulieren, andere Perspektiven zu verstehen und ethische Implikationen zu bedenken.

In philosophischen Gesprächen sind Gleichberechtigung, Gleichwertigkeit und Gleichwürdigkeit konstitutive Prinzipien:

- Gleichberechtigung zeigt sich darin, dass alle Kinder unabhängig von Alter, Geschlecht oder Herkunft die gleiche Möglichkeit erhalten, ihre Gedanken einzubringen. Die Gesprächssituation ist von Offenheit und gegenseitigem Respekt geprägt.
- Gleichwertigkeit bedeutet, dass jede Meinung und jede Idee als gleich bedeutsam angesehen werden. Es gibt keine »richtigen« oder »falschen« Antworten – im Zentrum stehen das abwägende Denken und das gemeinsame Suchen nach Bedeutung.
- Gleichwürdigkeit verweist auf den respektvollen Umgang mit jeder kindlichen Perspektive. Alle Kinder gelten als wertvolle Individuen, deren Gedanken und Emotionen ernst genommen werden. Voraussetzung hierfür ist ein achtsames, von inklusiven Werten geprägtes Miteinander sowie ausreichend Raum und Zeit, um in Dialog zu treten, Unterschiede auszuhalten und Konflikte wertorientiert zu bearbeiten.

Abschließend lässt sich festhalten, dass philosophische Gespräche im Grundschulunterricht nicht nur kognitive und sprachliche Kompetenzen fördern, sondern insbesondere einen wertorientierten Raum eröffnen, in dem Kinder lernen, sich selbst und andere in ihrer Vielfalt anzuerkennen, Verantwortung zu übernehmen und Teilhabe als gemeinsame Reflexion zu erleben. Philosophieren mit Kindern eröffnet einen Raum, in dem Denken als gemeinsames Tun erfahren wird. Bildung durch Teilhabe zeigt sich hier in der Fähigkeit, eigene Erfahrungen zu reflektieren, die Perspektiven anderer zu verstehen und sich gemeinsam auf Sinnsuche zu begeben. Philosophische Gespräche sind Orte dialogischer Bildung: Kinder erfahren, dass Fragen keine Schwäche, sondern eine Form der Stärke sind – weil sie Weltbezüge öffnen, statt sie zu schließen. In diesem Sinn wird Philosophieren zu einer Grundfigur teilhabeorientierter Bildung: Reflexion wird selbst zur Form von Teilhabe – und Teilhabe zur Bedingung von Bildung.

Zusammenschau

Im Zusammenspiel der vorgestellten Ansätze wird sichtbar, dass »Bildung durch Teilhabe« keine Methode, sondern ein pädagogisches Prinzip ist. Die bereitgestellten Beispiele fungieren nicht als starre Anleitungen oder evidenzbasierte Modelle, sondern als explorative Annäherungen an pädagogische Erfahrungen, in denen Bildung durch Teilhabe lebendig wird. Diese Ansätze verdeutlichen, dass gemeinsames Handeln, Aushandeln und Reflektieren zu Lernprozessen führt, die individuelle sowie gemeinschaftliche Erfahrungen ermöglichen. Ziel dieser Annäherungen ist es, die Vielfalt möglicher Teilhabepraktiken sichtbar zu machen, in denen Kinder als aktive Mitgestaltende von Bildung anerkannt werden. Ob in Didaktischen Kindernetzen, moralischen Dilemmata-Geschichten, Lernaufgaben im teilhabeorientierten Unterricht, Service Learning oder beim Philosophieren mit Kindern – all diese Formate verdeutlichen die Rolle der Teilhabe als Bedingung, Medium und Ziel der Bildung. Die Aspekte Antizipation, Aushandlung, Integration, Partizipation und Reflexion kennzeichnen ein Kontinuum pädagogischer Situationen, in denen Kinder Erfahrungen des gemeinsamen Denkens, Handelns und Urteilens sammeln.

Es geht also nicht darum, ein starres Repertoire an Methoden zu normieren, sondern verschiedene didaktische Ansätze zur Entfaltung von Bildung durch Teilhabe zu präsentieren. Bildung ist hier als das Vermögen zu verstehen, Bedeutungen gemeinsam zu konstruieren und Unterschiede wahrzunehmen und in Beziehung zu setzen. Die angebrachten Praxisbeispiele legen den Fokus auf verschiedene Formen gemeinsamer Teilhabe-Erfahrung – sei es Antizipation, Aushandlung, Integration, Partizipation oder Reflexion – und streben danach, eine integrative Perspektive auf Bildung zu bieten. Damit wird Teilhabe zu einer Kategorie pädagogischer Verantwortung: Lehrpersonen schaffen Räume, in denen Kinder sich selbst und andere verstehen lernen – nicht durch Belehrung, sondern durch Begegnung und Dialog. »Bildung durch Teilhabe« verweist somit auf eine Schule, die Lernen als gemeinsames Weltverhältnis begreift – eine Schule, in der sich Erkenntnis aus Beziehung, Sinn aus Austausch und Verantwortung aus Mitgestaltung ergibt. So verstanden, führt Bildung durch Teilhabe zu einer Grundhaltung, die Inklusion nicht als Ziel, sondern als Praxis begreift – als ein ständiges Werden im Miteinander.

6 Fazit und Ausblick: Bildung durch Teilhabe als Paradigmenwechsel in der inklusiven Grundschuldidaktik

Die in diesem Buch entwickelten theoretischen und praxisbezogenen Zugänge machen deutlich, dass eine inklusive Grundschuldidaktik, die auf Bildung durch Teilhabe ausgerichtet ist, einen tiefgreifenden Paradigmenwechsel markiert. Sie löst sich von der überkommenen Vorstellung, Bildung sei primär eine Voraussetzung für gesellschaftliche Teilhabe, und erkennt umgekehrt an: Erst in sozialer Teilhabe, im dialogischen Miteinander und in der aktiven Mitgestaltung entstehen jene Bildungsprozesse, die Subjektwerdung, Selbstwirksamkeit und Erkenntnis ermöglichen. In dieser Perspektive wird Bildung nicht als Ergebnis individueller Anpassungsleistung verstanden, sondern als relationaler, situativer und kulturell gerahmter Prozess – basierend auf Anerkennung, Partizipation und geteilter Verantwortung. Dieser Paradigmenwechsel hat weitreichende Implikationen: Eine inklusive Grundschuldidaktik, die auf Bildung durch Teilhabe ausgerichtet ist, ist nicht als statisches Konzept zu begreifen, sondern als dynamischer Aushandlungsprozess, der auf institutioneller, didaktischer und interaktionaler Ebene gestaltet wird. Die Grundschule – als erste gemeinsame und verpflichtende Bildungsinstitution – trägt dabei eine besondere Verantwortung. Heterogenität wird aus dieser Perspektive nicht mehr nur als pädagogische Herausforderung verstanden, sondern als konstitutive Bedingung für Bildung durch Teilhabe. Damit wird die Vielfalt der Lernenden zur Ressource einer Didaktik, die Bildungsprozesse konsequent im sozialen Kontext verankert und auf Gerechtigkeit, demokratische Teilhabe und Anerkennung zielt. In dieser Logik ist Teilhabe nicht lediglich Ziel oder Voraussetzung von Bildung, sondern deren konstitutives Prinzip. Bildung durch Teilhabe meint die bewusste Ermöglichung von Mitbestimmung, Mitgestaltung und sozialer Einbindung im Rahmen schulischer Lernprozesse – und zwar nicht als performative Geste, sondern als strukturell verankerter Anspruch. Aus unserer Perspektive erscheint es wünschenswert, die Debatte über eine inklusive Grundschuldidaktik darauf auszurichten, Bildung nicht trotz, sondern durch Teilhabe zu ermöglichen.

Die Praxisbeispiele in diesem Buch haben verdeutlicht, dass eine inklusive Grundschuldidaktik, die auf Bildung durch Teilhabe ausgerichtet ist, nicht durch vereinzelte methodische Ansätze oder didaktische Modelle realisiert werden kann, sondern dass es einer umfassenden Veränderung schulischer und unterrichtlicher Strukturen bedarf. Bildung wird durch Teilhabe ermöglicht. Damit einher geht ein verändertes Rollenverständnis von Lehrkräften, das stärker auf Moderation, Ko-Konstruktion und Anerkennung angelegt ist. Lehrkräfte stehen hier vor der Herausforderung, ihre eigene Rolle im Bildungsgeschehen zu reflektieren, dominante Wissens- und Machtstrukturen zu hinterfragen und die soziale Interaktion im

Unterricht so zu gestalten, dass alle Kinder in ihren individuellen Bildungsprozessen ernst genommen werden und an der Gestaltung ihres Bildungsprozesses teilhaben können. Ebenso erfordert dieser Ansatz tiefgreifende strukturelle, curriculare und professionsbezogene Transformationsprozesse, die schulische Bildung nicht länger an normativen Standards homogener Lerngruppen orientieren, sondern an den vielfältigen Lebensrealitäten der Kinder.

Mit der zunehmenden Bedeutung der Ganztagsbeschulung nimmt »Bildung durch Teilhabe« Schule als primären sozialen Lebens- und Erfahrungsraum von Kindern ernst. Hier greifen formale, non-formale und informelle Bildungsprozesse ineinander und Teilhabe wird in vielfältigen sozialen, kulturellen und lernbezogenen Situationen gelebt und erfahren. Schule ist ein Ort der Aushandlung, der Differenz und der gemeinsamen Verantwortung für das Lernen aller. In einer Zeit tiefgreifender gesellschaftlicher (z. B. sozialer, ökologischer und technologischer) Umbrüche verweist dieser Ansatz auf die Zukunft einer Schule, die nicht nur auf Wissenserwerb, sondern auf demokratische Bildung im umfassenden Sinne zielt. Die Notwendigkeit, eine inklusive Grundschuldidaktik, die auf Bildung durch Teilhabe ausgerichtet ist, konzeptionell zu entfalten und in der schulischen Praxis zu verankern, ergibt sich aus den gesellschaftlichen Veränderungen, nicht nur in Schule, und dem Streben nach mehr Chancengerechtigkeit: Bildung wird nicht länger ausschließlich als individuelle Voraussetzung für gesellschaftliche Teilhabe verstanden, sondern als ein Prozess, der sich gerade in und durch Teilhabe vollzieht. Dieser Perspektivwechsel verändert den Blick auf schulisches Lernen, auf didaktische Arrangements und auf die Rolle der Schule als gesellschaftlicher Ort.

1. *Bildung durch Teilhabe als zentrales Ziel schulischer Bildung:* Die Debatte um eine inklusive Grundschuldidaktik trägt dazu bei, Bildungsprozesse nicht nur als individuelle Entwicklungsaufgaben zu begreifen, sondern als gesellschaftlich gerahmte Möglichkeiten und Begrenzungen. Eine Schule, die konsequent auf Teilhabe ausgerichtet ist, stellt sich der Aufgabe, bestehende Exklusionsmechanismen zu hinterfragen und strukturelle Barrieren zu identifizieren, die bestimmte Gruppen systematisch benachteiligen. Die Auseinandersetzung mit gerechtigkeitstheoretischen, normativen und machttheoretischen Perspektiven macht deutlich: Teilhabe erschöpft sich nicht in schulorganisatorischen Maßnahmen, sondern spiegelt grundlegende Fragen sozialer Anerkennung, ungleicher Ressourcenverteilung und struktureller Teilhabechancen wider – innerhalb und außerhalb der Schule.
2. *Teilhabe als Bedingung von Bildung:* Lernen ist ein sozialer Prozess, in dem Kinder nicht nur Wissen aufnehmen, sondern aktiv Bedeutung konstruieren. Eine inklusive Grundschuldidaktik, die auf Bildung durch Teilhabe ausgerichtet ist, erkennt Kinder als Akteurinnen und Akteure ihrer Bildungsprozesse an und nimmt sie ernst. Sie schafft Lernräume, in denen Kinder sich als wirksam erleben, Bedeutung mit anderen aushandeln und Verantwortung übernehmen können. Bildung durch Teilhabe bedeutet in diesem Sinne: Kinder werden nicht auf die Rolle von Rezipientinnen und Rezipienten reduziert, sondern gestalten Lernprozesse aktiv mit – emotional, kognitiv und sozial –, gerade weil die

Qualität von Lernprozessen maßgeblich von Partizipation, erlebten Selbstwirksamkeitserfahrungen und dialogischen Aushandlungen abhängt.

3. *Demokratiebildung und Anerkennung als Fundament:* Die Grundschule ist nicht nur eine Institution der Wissensaneignung, sondern ein sozialer Erfahrungsraum, in dem Kinder erstmals in einer verbindlichen Gemeinschaft lernen, mit Vielfalt umzugehen, Perspektiven zu wechseln und soziale Aushandlungsprozesse zu gestalten. Eine inklusive Grundschuldidaktik, die auf Bildung durch Teilhabe ausgerichtet ist, bietet hier einen entscheidenden Mehrwert, da sie Demokratiebildung nicht als additiven Unterrichtsinhalt behandelt, sondern als grundlegendes Prinzip des Lehrens und Lernens. Indem Teilhabe in die Unterrichtsgestaltung integriert wird, erfahren Kinder frühzeitig, dass ihre Perspektiven zählen, dass Entscheidungen verhandelbar sind und dass sie selbst Verantwortung für ihr Lernen und ihr soziales Miteinander übernehmen können.
4. *Professionalisierung als Schlüssel für den Paradigmenwechsel:* Die Implementierung einer inklusiven Grundschuldidaktik erfordert nicht nur eine Neuausrichtung schulischer Strukturen, sondern auch eine tiefgehende Reflexion der professionellen Haltung von Lehrkräften. Die Debatte um Teilhabe in der Didaktik trägt dazu bei, das Rollenverständnis von Lehrkräften weiterzuentwickeln – weg von einer rein instruktionalen Vermittlerrolle hin zu einer gestaltenden, moderierenden und aushandelnden Position. Dies erfordert sowohl in der Ausbildung als auch in der Weiterbildung eine stärkere Auseinandersetzung mit Fragen der Partizipation, der Anerkennung und der Gestaltung von inklusiven Lernsettings.
5. *Transformation der Lehr-Lern-Kultur:* Die in diesem Buch skizzierten Praxisbeispiele verdeutlichen, dass eine inklusive Grundschuldidaktik, die auf Bildung durch Teilhabe ausgerichtet ist, nicht durch einzelne methodische Innovationen erreicht wird, sondern durch eine grundsätzliche Veränderung der Lehr-Lern-Kultur. Die Reflexion konkreter Ansätze – von partizipativen Unterrichtsmethoden über moralische Dilemmata-Geschichten bis hin zu servicebasiertem Lernen – zeigt, dass Teilhabe auf unterschiedlichen Ebenen verwirklicht werden kann. Der Mehrwert dieser Perspektive liegt in ihrer Praxisnähe: Sie verbindet theoretische Reflexion mit konkreten Gestaltungsmöglichkeiten und eröffnet Lehrkräften Handlungsoptionen, um Teilhabe nicht nur als normatives Ziel zu verstehen, sondern als gelebte pädagogische Praxis umzusetzen.

Zentrale Zukunftsfragen

Die Debatte um Teilhabe und Inklusion in der Grundschuldidaktik ist keineswegs abgeschlossen. Vielmehr erfordert sie eine kontinuierliche wissenschaftliche Begleitung und Reflexion, um pädagogische Konzepte weiterzuentwickeln und neue

Herausforderungen in den Blick zu nehmen. Insbesondere folgende Aspekte erscheinen für die Zukunft von besonderer Relevanz:

- *strukturelle Verankerung:* Wie können schulorganisatorische und bildungspolitische Rahmenbedingungen so gestaltet werden, dass Teilhabe nicht episodisch, sondern systematisch ermöglicht wird?
- *digitale Teilhabe:* Welche Chancen und Risiken eröffnen digitale Bildungsangebote im Hinblick auf Teilhabe, und wie lassen sich neue Formen der Ausgrenzung vermeiden?
- *Intersektionalität:* Wie können unterschiedliche Differenzkategorien – soziale Herkunft, Behinderung, Geschlecht, Sprache – in der Grundschuldidaktik systematisch berücksichtigt werden?
- *Professionalisierung:* Wie gelingt es, Lehrkräfte in Ausbildung und Berufspraxis dazu zu befähigen, Bildung durch Teilhabe aktiv zu gestalten?

»Bildung durch Teilhabe« ist mehr als ein didaktisches Prinzip: Sie ist eine pädagogische Haltung, ein demokratietheoretisches Versprechen und eine Gerechtigkeitsforderung. Dieses Buch versteht sich als Beitrag zu einer inklusiven Grundschuldidaktik, die nicht nur Räume zur Aneignung von Wissen schafft bzw. anbietet, sondern Kindern ermöglicht, sich als Subjekte des Lernens und des gesellschaftlichen Lebens zu erfahren. Eine Schule, die dieser Idee verpflichtet ist, bereitet nicht nur auf Teilhabe vor – sie lebt Teilhabe. Eine zukunftsfähige Schule ist eine Schule, die allen Kindern Bildung durch Teilhabe ermöglicht und sie so erfahren lässt, dass sie selbst Akteurinnen und Akteure ihres Lernens und damit ihres Lebens sind. Bildung durch Teilhabe ist somit nicht nur ein didaktisches Prinzip, sondern eine Grundvoraussetzung für eine gerechtere, zukunftsorientierte Bildungslandschaft im Zeitalter des Anthropozäns.

Der vorliegende Band versteht sich als eine theoretisch- normative Weiterentwicklung der Grundschuldidaktik im Lichte der UN-Kinderrechtskonvention und der UN-Behindertenrechtskonvention. Ziel ist die Begründung einer inklusiven Grundschuldidaktik die auf Verständigung, Beziehung und Verantwortung gründet. Er zielt nicht auf empirische Evidenz, sondern auf die Begründung einer professionellen Haltung, die Bildung als Beziehung und Teilhabe als Fundament pädagogischen Handelns begreift.

Literatur

Applis, S. (2016). Research on the Challenges of Introducing the Dilemma Discussion for the Support of Judgment Competence in the Geography Classroom. *Research in Geographic Education, 18*(1), 25–40.

Aregger, K. (1994). *Didaktische Prinzipien: Studienbuch für die Unterrichtsgestaltung.* Frankfurt a. M. u. Aarau: Sauerländer.

Arendt, H. (2013). *Wahrheit gibt es nur zu zweien: Briefe an die Freunde*, herausgegeben von I. Nordmann. München: Piper.

Ariès, P. & Hentig, H. (1975). *Geschichte der Kindheit.* München: dtv.

Aristoteles (1989). *Metaphysik. Erster Halbband: Bücher I (A) –VI (E)*, herausgegeben von H. Seidl. Hamburg: Meiner.

Arnstein, S. R. (1969). A Ladder of Citizen Participation. *Journal of the American Planning Association, 35*(4), 216–224.

Balzer, N. (2020). Die doppelte Bedeutung der Anerkennung. Anmerkungen zum Zusammenhang von Anerkennung, Macht und Gerechtigkeit. In M. Wimmer, R. Reichenbach & L. Pongratz (Hrsg.), *Gerechtigkeit und Bildung* (S. 49–75). Paderborn: Schöningh.

Bandura, A. (1969). *Principles of behavior modification.* New York: Holt, Rinehart & Winston.

Bandura, A. (1997). *Self-efficacy: The exercise of control.* New York: Freeman.

Bardi, A. & Schartz, S. H. (2003). Values and behavior: strenghts and structure of relations. *Personality and Social Psychology Bulletin, 29*(10), 1207–1220.

Barkley, R. A. (2005). *Attention-deficit hyperactivity disorder: A handbook for diagnosis and treatment* (3. Aufl.). New York: Guilford Press.

Bartnitzky, H. (2003). Bildungsansprüche von Grundschulkindern. *Die Deutsche Schule, 95*(2), 139–151.

Bartz, A., Gerarts, K., Krappmann, L. & Lohrenscheit, C. (Hrsg.) (2023). *Praxis der Kinderrechte an deutschen Schulen. Eine Zwischenbilanz.* Frankfurt a. M.: Debus Pädagogik Verlag.

Baumeister, R. F. & Leary, M. R. (1995). The need to belong: Desire for interpersonal attachments as a fundamental human motivation. *Psychological Bulletin, 117*(3), 497–529.

Bellmann, J. & Merkens, H. (2019). *Bildungsgerechtigkeit als Versprechen. Zur Rechtfertigung und Infragestellung eines mehrdeutigen Konzepts.* Münster u. New York: Waxmann.

Benner, D. (1999). »Der Andere« und »Das Andere« als Problem und Aufgabe von Erziehung und Bildung. *Zeitschrift für Pädagogik, 45*(3), 315–328.

Benner, D. (2003a). Über die Unmöglichkeit, Erziehung allein vom Grundbegriff der ›Aufforderung zur Selbsttätigkeit‹ her zu begreifen. *Zeitschrift für Pädagogik, 49*(3), 290–304.

Benner, D. (2003b). Kritik und Negativität. Ein Versuch zur Pluralisierung von Kritik in Erziehung, Pädagogik und Erziehungswissenschaft. In D. Benner, M. Borrelli, F. Heyting & Ch. Winch (Hrsg.), *Kritik in der Pädagogik. Versuche über das Kritische in Erziehung und Erziehungswissenschaft. 46. Beiheft der Zeitschrift für Pädagogik* (S. 96–110). Weinheim u. Basel: Beltz.

Benner, D. (2003c). Zur Rolle der Negativität in Erziehung und Bildung. In J. Beillerot & C. Christoph (Hrsg.), *European Studies in Education. Erziehungswissenschaftliche Zeitdiagnosen: Deutschland und Frankreich* (S. 239–250). Münster u. New York: Waxmann.

Benner, D. (2005). Einleitung. Über pädagogisch relevante und erziehungswissenschaftlich fruchtbare Aspekte der Negativität menschlicher Erfahrung. In D. Benner (Hrsg.), *Erziehung – Bildung – Negativität. 49. Beiheft der Zeitschrift für Pädagogik* (S. 7–21). Weinheim u. Basel: Beltz.

Bernasconi, M. (2021). Warum eigentlich? Philosophieren mit jungen Kindern. In I. Hedderich, J. Reppin & C. Butschi (Hrsg.), *Perspektiven auf Vielfalt in der frühen Kindheit. Mit Kindern Diversität erforschen* (S. 187–198). Bad Heilbrunn: Klinkhardt.

Beschluss der Kultusministerkonferenz vom 15.10.2004, i.d.F. vom 23.06.2022. *Bildungsstandards für das Fach Mathematik Primarbereich.* https://www.kmk.org/fileadmin/veroeffentlichungen_beschluesse/2022/2022_06_23-Bista-Primarbereich-Mathe.pdf [17.07.2023].

Bloom, B. S. (1956). *Handbook 1, cognitive domain. Taxonomy of educational objectives.* Boston: Addison-Wesley Longman.

BMFSFJ (2020). *Bildung, Familie, Senioren, Frauen und Jugend (BMBFSFJ) (2020). 16. Kinder- und Jugendbericht.* https://www.publikationen-bundesregierung.de/pp-de/publikationssuche/16-kinder-und-jugendbericht-1810448 [26.05.2025].

Bohnsack, F. (2003). *Demokratie als erfülltes Leben. Die Aufgabe von Schule und Erziehung. Ausgewählte und kommentierte Aufsätze unter der Berücksichtigung der Pädagogik John Deweys.* Bad Heilbrunn: Klinkhardt.

Bollnow, O. F. (1968). Der Erfahrungsbegriff in der Pädagogik. *Zeitschrift für Pädagogik, 14*(3), 221–252.

Bollnow, O. F. (1970). *Philosophie der Erkenntnis. Das Vorverständnis und die Erfahrung des Neuen.* Stuttgart: Kohlhammer.

Bollnow, O. F. (1974). Was ist Erfahrung? In R. E. Vente (Hrsg.), *Erfahrung und Erfahrungswissenschaft* (S. 19–29). Stuttgart: Kohlhammer.

Bollnow, O. F. (1968). Der Erfahrungsbegriff in der Pädagogik. *Zeitschrift für Pädagogik, 14*(3), 221–252.

Booth, T. & Ainscow, M. (2017). Index für Inklusion: Ein Leitfaden für Schulentwicklung. Weinheim: Beltz.

Böttcher, W. (2003). Bildung, Standards, Kerncurricula. *Die Deutsche Schule, 95*(2), 152–164.

Bourdieu, P. (1987). *Die feinen Unterschiede. Kritik der gesellschaftlichen Urteilskraft.* Frankfurt a.M.: Suhrkamp.

Bourdieu, P. & Passeron, J.-C. (1971). *Die Illusion der Chancengleichheit: Untersuchung zur Soziologie des Bildungswesens am Beispiel Frankreichs*, übersetzt von B. & R. Picht, bearbeitet von I. Hartig. Stuttgart: Klett.

Brinkmann, V. (2019). *Fragen stellen an die Welt. Eine Untersuchung zur Kompetenzentwicklung in einem an den Schülerfragen orientierten Sachunterricht.* Baltmannsweiler: Schneider Verlag Hohengehren.

Bruner, J. S. (1981). The social context of language acquisition. *Language & Communication, 1*(2–3), 155–178.

Brüning, B. (2015). *Philosophieren mit Kindern.* Berlin: Lit.

Büchner, P. (1994). *Kindliche Lebenswelten. Eine sozialwissenschaftliche Annäherung.* Wiesbaden: Springer.

Buck, G. (1989). *Lernen und Erfahrung – Epagogik: Zum Begriff der didaktischen Induktion.* Darmstadt: Wissenschaftliche Buchgesellschaft.

Bundesverband der Freien Alternativschulen e.V. (BFAS) (o.J.). Schulen. https://www.freie-alternativschulen.de/ [23.05.2025].

Burghardt, D., Dederich, M., Dziabel, N., Höhne, T., Lohwasser, D., Stöhr, R. & Zirfas, J. (2017). *Vulnerabilität.* Stuttgart: Kohlhammer.

Butler, J. (2003). *Kritik der ethischen Gewalt. Adorno-Vorlesungen 2002.* Frankfurt a.M.: Suhrkamp.

Butler, J. (2006). *Haß spricht. Zur Politik des Performativen.* Frankfurt a.M.: Suhrkamp.

Butler, J. (2014). Körperliche Verletzbarkeit, Bündnisse und Street Politics. *WestEnd-Neue Zeitschrift für Sozialforschung, 11*, 3–24.

Cohen, E. G. & Lotan, R. A. (2014). *Designing Groupwork. Strategies for the heterogeneous classroom.* New York u. London: Teachers College, Columbia University.

Cole, M., John-Steiner, V., Scribner, S. & Souberman, E. (Hrsg.) (1978). *L. S. Vygotsky – mind in society: the development of higher processes.* Cambridge: Harvard University Press.

Danielsen, A. G., Wiium, N., Wilhelmsen, B. U. & Wold, B. (2010). Perceived support provided by teachers and classmates and students' self-reported academic initiative. *Journal of School Psychology, 38*(3), 247–267.

Davier, M., Kennedy, A., Reynolds, K. A., Fishbein, B., Khorramdel, L., Aldrich, C. E. A., Bookbinder, A., Bezirhan, U. & Yin, L. (2024). *TIMSS 2023 International Results in Mathematics and Science.* https://timss2023.org/results/ [23.05.2025].

Decety, J. & Cowell, J. M. (2015). Empathy, justice, and moral behavior. *AJOB Neuroscience, 6*(3), 3–14.

Deci, E. L. & Ryan, R. M. (2000). The »What« and »Why« of Goal Pursuits: Human Needs and the Self-Determination of Behavior. *Psychological Inquiry, 11*(4), 227–268.

Deci, E. L., Vallerand, R. J., Pelletier, L. G. & Ryan, R. M. (1991). Motivation and education: The self-determination perspective. *Educational Psychologist, 26*(3–4), 325–346.

Dederich, M. (2011). Bildungsgerechtigkeit und Inklusion – ein Problemaufriss. In T. Meyer & U. Vorholt (Hrsg.), *Dortmunder politisch-philosophische Diskurse: Band 9. Bildungsgerechtigkeit als politische Aufgabe* (S. 40–56). Bochum: Projekt-Verlag.

Deutsches Rotes Kreuz (2014). *Arbeitshilfe zum Projekt »Wertebildung in Familien«. Grundlagen einer wertesensibilisierenden Familienbildung.* http://www.wertebildunginfamilien.de/wp-content/uploads/2014/12/Arbeitshilfe_Wertebildung.pdf [01.03.2024].

Dewey, J. (1988 [1934]). *Kunst als Erfahrung*, übersetzt von C. Velten, G. v. Hofe & D. Sulzer. Frankfurt a.M.: Suhrkamp.

Dewey, J. (2011). *Demokratie und Erziehung. Eine Einleitung in die philosophische Pädagogik*, herausgegeben von J. Oelkers. Weinheim: Beltz.

Diamond, A. (2013). Executive functions. *Annual Review of Psychology, 64*, 135–168.

Dietrich, C. (2017). Teilhaben – Teil sein – Anteil nehmen. In I. Miethe, A. Tervooren & N. Ricken (Hrsg.), *Bildung und Teilhabe: Zwischen Inklusionsforderung und Exklusionsdrohung* (S. 29–46). Wiesbaden: Springer VS.

Dietrich, F., Heinrich, M. & Thieme, N. (Hrsg.) (2013). *Bildungsgerechtigkeit jenseits von Chancengleichheit: Theoretische und empirische Ergänzungen und Alternativen zu »PISA«.* Wiesbaden: Springer VS.

Dubach, J., Schelleis, N., Bölsterli, K., Cacchione, T., Martarelli, C. S., Probst, M. & Tempelmann, S. (2022). Unzugängliche Welten für das erfahrungsbasierte Lernen erschließen. Immersive Virtuelle Realität im naturwissenschaftlichen Sachunterricht. In A. Becher, E. Blumberg, Th. Goll, K. Michalik & C. Tenberge, (Hrsg.), *Sachunterricht in der Informationsgesellschaft* (S. 147–154). Bad Heilbrunn: Klinkhardt.

Duncker, L. (1988). Die Überwindung des didaktischen Monismus. Zur Einführung in dialektisches Denken als Aufgabe der Lehrerbildung. *Die Realschule, 96*(9), 350–355.

Duncker, L. (2005). Professionalität des Zeigens. Mehrperspektivität als Prinzip der Allgemeinen Didaktik. In L. Duncker, W. Sander & C. Surkamp (Hrsg.), *Perspektivenvielfalt im Unterricht* (S. 9–20). Stuttgart: Kohlhammer.

Duncker, L. (2007). *Die Grundschule. Schultheoretische Zugänge und didaktische Horizonte.* Weinheim u. München: Juventa.

Duncker, L. (2012). Vom Bildungswert der Dinge – Skizzen zu einer Anthropologie des Sammelns. In A. Dörpinghaus & A. Nießeler (Hrsg.), *Dinge in der Welt der Bildung – Bildung in der Welt der Dinge* (S. 133–152). Würzburg: Königshausen & Neumann.

Duncker, L. (2020). Exemplarität und Anschauung – Eine Rückbesinnung auf didaktische Fragen der Auswahl und Bestimmung von Lerninhalten. *Pädagogische Rundschau, 74 (6)*, 565–576.

Duncker, L. (2021). *Didaktische Reflexivität in Schule und Unterricht. Zum Bildungsanspruch des Lehrens und Lernens.* München: kopaed.

Duncker, L., Scheunpflug, A. & Schultheis, K. (2004). *Schulkindheit. Anthropologie des Lernens im Schulalter.* Stuttgart: Kohlhammer.

Durlak, J. A., Weissberg, R. P., Dymnicki, A. B., Taylor, R. D. & Schellinger, K. B. (2011). The impact of enhancing students' social and emotional learning: A meta-analysis of school-based universal interventions. *Child Development, 82*(1), 405–432.

Dziabel, N. (2017). *Reziprozität, Behinderung und Gerechtigkeit.* Bad Heilbrunn: Klinkhardt.

Eichenbaum, H. (2017). Memory: Organization and Control. *Annual Review of Psychology, 68*, 19–45.

Eisenberger, I. N., Jarcho, M. J., Lieberman, M. D. & Naliboff, B. D. (2006). An experimental study of shared sensitivity to physical pain and social rejection. *Pain, 126*(1–3), 132–138.

Eisenberger, I. N. & Lieberman, M. D. (2004). Why rejection hurts: A common neural alarm system for physical and social pain. *Trends in Cognitive Sciences, 8*(7), 294–300.

Eisenberger, I. N., Lieberman, M. D. & Williams, D. K. (2003). Does rejection hurt? An fMRI study of social exclusion. *Science, 302*(5643), 290–292.

El-Mafaalani, A. (2023). »Integration«. In I. Bartels, I. Löhr, Ch. Reinecke, Ph. Schäfer & L. Stielike (Hrsg.), *Inventar der Migrationsbegriffe*, 19.04.2023. http://www.migrationsbegriffe.de/integration [30.01.2025].

English, A. (2008). Wo doing aufhört und learning anfängt. John Dewey über Lernen und die Negativität in Erfahrung und Denken. In K. Mitgutsch, E. Sattler, K. Westphal & I. M. Breinbauer (Hrsg.), *Dem Lernen auf der Spur. Die pädagogische Perspektive* (S. 145–158). Stuttgart: Klett-Cotta.

Ergler, Ch. (2017). Beyond passive participation. From research on to research by children. In R. Evans, L. Holt & T. Skelton (Hrsg.), *Methodological approaches. Geographies of children and young people, 2* (S. 97–115). Singapore: Springer.

Erbes, A. (2013). »Ich bin meine Didaktik« – Handlungstheoretische Ansätze einer wertesensibilisierenden pädagogischen Praxis in der Familienbildung. In A. Erbes, C. Giese & H. Rollik (Hrsg.), *Werte und Wertebildung in Familien, Bildungsinstitutionen und Kooperationen. Beiträge aus der Theorie und Praxis* (S. 78–104). Berlin: Deutsches Rotes Kreuz e.V.

Erikson, E. (1965). *Kindheit und Gesellschaft.* Stuttgart: Klett-Cotta.

Etzioni, A. (1999). *Die Verantwortungsgesellschaft.* Berlin: Ullstein.

Faller, C. (2019). *Bildungsgerechtigkeit im Diskurs. Eine diskursanalytische Untersuchung einer erziehungswissenschaftlichen Kategorie.* Wiesbaden: Springer VS.

Faulstich-Christ, K., Lersch, R. & Moegling, K. (Hrsg.) (2010). *Kompetenzorientierung in Theorie, Forschung und Praxis.* Kassel: Prolog.

Feuser, G. (1989). Allgemeine integrative Pädagogik und entwicklungslogische Didaktik. *Behindertenpädagogik, 28*(1), 4–48.

Fischer, N. & Richey, P. (2021). *Pädagogische Beziehungen für nachhaltiges Lernen. Eine Einführung für Studium und Unterrichtspraxis.* Stuttgart: Kohlhammer.

Flügel, A. (2011). Kind- oder Wissenschaftsorientierung? – Ein Gegensatz?. In M. Klaas, A. Flügel, R. Hoffmann & B. Bernasconi, B. (Hrsg.), *Kinderkultur(en)* (S. 231–257). Wiesbaden: VS Verlag für Sozialwissenschaften.

Foucault, M. (1977). *Überwachen und Strafen. Die Geburt des Gefängnisses.* Frankfurt a.M.: Suhrkamp.

Foucault, M. (2003 [1977]). Macht und Wissen. In M. Foucault (Hrsg.), *Dits et Ecrits. Schriften, Bd. 3.* Frankfurt a.M.: Suhrkamp.

Freud, S. (1969). Drei Abhandlungen zur Sexualtheorie. In S. Freud, *Gesammelte Werke. Bd. V.* Frankfurt a.M.: Fischer.

Frohne, I. (1999). *Sinn- und Wertorientierung in der Grundschule.* Bad Heilbrunn: Klinkhardt.

Fuchs, M. (2016). *Über Teilhabe, Teilnahme und Teilgabe – und das Recht, nicht mitmachen zu müssen.* https://www.stadtkulturmagazin.de/2016/02/ueber-teilhabe-teilnahme-und-teilgabe-und-das-recht-nicht-mitmachen-zu-muessen/ [25.05.2025].

Furrer, C. & Skinner, E. (2003). Sense of relatedness as a factor in children's academic engagement and performance. *Journal of Educational Psychology, 95*(1), 148–162.

Gadamer, H.-G. (1960). *Wahrheit und Methode. Grundzüge einer philosophischen Hermeneutik.* Tübingen: J. C. B. Mohr (Paul Siebeck).

Gaubitz, S. (2022). »... da könnte ich jetzt die ganze Nacht überlegen!«. Reflektierte Auseinandersetzungen mit Wertekonflikten von Grundschüler:innen. In E. Gläser, J. Poschmann, P. Büker & S. Miller (Hrsg.), *Reflexion und Reflexivität im Kontext Grundschule. Perspektiven für die Forschung, Lehrer:innenbildung und Praxis* (S. 217–223). Bad Heilbrunn: Klinkhardt.

Gerhardt, V. (2004). Anerkennung zwischen Tatsache und Norm. In H.-H. Gander (Hrsg.), *Anerkennung. Zu einer Kategorie gesellschaftlicher Praxis* (S. 13–32). Würzburg: Ergon.

Gerhartz-Reiter, S. & Reisenauer, C. (Hrsg.) (2020). Partizipation und Schule: Perspektiven auf Teilhabe und Mitbestimmung von Kindern und Jugendlichen (Research). Wiesbaden: Springer VS.

Giese, M. (2010). Der Erfahrungsbegriff in der Didaktik – eine semiotische Analyse. *Zeitschrift für Pädagogik, 56*(1), 69–89.
Giesecke, H. (1996). Wozu ist die Schule da? In P. Fauser (Hrsg.), *Wozu die Schule da ist* (S. 5–16). Stuttgart: Klett-Cotta.
Giesecke, H. (2004). Was kann die Schule zur Werteerziehung beitragen? In S. Gruehn, G. Kluchert & T. Koinzer (Hrsg.), *Was Schule macht. Schule, Unterricht und Werteerziehung: theoretisch, historisch, empirisch* (S. 235–246). Weinheim: Beltz.
Gingelmaier, S. (2018). Das Wesen der Inklusion ist psychosozial – Epistemisches Vertrauen zwischen Vorurteil und sozialem Lernen. In K. Müller & S. Gingelmaier (Hrsg.), *Kontroverse Inklusion: Ansprüche, Umsetzungen und Widersprüche in der Schulpädagogik* (S. 77–90). Weinheim: Beltz Juventa.
Girmes, R. (1997). *Sich zeigen und die Welt zeigen. Bildung und Erziehung in posttraditionalen Gesellschaften.* Wiesbaden: VS Verlag für Sozialwissenschaften.
Godfrey, P. C., Illes, L. M. & Berry, G. R. (2005). Creating breadth in business education through Service Learning. *Acadamy of Management Learning & Eduacation, 4*(3), 309–323.
Guay, F., Ratelle, C. F. & Chanal, J. (2008). Optimal learning in optimal contexts: The role of self-determination in education. *Canadian Psychology, 49*(3), 233–240.
Habermas, J. (1995). *Theorie des kommunikativen Handelns* (Bd. 1–2). Frankfurt a.M.: Suhrkamp.
Hänsel, D. (Hrsg.) (1997). *Handbuch Projektunterricht.* Weinheim u. Basel: Beltz.
Hardy, I. & Stern, E. (2011). Visuelle Repräsentationen der Dichte: Auswirkungen auf die konzeptuelle Umstrukturierung bei Grundschulkindern. *Unterrichtswissenschaft, 39*(1), 35–48.
Hart, R. A. (1992). *Children's Participation. From tokenism to citizenship.* https://www.researchgate.net/publication/24139916_Children%27s_Participation_From_Tokenism_To_Citizenship#fullTextFileContent [25.05.2025].
Hartinger, A. (1997). *Interessenförderung. Eine Studie zum Sachunterricht.* Bad Heilbrunn: Klinkhardt.
Haynes, J. & Murris, K. (2011). The Provocation of an Epistemological Shift in Teacher Education through Philosophy with Children. *Journal of Philosophy of Education, 45*(2), 285–303.
Heid, H. (1988). Zur Paradoxie der bildungspolitischen Forderung nach Chancengleichheit. *Zeitschrift für Pädagogik, 34*(1), 1–17.
Heid, H. (2010). Werteerziehung. Beitrag zur theoretischen Grundlegung einer Praxis. *Beiträge zur Lehrerbildung, 28*(3), 391–404.
Heinze, C. (2017). Verletzlichkeit und Teilhabe. In I. Miethe, A. Tervooren & N. Ricken (Hrsg.), *Bildung und Teilhabe: Zwischen Inklusionsforderung und Exklusionsdrohung* (S. 47–63). Wiesbaden: Springer VS.
Heinzel, F. (2005). Subjekt und Methode – Wege einer kindzentrierten Grundschulforschung. In M. Götz & K. Müller (Hrsg.), *Grundschule zwischen den Ansprüchen der Standardisierung und Individualisierung* (S. 53–67). Wiesbaden: VS Verlag für Sozialwissenschaften.
Heinzel, F., Kränzl-Nagl, R. & Mierendorff, J. (2012). Sozialwissenschaftliche Kindheitsforschung – Annäherungen an einen komplexen Forschungsbereich. *Theo-Web. Zeitschrift für Religionspädagogik, 11*(1), 9–37.
Heitmeyer, W. (2002). Soziale Desintegration, Anerkennungszerfall und Jugendgewalt in Deutschland. In S. Kreitz-Sandberg (Hrsg.), *Jugendliche in Japan und Deutschland* (S. 209–226). Opladen: Leske + Budrich.
Hellmich, F. & Blumberg, E. (2017). *Inklusiver Unterricht in der Grundschule.* Stuttgart: Kohlhammer.
Hellmich, F. & Kiper, H. (2006). *Einführung in die Grundschuldidaktik.* Weinheim u. Basel: Beltz.
Hiller, G. G. & Popp, W. (1994). Unterricht als produktive Irritation – oder: Zur Aktualität des mehrperspektivischen Unterrichts. In L. Duncker & W. Popp (Hrsg.), *Kind und Sache – zur pädagogischen Grundlegung des Sachunterrichts* (S. 44–47). Weinheim u. München: Juventa.
Höffe, O. (2005). Werte in demokratischen Bildungsinstitutionen. In A. Hügli & U. Thurnherr (Hrsg.), *Ethik und Bildung* (S. 51–65). Frankfurt: Peter Lang.

Honneth, A. (1994). Kampf um Anerkennung: Zur moralischen Grammatik sozialer Konflikte. Frankfurt a. M.: Suhrkamp.

Honneth, A. (2010). *Das Ich im Wir: Studien zur Anerkennungstheorie.* Frankfurt a. M.: Suhrkamp.

Honneth, A. (2014). *Verdinglichung. Eine anerkennungstheoretische Studie.* Berlin: Suhrkamp.

Hopf, W. & Edelstein, B. (2018). *Chancengleichheit zwischen Anspruch und Wirklichkeit.* https://www.bpb.de/themen/bildung/dossier-bildung/174634/chancengleichheit-zwischen-anspruch-und-wirklichkeit/ [25.05.2025].

Horster, D. (2011). Bildungsgerechtigkeit aus sozialphilosophischer Sicht. In Th. Meyer & U. Vorholt (Hrsg.), *Bildungsgerechtigkeit als politische Aufgabe* (S. 11–20). Bochum u. Freiburg: Projektverlag.

Hoya, F. (2023). Unterschiede in den Selbstwirksamkeitsüberzeugungen von Mädchen und Jungen im naturwissenschaftlichen Sachunterricht der Grundschule. In M. Haider, B. Böhme, S. Gebauer, Ch. Gößinger, M. Munser-Kiefer & A. Rank (Hrsg.), *Nachhaltige Bildung in der Grundschule* (S. 357–362). Bad Heilbrunn: Klinkhardt.

Hummel, M. & Schneider, R. (2017). Offene Projektarbeit in der Lernwerkstatt als Form und Ort für Sprach-Bildung und Bildungs-Sprache. In M. Kekeritz, U. Graf, A. Brenne, M. Fiegert, E. Gläser & I. Kunze, (Hrsg.), *Lernwerkstattarbeit als Prinzip. Möglichkeiten für Lehre und Forschung* (S. 133–146). Bad Heilbrunn: Klinkhardt.

Hummel, R. & Stets, M. (2024). Kinder als Fragende in Schule und Unterricht. Perspektiven, Potenziale und Problemstellen. In A. Flügel, A. Gruhn, I. Landrock, J. Lange, B. Müller-Naendrup, J. Wiesemann, P. Büker & A. Rank (Hrsg.), *Grundschulforschung meets Kindheitsforschung reloaded* (S. 191–200). Bad Heilbrunn: Klinkhardt.

Husserl, E. (1954). *Gesammelte Werke (Husserliana), Bd. VI: Die Krisis der europäischen Wissenschaften und die transzendentale Phänomenologie*, herausgegeben von W. Biemel. Den Haag: Martinus Nijhoff.

Jordan, A., Krauss, S., Löwen, K., Blum, W., Neubrand, M., Brunner, M., Kunter, M. & Baumert, J. (2008). Aufgaben im COACTIV-Projekt. Zeugnisse des kognitiven Aktivierungspotentials im deutschen Mathematikunterricht. *Journal für Mathematik-Didaktik, 29*(2), 83–107.

Jugel, D. & Milker, C. (2022). Kooperativ und individuell im inklusiven Unterricht lernen – eine praxeologische Annäherung an den Gemeinsamen Gegenstand. In A. Langner, M. Niethammer, M. Schütte, D. Wieser, P. Kemter-Hofmann, L. Friebel, D. Jugel, J. Jung, J. Matusche & C. Milker, Clemens (Hrsg.), *Schule inklusiv gestalten – das Projekt SING.* Münster: Waxmann.

Kahlert, J. (1997). Vielseitigkeit statt Ganzheit. Zur erkenntnistheoretischen Kritik an einer pädagogischen Illusion. In L. Duncker & W. Popp (Hrsg.), *Über Fachgrenzen hinaus. Chancen und Schwierigkeiten fächerübergreifenden Lehrens und Lernens, Band 2: Anregungen und Beispiele für die Grundschule* (S. 92–118). Heinsberg: Diek.

Kahlert, J. (2001). Didaktische Netze – ein Modell zur Konstruktion situierter und erfahrungsoffener Lernumgebungen. In J. Meixner & K. Müller (Hrsg.), *Konstruktivistische Schulpraxis. Beispiele für den Unterricht* (S. 73–94). Neuwied: Belz.

Kahlert, J. & Heimlich, U. (2012). Inklusionsdidaktische Netze – Konturen eines Unterrichts für alle (dargestellt am Beispiel des Sachunterrichts). In U. Heimlich & J. Kahlert (Hrsg.), *Inklusion in Schule und Unterricht. Wege zur Bildung für alle* (S. 153–190). Stuttgart: Kohlhammer.

Kahlert, J. & Multrus, U. (Hrsg.) (2012). *Ethik. Didaktik für die Grundschule.* Berlin: Cornelsen.

Kaiser, A. (2013). Kommunikativer Sachunterricht. In A. Becher, S. Miller, I. Oldenburg, D. Pech & C. Schomaker (Hrsg.), *Kommunikativer Sachunterricht. Facetten einer Entwicklung* (S. 13–26). Baltmannsweiler: Schneider Hohengehren.

Kaiser, A. & Seitz, S. (2020). *Inklusiver Sachunterricht. Theorie und Praxis.* Baltmannsweiler: Schneider Verlag Hohengehren.

Kandel, E. R., Schwartz, J. H. & Jessell, T. M. (2013). *Principles of Neural Science.* New York: McGraw-Hill.

Kant, I. (1803). *Über Pädagogik*, herausgegeben von F. T. Rink. Königsberg. https://www.deutschestextarchiv.de/book/view/kant_paedagogik_1803?p=1 [05.03.2024].

Kant, I. (1919). *Kritik der reinen Vernunft*, herausgegeben von Th. Valentiner. Leipzig: Felix Meiner. https://ia600508.us.archive.org/19/items/kritikderreinenv19kant/kritikderreinenv19kant.pdf [05.03.2024].

Kant, I. (1997). *Logik-Vorlesung. Unveröffentlichte Nachschriften I*, herausgegeben von T. Pinder. Hamburg: Felix Meiner.

Kessels, U., Nishen, A. K. & Schieck, S. (2021). Segregation und Zugehörigkeitsgefühl in heterogenen Klassen In G. Hagenauer & D. Raufelder (Hrsg.), *Soziale Eingebundenheit. Sozialbeziehungen im Fokus von Schule und LehrerInnenbildung* (S. 99–112). Münster u. New York: Waxmann.

Kesselring, Th. (2014). *Ethik und Erziehung.* Darmstadt: WBG.

Kiel, E. (2019). Aufgabenkultur in der (Grund-)Schule. *Zeitschrift für Grundschulforschung, 12*, 117–133.

Klaas, M. (2011). Das große Hin und Her. Zur Vereinbarkeit von individueller Förderung und Standardisierung in der Grundschule. In M. Klaas, A. Flügel, R. Hoffmann, R. & B. Bernasconi (Hrsg.), *Kinderkultur(en)* (S. 205–229). Wiesbaden: VS Verlag für Sozialwissenschaften.

Klafki, W. (2007). *Neue Studien zur Bildungstheorie und Didaktik. Zeitgemäße Allgemeinbildung und kritisch-konstruktivistische Didaktik.* Weinheim u. Basel: Beltz.

Klafki, W. & Stöcker, H. (2007). Innere Differenzierung des Unterrichts. In W. Klafki (Hrsg.), *Neue Studien zur Bildungstheorie und Didaktik. Zeitgemäße Allgemeinbildung und kritisch-konstruktive Didaktik* (S. 173–208). Weinheim u. München: Beltz.

Klektau, C. (2018). Fragen von Kindern im Spiegel inklusionssensiblen Unterrichts. In D. Rumpf & S. Winter (Hrsg.), *Kindperspektiven im Unterricht. Zur Ambivalenz der Anschaulichkeit* (S. 55–64). Wiesbaden: Springer VS.

Koch, L. (2002). Anmerkungen zur Psychologisierung des Lernens. In R. Reichenbach & F. Oser, (Hrsg.), *Die Psychologisierung der Pädagogik* (S. 71–89). Weinheim u. München: Juventa.

Kohlberg, L. (1996). *Die Psychologie der Moralentwicklung.* Frankfurt a. M.: Suhrkamp.

Köhnlein, W. (2007). Sache als didaktische Kategorie. In J. Kahlert, M. Fölling-Albers, M. Götz, A. Hartinger, D. von Reeken & S. Wittkowske (Hrsg.), *Handbuch Didaktik des Sachunterrichts* (S. 41–46). Bad Heilbrunn: Klinkhardt.

Köhnlein, W., Marquardt-Mau, B. & Schreier, H. (Hrsg.) (1999). *Vielperspektivisches Denken im Sachunterricht.* Bad Heilbrunn: Klinkhardt.

König, S. (2017). *Klassiker der politischen Philosophie. Hobbes, Locke, Rousseau.* CreateSpace Independent Publishing Platform.

Kopp, B. (2017). *Einsatz von Dilemmata zur Wertebildung in Schulen.* München: Ludwig-Maximilians-Universität.

Krapp, A. (1998). Entwicklung und Förderung von Interessen im Unterricht. *Psychologie in Erziehung und Unterricht (PEU), 44*, 185–201.

Krapp, A. (2018). Interesse. In D. H. Rost, J. R. Sparfeld & S. Buch (Hrsg.), *Handwörterbuch Pädagogische Psychologie* (Bd. 5, S. 286–297). Weinheim: Beltz.

Krauß, T. (2019). »Zur Entwicklung von Fragen beim gemeinsamen Forschen von Kindern«. In M. Knörzer, L. Förster, U. Franz & A. Hartinger (Hrsg.), *Forschendes Lernen im Sachunterricht* (S. 114–121). Bad Heilbrunn: Klinkhardt.

Kristiansen, C. M. & Hotte, A. M. (1996). Morality and the Self. Implications for when and how of value-attitude-behavior relations. In C. Seligman, J. M. Olson & M. P. Zanna (Hrsg.), *The Ontario Symposium. Vol. 8: Psychology of Values* (S. 77–106). Mahwah: Erlbaum.

Kröske, B. (2020). Schulisches Wohlbefinden, Zugehörigkeit und Unterstützung bei Schülerinnen und Schülern im gemeinsamen Unterricht der Sekundarstufe I. *Unterrichtswissenschaft, 48*(2), 243–272.

Künkler, T. (2008). Lernen im Zwischen. Zum Zusammenhang von Lerntheorien, Subjektkonzeptionen und dem Vollzug des Lernens. In K. Mitgutsch, E. Sattler, K. Westphal & I. M. Breinbauer (Hrsg.), *Dem Lernen auf der Spur. Die pädagogische Perspektive* (S. 33–50). Stuttgart: Klett-Cotta.

Kunter, M. & Voss, T. (2011). Das Modell der Unterrichtsqualität in COACTIV: Eine multikriteriale Analyse. In M. Kunter, J. Baumert, W. Blum, U. Klusmann, S. Krauss & M.

Neubrand (Hrsg.), *Professionelle Kompetenzen von Lehrkräften. Ergebnisse des Forschungsprogramms COACTIV* (S. 85–113). Münster, New York, München u. Berlin: Waxmann.

Langeveld, M. (1960). *Die Schule als Weg des Kindes. Versuch einer Anthropologie der Schule.* Braunschweig: Georg Westermann.

LeDoux, J. (2002). *Synaptic Self: How Our Brains Become Who We Are.* London: Penguin.

Leidhold, W. (2001). Wissensgesellschaft. In K.-R. Korte & W. Weidenfeld (Hrsg.), *Deutschland-TrendBuch. Fakten und Orientierungen* (S. 429–460). Bonn: Bundeszentrale für politische Bildung.

Liebau, E. (1999). *Erfahrung und Verantwortung. Werteerziehung als Pädagogik der Teilhabe.* Weinheim u. München: Juventa.

Lind, G. (2006). *Das Dilemma liegt im Auge des Betrachters. Zur Behandlung bio-ethischer Fragen im Biologie-Unterricht mit der Konstanzer Methode der Dilemmadiskussion.* https://www.researchgate.net/publication/237619277_Das_Dilemma_liegt_im_Auge_des_Betrachters_Zur_Behandlung_bio-ethischer_Fragen_im_Biologie-_Unterricht_mit_der_Konstanzer_Methode_der_Dilemmadiskussion1 [20.05.2025].

Lind, G. (2011). Moralerziehung. In E. Zierer & K. Kiel (Hrsg.), *Basiswissen Unterrichtsgestaltung* (S. 39–50). Baltmannsweiler: Schneider.

Lind, G. (2019). *Moral ist lehrbar.* Berlin: Logos.

Lipman, M. (2003). *Thinking in education.* Cambridge: Cambridge University Press.

Lipowski, F. & Hess, M. (2019). Warum es manchmal hilfreich sein kann, das Lernen schwieriger zu machen. Kognitive Aktivierung und die Kraft des Vergleichens. In K. Schöppe & F. Schulz (Hrsg.), *Kreativität & Bildung – nachhaltiges Lernen* (S. 77–132). München: kopaed.

Löser, J. M. & Werning, Rolf (2015) Inklusion – allgegenwärtig, kontrovers, diffus? *Erziehungswissenschaft, 26*(51), 17–24.

Luhmann, N. (2002). *Das Erziehungssystem der Gesellschaft*, herausgegeben von D. Lenzen. Frankfurt a. M.: Suhrkamp.

Lyle, S. (2018). Education for Sustainable Development and Global Citizenship through Philosophical Enquiry: Principles and Practices. *Analytic Teaching and Philosophical Practice, 39*(1), 1–12.

Maedler, J. (Hrsg.) (2008). TeilhabeNichtse. Chancengleichheit und kulturelle Bildung. München: kopaed.

Maier, U., Kleinknecht, M., Metz, K. & Bohl, T. (2010). Ein allgemeindidaktisches Kategoriensystem zur Analyse des kognitiven Potenzials von Aufgaben. *Beiträge zur Lehrerbildung, 28*(1), 84–96.

Mandl, H., Kopp, B., Niedermeier, S. & Meixner, M. (2015). *Leitfaden »Naturwissenschaften, Technik und Werte«.* München: Siemens-Stiftung.

Marquardt-Mau, B. & Schreier, H. (Hrsg.) (1998). *Grundlegende Bildung im Sachunterricht.* Bad Heilbrunn: Klinkhardt.

Martin, A. J. & Dowson, M. (2009). Interpersonal Relationships, Motivation, Engagement and Achievement: Yields for Theory, Current Issues and Educational Practice. *Review of Educational Research, 79*, 327–365.

Marx, K. (2020). *Das Kapital.* Hamburg: Nikol.

Marx, K. & Engels, F. (2016). *Die deutsche Ideologie.* Berlin: Dietz.

Maslow, A. H. (1943). A theory of human motivation. *Psychological Review, 50*, 370–396.

Mattes, R. (2022). Was ist die VUKA-Welt? In R. Mattes (Hrsg.), *Gesunde Führung in der VUCA-Welt* (S. 27–34). München: Haufe.

Maturana, H. R. & Varela, F. J. (2009). *Der Baum der Erkenntnis. Die biologischen Wurzeln menschlichen Erkennens.* Frankfurt a. M.: Fischer.

Mayer, R. (2017). Teilhabe und Teilung. In I. Miethe, A. Tervooren & N. Ricken (Hrsg.), *Bildung und Teilhabe: Zwischen Inklusionsforderung und Exklusionsdrohung* (S. 65–85). Springer VS.

McElvany, N., Lorenz, R., Frey, A., Goldhammer, F., Schilcher, A. & Stubbe, T- C. (Hrsg.) (2023). *IGLU 2021. Lesekompetenz von Grundschulkindern im internationalen Vergleich und im Trend über 20 Jahre.* Münster: Waxmann.

Mecheril, P. (2005). Pädagogik der Anerkennung. Eine programmatische Kritik. In F. Hamburger, T. Badawia & M. Hummrich (Hrsg.), *Migration und Bildung. Über das Verhältnis von Anerkennung und Zumutung in der Einwanderungsgesellschaft* (S. 311–328). Wiesbaden: VS Verlag für Sozialwissenschaften.

Meggendorfer, S. (2020). *Gute Aufgaben im Mathematikunterricht.* Donauwörth: Auer.

Metzger, K. (Hrsg.) (2008). *Gute Aufgaben Deutsch: Heterogenität nutzen.* Berlin: Cornelsen Scriptor.

Meyer-Drawe, K. (1984). Die Beziehung zum Anderen beim Kind. Merleau Pontys Konzeption kindlicher Sozialität. *Bildung und Erziehung, 37*(2), 157–168.

Meyer-Drawe, K. (1988). Das Kind als Fremder. *Vierteljahresschrift für wissenschaftliche Pädagogik, 64*(3), 271–287.

Meyer-Drawe, K. (1993). Das Ich im Spiegel des Nicht-Ich. *Bildung und Erziehung, 46*(2), 195–205.

Meyer-Drawe, K. (1999). Herausforderung durch die Dinge. Das Andere im Bildungsprozess. *Zeitschrift für Pädagogik, 45*(3), 329–335.

Meyer-Drawe, K. (2003). Lernen als Erfahrung. *Zeitschrift für Erziehungswissenschaft, 6*(4), 505–514.

Meyer-Drawe, K. (2007). »Du sollst dir kein Bildnis noch Gleichnis machen…« – Bildung und Versagung. In H.-C. Koller, W. Marotzki & O. Sanders (Hrsg.), *Bildungsprozesse und Fremdheitserfahrung. Beiträge zu einer Theorie transformatorischer Bildungsprozesse* (S. 83–94). Bielefeld: transcript.

Meyer-Drawe, K. (2019). *Diskurse des Lernens.* München: Wilhelm Fink.

Michalik, K. (2016). Philosophische Gespräche mit Kindern als Medium für Bildungsprozesse im Sachunterricht. In H.-J. Fischer, H. Giest & K. Michalik (Hrsg.), *Bildung im und durch Sachunterricht* (S. 175–182). Bad Heilbrunn: Klinkhardt.

Michalik, K. (2021). Philosophieren mit Kindern als Pädagogik für eine offene und ungewisse Zukunft. *Religionspädagogische Beiträge, 44*(2), 141–153.

Michalik, K. & Schreier, H. (2006). *Wie wäre es, einen Frosch zu küssen? Philosophieren mit Kindern im Grundschulunterricht.* Braunschweig: Westermann.

Micus-Loos, C. (2012). Anerkennung des Anderen als Herausforderung in Bildungsprozessen. *Zeitschrift für Pädagogik, 58*(3), 302–320.

Mitgutsch, K. (2008). Lernen durch Erfahren. Über Bruchlinien im Vollzug des Lernens. In K. Mitgutsch, E. Sattler, K.Westphal & I. M. Breinbauer (Hrsg.), *Dem Lernen auf der Spur. Die pädagogische Perspektive* (S. 263–277). Stuttgart: Klett-Cotta.

Molloy, L. E., Gest, S. D. & Rulison, K. L. (2011). Peer Influences on Academic Motivation: Exploring Multiple Methods of Assessing Youths' Most »Influential« Peer Relationships. *Journal of Early Adolescence, 31*(1), 13–40.

Montessori, M. (1922). *Die Selbsterziehung des Kindes in den Grundschulen Band I,* herausgegeben von H. Ludwig. Freiburg: Herder.

Morris, R. A. (1977). *A normative intervention to equalize participation in task-oriented groups.* Unpublished doctoral dissertation, Stanford University, Stanford, CA.

Moser, V. & Sasse, A. (2008). *Theorien der Behindertenpädagogik.* München: Reinhardt.

Muchow, M. & Muchow, H. H. (2012). *Der Lebensraum des Großstadtkindes*, herausgegeben von I. Behmken & M.-S. Honig. Weinheim u. Basel: Beltz Juventa.

Müller, K. (2018). Leistungsgerechtigkeit im Kontext von Inklusion. In T. Sansour, O. Musenberg & J. Riegert (Hrsg.), *Pädagogische Differenzen. Bildung und Leistung: Differenz zwischen Selektion und Anerkennung* (S. 94–103). Stuttgart: Klinkhardt.

Müller, K. (2022, 16.10). *Teilhabe lernen & lehren im Kontext von Inklusion.* Antrittsvorlesung zur Professur Inklusion und chancengerechtes Lernen, Interkantonale Hochschule für Heilpädagogik, Zürich.

Müller, K & Pfrang, A. (2021a). Sozial-ethische Vielfalt als Herausforderung an die allgemeine Didaktik. In T. Iwers & U. Graf (Hrsg.), *Vielfalt thematisieren: Gemeinsamkeiten und Unterschiede gestalten* (S. 62–72). Stuttgart: Klinkhardt.

Müller, K. & Pfrang, A. (2021b). Teilhabe lehren und lernen. Zur Bedeutung moralischer Kompetenz in der Lehrkräftebildung. *QfI – Qualifizierung Für Inklusion. Online-Zeitschrift Zur Forschung Über Aus-, Fort- Und Weiterbildung Pädagogischer Fachkräfte, 3*(1).

Müller, K. & Pfrang, A. (2021c). Risiken und Nebenwirkungen einer naiv evidenzbasierten Grundschulpädagogik zu Inklusion und Partizipation. *Zeitschrift für Grundschulforschung, 14*(2), 407–420.

Müller, N. & Schneider, R. (2022). Kinder-Fragen als Verknüpfung der sichtbaren und unsichtbaren Seiten des Lernens – ein Plädoyer für das Philosophieren und Explorieren mit Kindern und Studierenden. In I. Neumann & J. Storck-Odabaşi (Hrsg.), *Teilhabe und Ausschluss von Kindern in der Gesellschaft. Perspektiven der Kinderforschung, Grundschulpädagogik und Lehrer:innenbildung* (S. 152–162). Weinheim: Beltz.

Müller, K. & Pfrang, A. (2022a). Reflexionen zu Teilhabe – Zur Bedeutung moralischer Dilemmata im Grundschulunterricht. In E. Gläser, J. Poschmann, P. Büker & S. Miller (Hrsg.), *Reflexion und Reflexivität im Kontext Grundschule. Perspektiven für Forschung, Lehrer:innenbildung und Praxis* (S. 289–294). Bad Heilbrunn: Verlag Julius Klinkhardt.

Müller, K. & Pfrang, A. (2022b). Teilhabe-Lernen für Inklusion. *Vierteljahrsschrift für Wissenschaftliche Pädagogik, 98*, 518–532.

Müller, K. & Pfrang, A. (2024). Kooperative Lehr-Lernprozesse als Beitrag zu einer inklusionsorientierten Teilhabe im Unterricht. In D. Niesta-Kayser, W.-K. Giera & C. Schmalenbach (Hrsg.), *Gleichberechtigte Teilhabe durch kooperative Lehr-Lern-Prozesse in heterogenen Lerngruppen.* Münster: Waxmann.

Neill, A. (1971). *Theorie und Praxis der antiautoritären Erziehung. Das Beispiel Summerhill.* Hamburg: Rowohlt.

Neuhoff, K. (2015). *Bildung als Menschenrecht: Systematische Anfragen an die Umsetzung in Deutschland.* Bielefeld: wbv.

Niegemann, H. M. (2004). Lernen und Fragen: Bilanz und Perspektiven der Forschung – *Unterrichtswissenschaft, 32*(4), 345–356.

Niemiec, C. P. & Ryan, R. M. (2009). Autonomy, competence, and relatedness in the classroom: Applying self-determination theory to educational practice. *Theory and Research in Education, 7*(2), 133–144.

Nießeler, A. (2022). Lebenswelt/Heimat als didaktische Kategorie. In J. Kahlert, M. Fölling-Albers, M. Götz, A. Hartinger, S. Miller & S. Wittkowske (Hrsg.), *Handbuch der Didaktik des Sachunterrichts* (S. 29–33). Bad Heilbrunn: Klinkhardt.

Nohl, H. (1979). Das Verhältnis der Generationen in der Pädagogik (1914). *Neue Sammlung, 19*, 583–591.

Nunner-Winkler, G. (2005). Zum Verständnis von Moral – Entwicklungen in der Kindheit. In D. Horster & J. Oelkers (Hrsg.), *Pädagogik und Ethik.* Wiesbaden: VS Verlag für Sozialwissenschaften.

Nussbaum, M. C. (2010). *Die Grenzen der Gerechtigkeit: Behinderung, Nationalität und Spezieszugehörigkeit.* Berlin: Suhrkamp.

OECD (Hrsg.) (2020). *OECD Lernkompass 2030.* https://www.bertelsmann-stiftung.de/de/publikationen/publikation/did/oecd-lernkompass-2030-all [11.12.24].

OECD (2023). *PISA 2022 Ergebnisse. Lernstände und Bildungsgerechtigkeit.* https://www.oecd.org/content/dam/oecd/de/publications/reports/2023/12/pisa-2022-results-volume-i_76772a36/6004956w.pdf [10.10.25].

O'Riordan, N. J. (2016). Swimming against the tide: philosophy for children as a countercultural practice. *Education 3–13, 44*(6), 648–660.

Oser, F. (1997). Sozial-moralisches Lernen. In F. E. Weinert (Hrsg.), *Enzyklopädie der Psychologie. Psychologie des Unterrichts und der Schule* (S. 223–230). Göttingen: Hogrefe.

Oser, F. (2001). Acht Strategien der Wert- und Moralerziehung. In W. Edelstein, F. Oser & P. Schuster (Hrsg.), *Moralische Erziehung in der Schule. Entwicklungspsychologie und pädagogische Praxis* (S. 63–89). Weinheim u. Basel: Beltz.

Oser, F. & Althof, W. (1992). *Moralische Selbstbestimmung. Modelle der Entwicklung und Erziehung im Wertebereich.* Stuttgart: Klett.

Oser, F. & Spychiger, M. (2005). *Lernen ist schmerzhaft. Zur Theorie des Negativen Wissens und zur Praxis der Fehlerkultur.* Weinheim: Beltz.

Pallesen, H. & Hörnlein, M. (2019). Warum Schüler*innen keine Fragen stellen. Unterricht zwischen Sozialisation zur Fraglosigkeit und Bildungsanspruch. In D. Rumpf, D. & S.

Winter (Hrsg.), *Kinderperspektiven im Unterricht. Zur Ambivalenz der Anschaulichkeit* (S. 11–22). Wiesbaden: Springer.

Peyerl, K. & Züchner, I. (Hrsg.) (2021). *Partizipation in der Kinder- und Jugendhilfe. Anspruch, Ziele und Formen der Partizipation von Kindern und Jugendlichen.* Weinheim: Beltz Juventa.

Pfahl, L. & Traue, B. (2024). Inklusion als Entkonditionalisierung von Mitgliedschaft. Wie partizipative Demokratie Inklusion verwirklichen hilft. In I. Bosse, K. Müller & D. Nussbaumer (Hrsg.), *Internationale und demokratische Perspektiven auf Inklusion und Chancengerechtigkeit* (S. 43–56). Stuttgart: Klinkhardt.

Pfeifer, V. (2003). *Didaktik des Ethikunterrichts. Wie lässt sich Moral lehren und lernen?* Stuttgart: Kohlhammer.

Pfeiffer, S. (2008). *Ethische Bildung in der Grundschule.* Baltmannsweiler: Schneider Verlag Hohengehren.

Pfeiffer, S. (2010). Unterrichtsgestaltung. In K. Zierer (Hrsg.), *Schulische Werteerziehung* (S. 147–155). Baltmannsweiler: Schneider Verlag Hohengehren.

Pfrang, A. (2018). Kindperspektiven auf Lernatmosphären im Klassenraum. *Grundschule aktuell. Zeitschrift des Grundschulverbandes, 142*, 38–41.

Pfrang, A. (2019). Lernatmosphären und ihre Bedeutung für das Lernen in heterogenen Grundschulklassen. In N. Skorsetz, M. Bonanati & D. Kucharz (Hrsg.), *Diversität und soziale Ungleichheit* (S. 174–178). Springer VS.

Pfrang, A. & Müller, K. (2021). Inklusion als Herausforderung an den Grundschulunterricht – zur Bedeutung teilhabeorientierter Lernsettings. N. Böhme, B. Dreer, H. Hahn, S. Heinecke, G. Mannhaupt & S. Tänzer (Hrsg.), *Mythen; Widersprüche und Gewissheiten der Grundschulforschung* (S. 205–211). Wiesbaden: Springer VS.

Piaget, J. (1978). *Das Weltbild des Kindes.* Stuttgart: Klett-Cotta.

Piaget, J. (1986). *Meine Theorie der geistigen Entwicklung*, herausgegeben von R. Fatke. Frankfurt a. M.: Fischer.

Pommer, K. (2022). *Das Kind in mir kann mich mal.* Wien: Goldegg.

Prange, K. (1978). *Pädagogik als Erfahrungsprozess.* Stuttgart: Klett-Cotta.

Prange, K. (2005). *Die Zeigestruktur der Erziehung. Grundriss der Operativen Pädagogik.* Paderborn, München, Wien u. Zürich: Ferdinand Schöningh.

Prechtl, P. & Burkard, F.-P. (1994/2008). *Metzler Philosophie Lexikon. Begriffe und Definitionen.* Berlin: Springer.

Prengel, A. (1993). *Pädagogik der Vielfalt. Verschiedenheit und Gleichberechtigung in Interkultureller, Feministischer und Integrativer Pädagogik.* Opladen: Leske + Budrich.

Prengel, A. (2001). Egalitäre Differenz in der Bildung. In H. Lutz & W. Wenning (Hrsg.), *Unterschiedlich verschieden. Differenz in der Erziehungswissenschaft* (S. 93–107). Opladen: Leske + Budrich.

Prengel, A. & Winkelhöfer, U. (2014). *Kinderrechte in pädagogischen Beziehungen.* Opladen, Berlin u. Toronto: Barbara Budrich.

Preuss-Lausitz, U. (1993). *Die Kinder des Jahrhunderts. Pädagogik und Vielfalt im Jahr 2000.* Weinheim u. Basel: Beltz.

Qvortrup, J. (2005). Kinder und Kindheit in der Sozialstruktur. In H. Hengst, H. Zeiher (Hrsg.), *Kindheit soziologisch* (S. 27–47). Wiesbaden: VS Verlag für Sozialwissenschaften.

Rauschenberger, H. (1967). Über das Lehren und seine Momente. In H.-J. Heydorn, B. Simonsohn, F. Hahn & A. Hertz (Hrsg.), *Kritische Beiträge zur Bildungstheorie. Zum Bildungsbegriff der Gegenwart* (S. 64–110). Frankfurt a. M.: Moritz Diesterweg.

Rauschenberger, H. (1994). Über das Fremde beim Lernen und das Verfremden beim Lehren. In L. Duncker & W. Popp (Hrsg.), *Kind und Sache. Zur pädagogischen Grundlegung des Sachunterrichts* (S. 81–92). Weinheim u. München: Juventa.

Rawls, J. (2021). *Eine Theorie der Gerechtigkeit.* Berlin: Suhrkamp.

Reinders, H. (2015). *Service Learning – Theoretische Überlegungen und empirische Studien zu Lernen durch Engagement.* https://www.researchgate.net/publication/301290025 [14.03.2024].

Reinmann, G. & Mandl, H. (2006). Unterrichten und Lernumgebungen gestalten. In A. Krapp & B. Weidenmann (Hrsg.), *Pädagogische Psychologie. Ein Lehrbuch* (S. 613–657). Weinheim: Beltz.

Ricard, N. C. & Pelletier, L. G. (2016). Dropping out of high school: The role of parent and teacher self-determination support, reciprocal friendships and academic motivation. *Contemporary Educational Psychology, 44–45*, 32–40.

Ricken, N. (2006). Erziehung und Anerkennung. *Vierteljahresschrift für wissenschaftliche Pädagogik, 82*(2), 215–230.

Ricken, N. (2009a). Zeigen und Anerkennen. Anmerkungen zur Form Pädagogischen Handelns. In K. Berdelmann & T. Fuhr (Hrsg.), *Operative Pädagogik. Grundlegung – Anschlüsse – Diskussion* (S. 111–134). Paderborn: Schöningh.

Ricken, N. (2009b). Über Anerkennung. Spuren einer anderen Subjektivität. In N. Ricken, H. Röhr, J. Ruhloff & K. Schaller (Hrsg.), *Umlernen* (S. 75–92). München: Wilhelm Fink.

Ricœur, P. (2006). *Wege der Anerkennung. Erkennen, Wiedererkennen, Anerkanntsein.* Frankfurt a. M.: Suhrkamp.

Riemer, H. L. (2011). *Vorbilder und Vorbildhandeln. Über den Wandel der Werte und die Chancen ihrer Neuentdeckung.* Berlin: Dr. Köster.

RMC Research Corporation (2008). *Standards and indicators for effective service-learning practice.* Scotts Valley, CA: National Service-Learning Clearinghouse.

Rousseau, J.-J. (1963 [1762]). *Emile oder über die Erziehung*, herausgegeben von Martin Lang. Stuttgart: Reclam.

Rumpf, H. (1986). *Mit fremdem Blick.* Weinheim u. Basel: Beltz.

Ryan, R. M. & Deci, E. L. (2001). On happiness and human potentials: A review of research on hedonic and eudaimonic well-being. *Annual Review of Psychology, 52* 141–166.

Sann, U. & Preiser, S. (2017). Emotion und Motivation in der Lehrer-Schüler-Interaktion. In M. K. W. Schweer (Hrsg.), *Lehrer-Schüler-Interaktion. Inhaltsfelder, Forschungsperspektiven und methodische Zugänge* (S. 213–232). Wiesbaden: Springer VS.

Sapolsky, R. M. (2004). *Why Zebras Don't Get Ulcers: The Acclaimed Guide to Stress, Stress-Related Diseases, and Coping – Now Revised and Updated.* New York: Henry Holt.

Schäfer, A. (2018). Das problematische Versprechen einer Leistungsgerechtigkeit. In T. Sansour, O. Musenberg & J. Riegert (Hrsg.), *Pädagogische Differenzen. Bildung und Leistung: Differenz zwischen Selektion und Anerkennung* (S. 11–58). Bad Heilbrunn: Klinkhardt.

Scherzinger, M., Roth, B. & Wettstein, A. (2021). Pädagogische Interaktionen als Grundbaustein der Lehrperson-Schüler*innen-Beziehung. Die Erfassung mit State Space Grids. *Unterrichtswissenschaft, 49*, 303–324.

Schippling, K. (2021). *Zur Vermittlung von Film im Schulbuch. Eine diskursanalytische Studie zur pädagogischen Subjektivierung.* Bad Heilbrunn: Klinkhardt.

Schmalenbach, C. & Lotan, R. A. (2022). Gleichberechtigte Teilhabe und soziales Lernen in heterogenen Klassen durch Komplexen Unterricht. *PFLB – PraxisForschungLehrer*innen-Bildung, 4*(5), 207–227.

Schneider, R., Demburg, T. & Pfrang, A. (2024). Vernetzung als Notwendigkeit. Mit Kinderfragen lebensweltliche und (über-)fachliche Zugänge didaktisch vernetzen. In E. Frauscher, Ch. Imp, D. Longhino & C. Stöckl (Hrsg.), *Lernen und Studieren in Lernwerkstätten, Vernetzung – einen Schritt weiter gehen* (S. 81–93). Bad Heilbrunn: Klinkhardt.

Schneider, R., Weißhaupt, M., Brumm, L., Griesel, C. & Klauenberg, L. (2019). Lernumgebungen in Hochschullernwerkstätten – Potenziale und Herausforderungen einer zweifachen Adressierung. In R. Baar, S. Trostmann & A. Feindt, A. (Hrsg.), *Struktur und Handlung in Lernwerkstätten. Hochschuldidaktische Räume zwischen Einschränkung und Ermöglichung* (S. 95–108). Bad Heilbrunn: Klinkhardt.

Schomaker, C. & Tänzer, S. (2020). Kindheitserinnerungen. Über sich erzählen, sich von anderen über sich erzählen lassen. *Grundschule Sachunterricht, 86*, 20–28.

Schreier, H. (1999). Vielperspektivität, Pluralismus und Philosophieren mit Kindern. In W. Köhnlein, B. Marquardt-Mau & H. Schreier (Hrsg.), *Vielperspektivisches Denken im Sachunterricht* (S. 24–59). Bad Heilbrunn: Klinkhardt.

Schwab, S. (2016). Partizipation. In I. Hedderich, G. Biewer, J. Hollenweger, R. Markowetz (Hrsg.), *Handbuch Inklusion und Sonderpädagogik* (S. 127–131). utb.

Schweiker, W. (2017). *Prinzip Inklusion. Grundlagen einer interdisziplinären Metatheorie in religionspädagogischer Perspektive.* Göttingen: Vandenhoeck & Ruprecht.

Schubarth, W. (2010). »Die Rückkehr der Werte«. Die neue Wertedebatte und die Chancen der Wertebildung. In W. Schubarth, K. Speck & H von der Lynen Berg (Hrsg.), *Wertebildung in Jungendarbeit, Schule und Kommune* (S. 21–42). Wiesbaden: VS Verlag für Sozialwissenschaften.

Schubarth, W. (2020). *Gewalt und Mobbing an Schulen. Möglichkeiten der Prävention und Intervention.* Stuttgart: Kohlhammer.

Schwartz, S. H. (2012). An Overview of the Schwartz Theory of Basic Values. *Online Readings in Psychology and Culture, 2*(1).

Seifert, A. & Zentner, S. (2010). *Service Learning – Lernen durch Engagement: Methode, Qualität, Beispiele und ausgewählte Schwerpunkte.* Weinheim: Freudenberg Stiftung.

Seifert, A., Zentner, S. & Nagy, F. (2019). *Praxisbuch Service-Learning. »Lernen durch Engagement« an Schulen.* Weinheim: Beltz.

Sen, A. (2010). *Die Idee der Gerechtigkeit*, übersetzt von C. Krüger. München: Beck.

Sen, A. (2020). *Die Idee der Gerechtigkeit* (2. Aufl.), übersetzt von C. Krüger. München: Beck.

Sharp, A. M. (2018). The other dimension of caring thinking. In R. G. Maugh & M. J. Laverty (Hrsg.), *In Community of Inquiry with Ann Margaret Sharp. Childhood, Philosophy and Education* (S. 209–214). London: Routledge.

Shaywitz, S. E. & Shaywitz, B. A. (2008). Paying attention to reading: The neurobiology of reading and dyslexia. *Development and Psychopathology, 20*(4), 1329–1349.

Shier, H. (2019). An analytical tool to help researchers develop partnerships with children and adolescents. In I.Berson, M. Berson & C. Gray (Hrsg.), *Participatory Methodologies to Elevate Children's Voice and Agency.* Charlotte, New York: Information Age.

Sigmon, R. L. (1994). *Serving to learn, learning to serve. Linking service with learning.* Washington, D. C.: The Council of Independent Colleges.

Sliwka, A. (2004). »Freiwillig hätte ich das nie gemacht, jetzt würde ich das sofort wieder tun«. Erfahrungen mit Service Learning an deutschen Schulen. In A. Sliwka, C. Petry & P. E. Kalb (Hrsg.), *Durch Verantwortung lernen. Service Learning: Etwas für andere tun* (S. 32–57). Weinheim: Beltz.

Spahr, S. (2017). *Didaktik der Verfremdung. Theoretische und empirische Untersuchungen zu einem grundschuldidaktischen Prinzip.* http://geb.uni-giessen.de/geb/volltexte/2019/13936/pdf/SpahrSabrina_2017_07_05.pdf [20.07.2023].

Speck, K. (2010). Wertebildung und Partizipation von Kindern und Jugendlichen. In W. Schubarth, K. Speck & H. von Lynen Berg (Hrsg.), *Wertebildung in Jugendarbeit, Schule und Kommune: Bilanz und Perspektiven* (S. 61–90). Wiesbaden: VS Verlag für Sozialwissenschaften.

Standop, J. (2005). *Werte-Erziehung: Einführung in die wichtigsten Konzepte der Werteerziehung.* Weinheim: Beltz.

Standop, J. (2010). Innere Rahmenbedingungen von Unterricht. In K. Zierer (Hrsg.), *Schulische Werteerziehung* (S. 138–146). Baltmannsweiler: Schneider Verlag Hohengehren.

Stojanov, K. (2006). *Bildung und Anerkennung. Soziale Voraussetzungen von Selbst-Entwicklung und Welt-Erschließung.* Wiesbaden: VS Verlag für Sozialwissenschaften.

Stojanov, K. (2007). Bildungsgerechtigkeit im Spannungsfeld zwischen Verteilungs-, Teilhabe- und Anerkennungsgerechtigkeit. In M. Wimmer, R. Reichenbach & L. Pongratz (Hrsg.), *Gerechtigkeit und Bildung* (S. 29–48). Paderborn: Schöningh.

Stojanov, K. (2008). Bildungsgerechtigkeit als Freiheitseinschränkung? Kritische Anmerkungen zum Gebrauch der Gerechtigkeitskategorie in der empirischen Bildungsforschung. *Zeitschrift für Pädagogik, 54*(4), 516–531.

Stojanov, K. (2013). Bildungsgerechtigkeit als Anerkennungsgerechtigkeit. In F. Dietrich (Hrsg.), *Bildungsgerechtigkeit jenseits von Chancengleichheit: Theoretische und empirische Ergänzungen und Alternativen zu »PISA«* (S. 57–69). Wiesbaden: Springer VS.

Tänzer, S. & Klammt, J. (2016). Warum schwimmen Enten auf der Gera? Kinderfragen als Ausgangspunkt partizipativer Unterrichtsplanung. *Grundschulunterricht Sachunterricht, 63*(4), 18–22.

Taylor, Ch. (1993). *Multikulturalismus und die Politik der Anerkennung.* Frankfurt a. M.: Fischer.

Terhart, E. (2006). Kompetenzen von Grundschullehrerinnen und -lehrern. Kontext Entwicklung, Beurteilung. In P. Hanke (Hrsg.), *Grundschule in der Entwicklung. Herausforderungen und Perspektiven für die Grundschule heute* (S. 233–248). Münster: Waxmann.

Tervooren, A. (2017). Zum Verhältnis von Allgemeinem und Besonderem in der Allgemeinen Erziehungswissenschaft. In I. Miethe, A. Tervooren & N. Ricken (Hrsg.), *Bildung und Teilhabe: Zwischen Inklusionsforderung und Exklusionsdrohung* (S. 11–27). Wiesbaden: Springer VS.

Tippelt, J. & Heimlich, U. (Hrsg.) (2020). *Inklusive Bildung. Zwischen Teilhabe, Teilgabe und Teilsein.* Stuttgart: Kohlhammer.

Trautmann, M. (2022). (Inklusiv) Unterrichten als Gerechtigkeitsproblem. Zur Verteilung von Lehrkraftressourcen unter den Schülerinnen und Schülern einer Lerngruppe. *Zeitschrift für Inklusion-online.net, 2/2022.* https://www.inklusion-online.net/index.php/inklusion-online/article/view/660 [25.05.2025].

Tulodzieki, G., Herzig, B. & Blömeke, S. (Hrsg.) (2004). *Gestaltung von Unterricht: Eine Einführung in die Didaktik.* Bad Heilbrunn: Klinkhardt.

UN-Behindertenrechtskonvention (2008). https://www.behindertenbeauftragter.de/DE/AS/rechtliches/un-brk/un-brk-node.html [25.05.2025].

UN-Kinderrechtskonvention (1989). https://www.unicef.de/informieren/ueber-uns/fuer-kinderrechte/un-kinderrechtskonvention [25.05.2025].

Valtin, R. (1996). Dem Kind in seinem Denken begegnen. Ein altes, kaum eingelöstes Postulat der Grundschuldidaktik. In A. Leschinsky (Hrsg.), *Die Institutionalisierung von Lehren und Lernen. Beiträge zu einer Theorie der Schule* (S. 173–186). Weinheim u. a.: Beltz.

Vansteenkiste, M. & Ryan, R. M. (2013). On psychological growth and vulnerability: Basic psychological need satisfaction and need frustration as a unifying principle. *Journal of Psychotherapy Integration, 23*(3), 263–280.

Vygotskij, L. S. (1971). *Denken und Sprechen.* Frankfurt: S. Fischer Verlag.

Vygotskij, L. S. & Cole, M. (Hrsg.). (1981). *Mind in society: The development of higher psychological processes.* Harvard: Univ. Press.

Waldenfels, B. (1971). *Das Zwischenreich des Dialogs. Sozialphilosophische Untersuchungen in Anschluss an Edmund Husserl.* Wiesbaden: Springer.

Waldenfels, B. (2002). *Bruchlinien der Erfahrung. Phänomenologie, Psychoanalyse, Phänomenotechnik.* Berlin: Suhrkamp.

Weber, M. (1980). *Wirtschaft und Gesellschaft. Grundriss der verstehenden Soziologie* (5. Aufl.). Tübingen: Mohr Siebeck.

Wegener-Spöhring, G. (1998). Die Menschen stärken und die Sachen klären. *Bildung und Erziehung, 51*(3), 329–346.

Wentzel, K. R., Russel, S. & Baker, S. (2014). Peer relationships and positive adjustment at school. In M. J. Furlong (Hrsg.), *Educational psychology handbook series. Handbook of positive psychology in schools* (S. 260–277). London u. a.: Routledge.

Wiater, W. (2010). Zur Inhaltsfrage. In K. Zierer (Hrsg.), *Schulische Werteerziehung* (S. 156–161). Baltmannsweiler: Schneider Verlag Hohengehren.

Winkel, R. (1986). *Antinomische Pädagogik und Kommunikative Didaktik. Studien zu den Widersprüchen und Spannungen in Erziehung und Schule.* Düsseldorf: Schwann.

Winkel, R. (1992). Die Kommunikative Didaktik im Kontext einer kritisch-konstruktiven Schulpädagogik. *Die Deutsche Schule, 84*(2), 178–188.

Wocken, H. (1998) Gemeinsame Lernsituationen. Eine Skizze zur Theorie des gemeinsamen Unterrichts. In A. Hildeschmidt & I. Schnell (Hrsg.), *Integrationspädagogik. Auf dem Wege zu einer Schule für alle* (S. 37–52). Weinheim u. München: Juventa.

Wolf, F., O. (Hrsg.) (2010). *Louis Althusser. Ideologie und ideologische Staatsapparate.* Hamburg: VSA-Verlag.

Wood, D., Bruner, J. S. & Ross, G. (1976). The role of tutoring in problem solving. *Journal of Child Psychology, Psychiatry, & Applied Disciplines, 17*(2), 89–100.

Zacharias, W. (1999). Kindheiten zwischen Sinnenreich und Cyberspace. Korrespondenzen und Interaktionen zwischen realen und virtuellen Welten. In N. Neuß (Hrsg.), *Ästhetik der Kinder. Interdisziplinäre Beiträge zur ästhetischen Erfahrung von Kindern* (S. 165–188). Frankfurt a. M.: Gemeinschaftswerk der Evang. Publizistik.

Zentner, S. (2020). »Wir müssen ihnen zutrauen, dass sie etwas verändern können«. Demokratiekompetenz stärken mit Service-Learning – Lernen durch Engagement. *Die Deutsche Schule, 112*(2), 192–203.

Zurbriggen, C. & Vernetz, M. (2016). Soziale Partizipation und aktuelles Erleben im gemeinsamen Unterricht. *Empirische Pädagogik, 30*(1), 98–112.